아이들은
무엇을 어떻게
배워야 하는가

Thoughts on the Education

일러두기

* 이 책은 2007년에 출간된 《삶으로 배우고 사랑으로 가르치라》의 개정판입니다.
* 본문에 있는 할주는 이해를 돕기 위한 옮긴이 주임을 밝힙니다.

비폭력 교육혁명가 비노바 바베의 배움과 삶, 교육 이야기

아이들은 무엇을 어떻게 배워야 하는가

비노바 바베 지음 | 김성오 옮김

착한책가게

추천사

이 책을 다시 개정판으로 만날 수 있게 되어 참 기쁩니다. 이 책은 2007년 처음 김성오 선생님이 우리말로 옮겨 펴내면서 우리나라에 소개되었고, 덕분에 그때까지 우리 교육계에서는 거의 거론되지 않았던 교육자 비노바 바베라는 인물과 그의 삶이 성큼 우리 곁에 다가왔습니다. 한마디로 놀라웠습니다. 그 인연은 비노바 바베를 꼭 우리 사회에 알리고 함께 공부했으면 하고 바랐던 김진 박사님 덕분에 시작되었습니다. 그 사이 몇 차례 인도 교육기행과 여러 공부 모임이 있었습니다. 하지만 이 책은 더 이상 널리 읽히지 못했으며 공부 모임도 지속되지 못했는데, 그 이유 중에는 그때까지 낯설고 생소한 인도 문화권을 배경으로 그것도 특수한 정황에서 쓰인 책의 성격(또 낯선 언어와 개념들) 때문에 쉬이 다가갈 수 없었던 사정도 있었을 것입니다. 그러던 중 착한책가게 출판사에서 이 책의 개정판을 내기로 했습니다. 감사하게도 착한책가게에서는 초판이 가지고 있던 한계를 인지하고 이번에는 한국 독자들이 인도 문화권으로 잘 넘어들어갈 수 있도록 세심하게 배려하고자 했습니다. 편집 의도가 잘 살아 있는 번역서라 하겠습니다.

비노바는 영국식 공교육과의 비판적 논쟁 속에서 전개된 '나이탈림 Nai Talim, '신교육'이라는 뜻으로 간디와 비노바가 세운 교육철학 및 대안학교' 운동의 맥락에서 자신이 생각하는 교육의 전반적 특징, 교육과정, 교수-학습, 학교, 교사와 학생에 대해 설파했습니다. 이 책에는 매번 특수한 삶의 정황 속에서 살고 또 쓰고자 했던 생각들이 빼곡합니다. 따라서 형식상 체계적 구조를 갖추고 있지는 않지만 그 정신과 내용은 한결같습니다.

비노바는 타자에 의해 규정된 것이 아닌, 인도 고유의 현재와 미래를 위한 교육에 대해 말하고자 했습니다. 논지의 초점은 책에 함몰된, 지적으로 편중된, 그리고 정서적으로 불안한, 경쟁에 익숙한, 독백적이며 비협력적인, 능동적 적응력과 비판적·창조적 사고력을 상실한, 지역사회 안에서 자립적이지 못한 괴이한 인간을 양산하고 있는 학교에 대한 비판에 모아져 있습니다.

하지만 이 문제의식은 인도에 국한되지 않고, 현대 유수한 국가들의 교육 상황에도 상당 부분 들어맞는다고 할 수 있습니다. 이를테면 그 관점은 현대 미국 교육의 맹점을 갈파한 존 테일러 게토 J. T. Gatto의 물음, 즉 "왜 우리는 교육받을수록 멍청해지는가?"라는 물음과도 맞닿아 있습니다. 이는 세계 여러 나라에서 이루어지는 현대 교육의 결함을 가차 없이 지적하는 것이며, 그런 점에서 현 상황의 철저한 전환을 촉구하는 목소리입니다. 오늘날 이에 상응하는 주제로는 주체성, 자기주도 학습, 자유 교육, 민주시민 교육, 생태적 교육공동체, 노작 교육, 예술 교육, 몸, 생활 교육, 홀리스틱 교육, 영성 교육, 여성 교육 등을 들 수 있습니다.

교육은 한 나라의 시대 및 사회 정황과 긴밀히 연관되어 있습니다. 이 면을 아주 흥미롭게 드러낸 사례로 어린이와 성인을 위한 '한 시간 학교' 같은 방안이 있습니다. 하루에 한 시간만 공부하고 나머지 시간은 배운 것을 적용해보고 생계를 위해서 일하는 시간으로 사용하자는 생각입니다. "하루 8시간 노동하고도 충분히 공부할 수 있다." 비노바는 이렇게 말했습니다. 자기주도성, 노동, 생활 교육, 재정자립 등의 주제가 한데 어우러진 교육 구조, 바로 이것을 비노바는 당시 인도 민중이 처한 현실을 극복하기 위한 첩경이라 보았습니다. 대범하고도 파격적인 생각이 아닐 수 없습니다.

비노바의 대안은 관점이나 이론의 편협성, 그리고 흔히 학자와 사상가들이 빠지기 쉬운 추상성과는 거리가 멉니다. 오히려 실천적이며 균형감 있는 사고를 보여줍니다. 예를 들어 오늘날 (특히 대안교육 영역에서 종종) 초월적 지평을 간과한 채 이루어지는 현대 교육의 문제를 비판하면서 영성 교육을 주창할 때나 혹은 도시문명의 폐해를 지적하면서 교육에서 자연을 도입할 때, 종종 과학적 사고나 기술과학의 의미를 회피하거나 간과하는 견해를 찾아볼 수 있는데, 비노바는 영성과 과학 이 둘이 동반 관계에 놓여 있음을 역설합니다. 이렇게 볼 때 비노바의 견해는 삶의 초월적 연관성을 말하면서도 과학을 동시에 거론하는 루돌프 슈타이너Rudolf Steiner의 '인지학적 교육학'과 어느 면에서 상통합니다. 또한 비노바의 견해는 독일에서 20세기 초·중엽 사이 개화된 '정신과학적 교육학'의 마지막 고전적 인물인 빌헬름 플리트너Wilhelm Flitner의 견해와도 비교해볼 수 있습니다. 플리트너는 교육의 과도한 지적 편중성을 비판하면서 삶의 전체적 형성 문제를 제기한 개혁교육 운동의 여러 흐름들 중에서, 특히 독일의 '청소년 운동'이 문명 비판적 견지에서 종종 '반 과학주의적 태도'를 드러냈던 것과는 달리, 삶과 교육 전체를 위해서 기술문명과 과학(딜타이적 의미에서의)의 의미를 긍정적으로 평가하고자 했습니다. 전체적으로 보아 비노바는 현대의 몇몇 위대한 교육자들과 사상적으로 교우하는 면모를 보여줍니다. 글을 읽으면서 시민대학을 주창한 덴마크의 그룬트비N.F.S. Grundtvig와 민중의 각성을 위해 평생을 몸바친 브라질의 파울루 프레이리Paulo Freiere 같은 분들이 자연스레 떠오르곤 했습니다.

비노바가 심금을 울리는 것은 그의 조국 인도에 대한 사랑과 문명 비판적 시각, 교육에 대한 균형 잡힌 접근 방식, 당면한 현실 속에서 사상을 체현하고 과제 앞에서 '수행의 자세'로 투쟁한 삶의 족적 때문입니다. 한 가지 안타까운 점은 현재 인도에서 비노바의 사상과 실천이 생동감 있게 구현되고 있는 교육 현장을 찾아보기 어렵다는 점입니다. 현대 인도의 교육 상황은 간디와 비노바가 주창한 바와는 거리가 먼 것 같습니다. 오늘날 비노바에 대한 관심은 오히려 다른 나라와 지역에서 일고 있습니다. 나름 이유가 있으려니와 우리가 그렇게 관심을 보이는 이유도 있겠지요. 처음 비노바를 접했을 때 끌렸던 것은 서양의 이른바 근대식 교육제도가 맹위를 떨치던 당시 인도에서, 자신의 나라에서 오래 전부터 전해져 오던 지혜의 전통에서 인도의 현재와 미래를 설계하기 위한 단초를 찾고자 한 그의 문제의식 때문이었습니다. 자기를 발견하고 자기 자신이 되고자 함, 결국 이 지점에서 모든 게 갈리는 것 같습니다.

이 책의 옮긴이 김성오 선생님이 개정판을 위해 다시 한 번 섬세하고 엄밀한 눈으로 작업해주셔서 더욱 정치精致한 작품이 되었습니다. 새로운 기대, 새로운 눈으로 이 책을 다시 읽도록 해준 노고에 감사할 따름입니다. 기쁨으로 추천의 말씀을 드립니다.

2014년 여름 냉천골에서

송순재(감리교신학대학교 교수, 전 서울시교육연수원장)

지혜

37년 전, 나는 대학을 떠나 지혜를 찾아 나섰습니다. 학교는 내게 많은 것을 가르쳐줬지만, 그중에 지혜는 없었습니다. 내가 학교를 떠난 뒤에야 무궁한 지혜의 문이 열렸습니다. 오늘날까지도 나는 공경하는 마음으로 지혜를 좇습니다.

봉사

나이탈림에서는 일과 공부가 하나이며, 이 둘은 같은 모습을 하고 있습니다. 일하면서 배우고 배움으로써 효과적으로 일할 수 있습니다. 배움과 노동이 하나가 됨으로써 예지가 계발됩니다. 진정한 정신의 성숙은 단순한 정보 축적과 별다른 관계가 없다는 것을 우리들 대다수는 모르고 있습니다. 아이들은 필요한 경우 정보를 얻어내는 방법만 알면 충분합니다. 그 방법을 가르치는 것이 교육의 몫입니다. 진정성과 실용 기술, 그리고 기꺼이 봉사하는 것, 이 세 가지야말로 교육의 핵심입니다. 인도 전역에 걸쳐서 이런 교육을 할 수 있다면 귀족과 천민, 부자와 가난한 자 사이의 간극은 사라질 것입니다. 일은 마땅히 받아야 할 영예를 누릴 것이며, 사회는 잘 섞겨지고 보호받을 것입니다. 그리고 모든 마을이 자립적인 공동체가 될 것입니다.

환희

학교에서 신은 환희로 드러나야 합니다. 신은 무한한 형상을 하고 계신다는 것은 틀림없지만 그중에서 우리는 '샷, 칫, 아난드sat, chit, anand, 즉 진리와 예지, 은총을 중히 여깁니다. 생활과 노동의 세계에서는 진리가 우선입니다. 은자의 동굴이나 학자의 도서관에서는 예지가 우선입니다. 그러나 학교는 헌신의 길을 택해야 하며, 그 길에서 행해진 모든 것은 은총을 위한 것입니다.

비노바 바베

차례

비노바 바베의 삶과 교육철학에 대하여

이 책에 실린 글들은 인도에서 전개된 '나이탈림'이라는 신교육 운동을 중심으로 펼쳐지는 비노바 바베의 '교육에 대한 생각들'을 모아 엮은 것이다. 그의 글들은 당시 인도 사회의 역사적 경험과 인도 문화에 대한 이해가 있으면 더 잘 이해될 수 있는 종류의 글들이기도 하다. 그래서 이 '교육론'을 주창했던 시기의 비노바의 순례 여정과, 비노바가 언급하는 '나이탈림'의 역사적 배경, 그리고 사르보다야, 부단-그람단 운동에 대해 간략하게 소개하려 한다. 인도와 간디, 사티아그라하 운동, 진리와 비폭력, 사르보다야, 부단-그람단은 한평생 '헌신과 봉사의 삶'을 서원했던 비노바의 사회적 실천의 장이자 '참나[眞我]'를 찾아가는 구도의 여정이기도 했다.

길 위의 교육자, 비노바

이 책은 비노바가 교육에 대한 저술을 기획하고 쓴 것이 아니라는 점을 감안하고 읽을 필요가 있다. 이 책은 〈세바크*Sevak*〉, 〈마두카르*Madhukar*〉, 〈지반드리스티*Jeevan-Drishti*〉, 〈심하바로칸*Shimhavalokan*〉, 〈크란티다르샨*Krantidarshan*〉, 〈사르보다야*Sarvodaya*〉, 〈물 우드욕 카트나*Mul Udyog Katna*〉, 〈하리잔*Harijan*〉, 〈그람 세바 워르티*Gram Seva Vritti*〉 등의 잡지에 실었던 비노바의 글들, 그리고 그가 부단-그람단 운동을 하던 도정에서 행한 주제 강연, 연설, 그리고 편지 등을 한데 모아 엮은 《식샨 비차르*Shikshan Vichar*》와 《나이탈림*Nai Talim*》에 실린 글들을 모아서 편찬한 것이다. 이 책에 실린 글들이 발표된 시기는 루소의 교육론을 언급하면서 시작하는 '인성 교육'(1923년 연설문임)을 제외하고 1940년부터 1957년까지다.

비노바가 쓴 글의 성격을 이해하기 위해서는 1920년대에서 1950년대까지 비노바의 행보를 살펴보는 것이 도움이 될 것이다.

- 1923년 낙푸르에서 첫 번째 대중 사르보다야 운동Sarvodaya, 사회개혁 을 인도한 후 4개월간 투옥됨.
- 1930년부터 1931년 《바가바드기타》를 마라티어로 번역함.
- 1932년 둘레 감옥에서 《기타》에 대해 강연함.
- 1934년 다양한 공동체 사업을 조직하기 위해 '그람세바 만달'을 설립함.
- 1936년 다다푸르에 인도 최초의 한센병 센터를 엶.

- 1938년 파우나르에 파람다함 아쉬람 설립. 이곳은 최초의 여성공동체 브라마비디야 만디르의 출발점이 되었음.
- 1940년에서 1941년까지 간디의 '개인 사티아그라하Satyagraha, 비폭력 평화주의' 운동의 첫 동행자로 지명받았고 사르보다야 운동을 하던 중 투옥됨.
- 1942년 '인도를 떠나라Quit India' 운동을 하다 투옥됨.
- 1946년 수르가온에서 '청소 운동'을 시작함.
- 1948년 간디의 유해를 담Dham 강에 띄워 보내고 세바그람에 사르보다야 사마지Sarvodaya Samaj, 사르보다야 결사를 창설함.
- 1950년 '돈 안 쓰는 활동'과 '소나 기계를 쓰지 않는 농사' 실험을 시작함.
- 1951년 포참팔리에서 첫 토지헌납 받음. 부단Boodan, 토지헌납 운동을 시작했고 그해 11월에 우타르프라데시 주에서 인도 전역을 대상으로 한 부단 운동 선포.
- 1952년 망그로스Mangroth를 최초의 그람단Gramdan, 마을헌납으로 선포하고 그해 10월에 파트나에서 삼파티단Sampattidan, 재산헌납 운동을 선언함.
- 1953년 비하르에서 폭력과 국가 권력에 반대되는 '제3의 힘' 선언을 함.
- 1957년 칸야쿠마리에서 그람스와라즈야에 헌신하기로 서약하고, 그해 8월에 샨티세나Shanti Sena, 평화군를 창설함.
- 1957년 11월 카르나타카에서 '세계에 승리를!'이라는 새 구호를 주창함.

비록 대강의 행보이지만 한눈에 파악되는 사실은 비노바가 진리 탐구와 비폭력 평화 운동에 온전히 투신했다는 것이다. 그는 순례자였다. 비로 불어난 강을 하루에도 수십 번 건널 때도 있었고, 갯벌로 변한 길과 험준한 산을 넘어야 했다. 아프거나 다쳐서 걸을 수 없게 된 경우는 소가 끄는 수레나 같이 걷던 활동가들이 지는 인력거에 타고 움직였다. 고통이 있는 곳, 고통받는 사람이 있는 곳을 찾아가 그 사람들의 이야기를 듣고 그들의 고통을 덜어주기 위해서였다. 수많은 사람들이 강가에서, 산속에서 그를 기다리고 있었다. 사람들은 때로 그와 함께 평화의 길을 걸었다. 그의 순례에는 언제나 어린아이에서 노인에 이르기까지 각계각층의 사람들이 함께했다.

자기 자신이 인도의 신교육 운동에 몸담았던 영역자 마저리 사이크스 Marjorie Sykes 의 표현대로 비노바는 '움직이는 대학'이었다. 인도의 전통적인 교육자 상이며 비노바 스스로도 늘 되기를 원했던 '길 위의 교육자'—'현자(리시)'이자 '방랑 수행자(산야시)'—였다. 그에게 다가온 수많은 청중들에게 그는 비폭력 평화의 메시지를 구체적인 실천 강령으로 전파했다. 교육에 대한 생각들도 그중 일부였다. 비폭력 평화 운동과 새 사회 건설 운동에 몸담게 되면서 투옥되는 경우가 허다했다. 감옥에 수감되어서도 그는 동료 수인들에게 《기타》 강의를 했다. 그는 감옥을 명상과 영적 수련을 위한 장소로 삼

걸으면서 강연하는 비노바

았다. 이 책에 실린 그의 글과 연설, 강연문들은 비노바 자신의 폭넓은 행보만큼이나 주제의 폭이 넓고 시의성이 강하다. 그래서 때로 논의가 반복되기도 하며 일관성이 부족하다는 느낌을 줄 수 있다. 그러나 다른 관점에서 보면 글들의 이러한 성격이 비노바의 교육론이 지닌 현실성과 호소력, 그 진정성을 드러낸다고 볼 수도 있다.

비노바의 글은 인도 사회가 당면했던 현실의 여러 가지 문제점들을 개선하고 나아가 새로운 세상을 건설하기 위한 방법을 모색하는 순례길에서의 다양한 만남과 대화, 희망과 선의의 교감이 만들어낸 산물이다. 비노바라는 정신을 거쳐서 정련되고 새롭게 창조된 생각들이면서, 한 시대를 사는 개인이 자신이 속한 사회의 문화와 역사 현실에 참여함으로써 더 넓어지고 깊어진 인식과 통찰이라는 점에서 '공동의 추구'의 결과물이기도 하다. 비노바는 줄곧 자신이 하는 일을 자기 개인의 성취가 아닌 사회적인 약속의 실천으로 여겼다. 비노바의 교육론이 지닌 힘은 비노바가 몸소 실천으로 보여준 대로 '사회와 괴리되지 않은 참나의 탐구'에서 나온다.

나이탈림의 배경

'나이탈림'은 비노바가 새롭게 창안한 용어는 아니다. 이 말의 연원은 간디에게서 시작된다. 간디의 교육 실험은 남아프리카의 톨스토이 농장에서 시작되었다. 간디는 톨스토이 농장에서 공동체 생활을 하던 여러 가족의 아이들에게 필요한 교육이 무엇인지 고민했고,

실생활에서 기본적인 삶을 영위하기 위해 필요한 기술을 배우고 활용하는 공부와 모국어를 가장 중요한 교육의 매개체로 간주하는 교육 실험을 했다. 간디는 또한 부모와 아이가 함께 살면서 부모에게서 배우고 익히는 경험의 교육적인 중요성을 강조했다.

간디는 남아프리카에서의 '트란스발 사티아그라하 운동'이 끝나고 귀국한 뒤에도 특히 인도 하층민의 삶의 환경과 사회적 지위 향상, 그리고 교육의 필요성에 대한 고민을 계속했다. 그리고 1937년 7월 31일자 〈하리잔〉을 통해서 자신이 생각하는 '기초국민교육'에 관한 글을 발표한다.

> "교육이라는 말을 나는 어린이와 성인의 몸과 정신, 그리고 영혼에서 전인적인 성장을 위한 최선의 것들을 이끌어내는 것이라고 생각합니다. 문해교육 자체는 교육의 목표도 아니고 시작도 아닙니다. 문해는 교육을 가능하게 하는 많은 방법들 중 하나일 뿐입니다. 문해 자체는 교육이 아닙니다. 그래서 저는 아이들에게 유용한 기술을 가르치고 아이가 훈련을 시작한 순간부터 무엇을 만들어내도록 가르치는 것에서 어린이 교육을 시작할 것입니다.
> ……
> 정신과 영혼의 성장은 그러한 교육 방식을 통해서 가장 잘 이뤄질 수 있다고 생각합니다. 다만 수공예 기술이 오늘날처럼 기계적으로 가르쳐지지 않고 과학적으로 가르쳐진다면 말입니다. 아이는 기술의 전 공정이 왜, 그리고 무엇을 위해서 진행되는지 알아야만 합니다. …… 나 자신도 샌들 제작과 방적을 이런 원칙에 기반을 두어서 배웠고 좋은 결과를 얻었습니다.

이 방법은 역사와 지리를 가르칠 때에도 마찬가지로 적용됩니다. 나는 역사와 지리는 말로 전달하는 것이 가장 좋은 교육 효과를 낸다는 것을 알았습니다. 이런 식으로 하는 것이 읽거나 쓰는 방식을 통해서 하는 것보다 열 배 많은 것들을 전해줍니다. 알파벳 기호는 나중에 가르쳐도 됩니다. …… 물론 학생들은 기술을 배우고 익히면서 수학도 배웁니다.

제 생각에 초등교육은 대단히 중요하며, 현재의 학력검정 시험과 동등하게 여겨져야 합니다. ……"

간디가 '기초국민교육' 안을 마련하기 위해 개최한 회의에서 결정된 사항들은 1938년 인도국민회의의 연례회의에서 국민교육 정책으로 채택되었다. 이때 결정된 사항들에는 하나, 16세 미만 아이들을 대상으로 7년 동안 전국적인 무상 의무교육 제공, 둘, 모국어를 써서 수업하기, 셋, 육체노동과 생산 작업을 병행하는 교육과정을

자신이 세운 공동체인 '브라마비디야 아쉬람'에서

도입하는 것이 포함되어 있었다.

1944년부터 간디는 기초국민교육이라는 말과 '나이탈림(신교육)'이라는 말을 함께 쓰기 시작했다. 간디는 "교육을 학교에만 국한하여 생각해서는 안 된다. 교육은 삶(생활)의 전 과정에서 계속되어야 한다."고 말했다. 나이탈림은 새로운 사회 건설을 위한 새로운 의식을 일깨우는 데 목표를 둔 것이었고, 국가의 틀을 벗어나 개인과 사회의 삶을 변화시키는 길을 제시하였다. 말하자면 나이탈림은 교육 영역에서 비폭력의 원칙을 모색하고 구현하는 것이었다.

1945년부터 기초교육 후속과정에 대한 논의가 시작된다. 당시는 기초교육 학교 자체가 아직 7개년 혹은 8개년 과정으로 온전하게 확립되지 않은 상태였다. 그리고 1947년 독립 후 비하르 주 참파란 지구의 카마박Kamarbagh에 4년 과정의 기초교육 후속 학교가 실제로 가동되었다. 기초교육 후속과정 학교는 '마을 학교'를 표방했고, 여기서 학생, 교사와 가족이 함께 살아가는 공동체를 이루고 살았다. 그리고 자족적인 일상을 꾸려가기 위한 모든 기술들을 배우고 익혔으며 화폐경제에 의존하지 않는다는 목표를 세웠다. 기초교육 후속과정의 목표 가운데 하나는 기초교육 학교 교사를 준비하는 것이었다.

1951년에 기초교육 후속과정은 마을 생활에 필요한 두 가지 주요 기술인 농사와 가축돌보기를 3년 과정에 걸쳐서 수행하는 것으로 정리되었다. 학생들은 43.5에이커의 땅을 분할 받았다. 땅을 경작해서 먹을거리와 옷을 만들 면화를 재배하기 위해서였다. 목표는 직원과 가족을 포함해서 85명에서 90명 정도의 인원으로 구성된 기초교육 후속과정 공동체를 만드는 것이었다. 소를 키우기 위한 목초지가

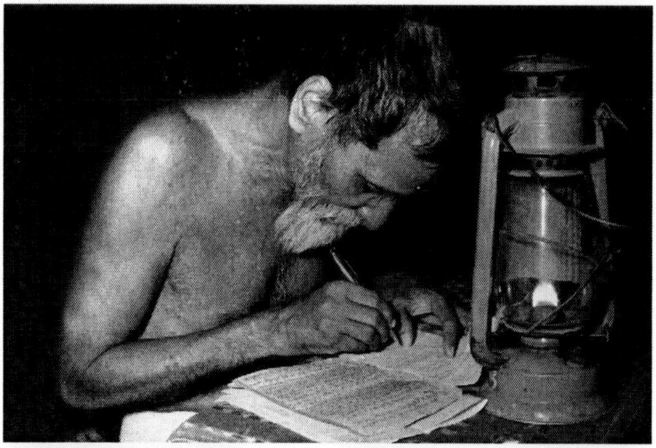

제공되었고 유제품 가공을 위한 협동조합이 꾸려졌다.

비노바가 말하는 나이탈림은 간디에서 시작된 기초교육 이념 제시, 그 이념을 실현하는 교육기관으로 설립된 기초교육 학교와 기초교육 후속 학교, 교사양성 과정으로 이어지는 교육 운동 전통 속에 있다. 실용 기술을 익히고 실생활에 도움이 되는 작업과 생산 활동을 강조하는 것, 육체노동과 지식을 하나로 통합하는 교육, 영어가 아닌 모국어 중시, 교육받는 사람들이 사는 지역과 삶의 필요에 부응하는 교육 내용을 강조하는 것, 어린이 교육에서 성인 교육, 나아가 평생교육에 대한 개념 제시, 그리고 이 모든 교육 활동의 근본 원리인 진리와 비폭력(평화)에 대한 강조. 이 모든 교육적 지향과 실천은 기초국민교육 운동이 나이탈림이라는 새로운 인식 틀 안에서 이해·전개되는 양상을 보여준다.

이렇게 말하고 보니 어쩌면 이 책에 실린 비노바의 교육론이 보여주는 참신함이 사라지는 것 같다. 그러나 비노바의 교육론은 간디에게서 시작된 교육혁신 운동의 흐름 안에서 더욱 풍부해지고 더 큰 설득력을 확보하게 된다. 특히 나이탈림이라는 교육혁신 운동의 흐름 속에 놓고 보면 비노바의 교육철학에는 간디의 건실한 주제의식과 함께 비노바만의 이채롭고 개성 있는 전개가 잘 드러난다. 중후하고 심원하면서도 천재의 기민한 통찰과 당당한 실천, 전통 계승과 새로운 창조의 리듬이 그 안에 있다. 비노바는 이 책에서 '늘 새로운 교육'을 이야기하는데 바로 이런 모습이 아닐까 싶다.

사르보다야 운동

1940년, 간디는 그동안 공동체를 중심으로 펼쳐오던 사티아그라하 운동을 개인 사티아그라하 운동으로 전환하면서 비노바를 최초의 사티아그라히(진리와 비폭력 실천가)로 지명했다. 당시 비노바는 간디식 재건 활동 실험을 하면서 자신의 영적인 수행을 해가던 중이었다. 1948년 간디 서거 후 세바그람에서 건설활동가 회의가 열렸고, 거기서 사르보다야 사마지(사르보다야 결사)가 구성되었다. 이 회의 후에 비노바는 간디 추종자들의 리더로 떠올랐다. 그때까지 간디에 의해서 주도되던 인도재건 운동이 비노바를 중심으로 전개된다. 간디가 꿈꾸었던 사회개혁 프로그램들과 활동 역량들이 비노바라

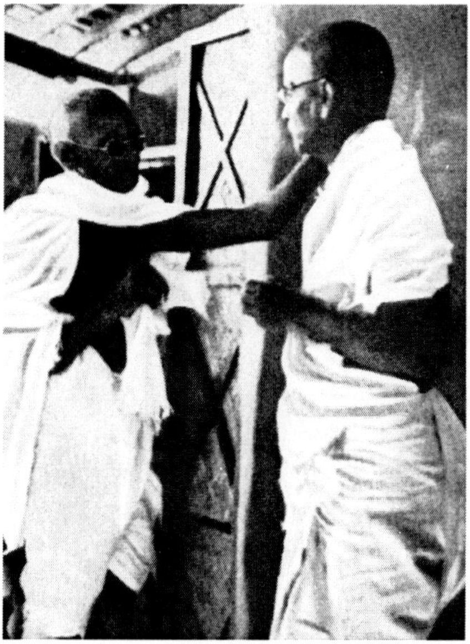

간디와 비노바.
'개인 사티아그라하' 운동을 펼치기 위해
간디는 비노바를 첫 운동가로 지목했다.

는 정신 안에서 새로운 방향성을 표방하고 결과적으로 새로운 내용을 담아내기 시작한다.

사르보다야 운동은 사회적인 생활의 개선, 경제적인 해방, 도덕성 회복을 통해서 인간 정신을 재정립하고, 폭력과 차별과 착취가 아닌 생명평화평등의 세상을 만들고자 하는 운동이었다. '사르보다야'라는 말은 1908년 간디가 러스킨 John Ruskin 의 책 《나중에 온 이 사람에게도 *Unto This Last*》를 구자라티어로 번역할 때 썼던 말로, 낱말의 의미는 '모두를 고양시키다' 혹은 '만인의 복지'라는 뜻이다. '사르보다야'라는 말은 간디가 지어낸 것은 아니었고, 《베다》, 《우파니샤드》, 《라마야나》, 《기타》 등에 그 근본이념이 제시되어 있었다. 간디는 그 말에 현대적인 의미를 덧붙인 셈이다. 사르보다야는 그 본질에서 영적인 활동이며, 한 개인이나 한 집단에 국한되지 않는다. 또한

계급과 계층, 신념과 종교와 무관하게 모든 사람들이 참여함을 뜻하며 동시에 인간의 육체적·정신적·영적 능력이 활짝 피어나는 것을 의미한다.

비노바에 따르면 사르보다야는 두 가지 뜻을 담고 있다. 첫째는 과학적인 지식의 도움을 받아서 고통과 가난을 제거함으로써 모든 사람들을 행복하게 하는 것이다. 둘째는 신성함과 자비, 평등의 세상을 건설하는 것이다. 비노바에게 사르보다야는 "한 개인을 만인의 선과 하나로 하는 것" 다시 말해, '만인을 위해 봉사하는 헌신의 삶을 사는' 것이다. 사르보다야는 하나의 철학이자 간디식 사회건설 프로그램의 최종 목적지라고 볼 수 있다. 또한 당대에 간디가 주창하고 비노바에 의해 계승된 다양한 사회개혁 프로그램을 밑받침하면서 이끌어가는 원리이기도 하다. 사티아그라하, 스와라지·스와데시(자치자립 운동·국산품 애용 운동), 교육 분야에서의 나이탈림, 사회경제 영역에서의 부단-그람단, 삼파티단, 슈람단Shramdan, 지역사회나 공동체에 대한 노력봉사, 샨티세나 등의 프로그램이나 운동은 사르보다야의 이상을 추구하는 구체적인 실천계획이면서 동시에 하나의 실현태였다. 1953년 찬딜 사르보다야 회의에서 비노바는 폭력에 반대하고 국가의 강제력과도 다른 '제3의 권력으로서 민중의 권력'이라는 개념을 내놓았다. 동시에 '사상의 힘'과 '권력의 탈집중화'라는 사르보다야 방법론의 중심 개념들을 제시했다. 사르보다야 운동은 간디, 비노바에 이어서 사티시 쿠마르, 반다나 시바의 창조적 계승과 실천 속에서 현재까지 이어지고 있다.

부단-그람단 운동

1947년 독립 후 간디는 토지 문제 해결이라는 문제를 고민하기 시작했다. 토지 문제를 해결하기 위해서는 농부를 돕는 것에서 나아가 완전하고 진정한 자유를 향한 걸음을 내디딜 필요가 있었다. 독립 전에도 간디는 소작제 폐지, 소작농 보호에 대한 주장을 했다. 그러나 당시에는 기득권 세력이 득세했고, 아직 민주적인 구조와 과정상의 한계가 많았다. 국가에게서 개혁 조치는 기대할 수 없었다. 역으로 폭력에 의한 토지개혁도 불가능했다. 그 예로 텔레낭가Telenanga 지역에서 1951년 공산주의자들이 폭력적으로 토지를 몰수했지만 실패했다. 농부들은 땅을 경작했지만 소유권이 없었기에 땅에 대한 갈망이 컸다. 비노바에게도 토지분배 문제는 시급한 사안이었다.

1951년 비노바는 파우나Paunar에서 하이데라바드Hyderabad까지 약 3백 마일을 걸어 제3차 사르보다야 연례회의에 참석했다 돌아오는 길에, 텔레낭가 지역에서 비폭력 메시지를 전파하는 여정을 시작했다. 도중에 포참팔리Pochampali에서 하리잔불가촉천민 거주 지역을 방문했는데, 이야기를 나누던 자리에서 하리잔들이 가족과 함께 먹고살 수 있는 땅 80에이커를 요구했다. 비노바는 모여 있던 사람들에게, 하리잔들의 요구와 관련해서 마을 사람들이 뭔가 해줄 수 있겠는지 물었다. 그때 람 찬드라 레디Ram Chandra Reddy라는 마을 사람이 100에이커를 주기로 약속했고, 그날 저녁 기도시간에 다시 한 번 자신의 약속을 확인했다. 이 일이 바로 부단 운동의 시발점이었다. 비노바는 이 일에서 인도의 토지 문제를 비폭력적인 방법으로 해결할 가능성을 통찰해냈다.

비노바는 이후 13년 동안 인도 전역을 순례하면서 지주들과 만나고 그들에게서 500만 에이커(남한 면적의 5분의 1)의 땅을 헌납 받아 가난한 이들에게 나눠주었다. 비노바에게 토지헌납은 모든 사람들이 참여해야만 하는 헌신의 길이었다. 비노바는 땅을 구걸하지 않고, 땅을 가지지 못한 사람들이 가져야 할 마땅한 권리임을 밝히면서 땅을 요구했다. 그는 자신이 구걸하러 온 게 아니라 봉사와 헌신, 이타의 길로 이끌기 위해 왔다고 했다. 그에게 부단은 평등한 분배를 의미했다. 그것은 혁명이기도 했다. 비노바는 이 점을 분명히 자각하고 있었다. "이 문제는 국제적인 문제이고, 만약 우리가 이것을 평화롭게 해결해낸다면 우리는 스와라지 이후 또 하나의 중대한 발견을 해냈다고 말할 수 있습니다. 우리가 시작한 일을 해낼 수 있다면 그것은 전 세계에 해방으로 가는 새로운 길을 보여줄 것입니다. 이 운동은 세계적 규모의 혁명을 불러일으킬 잠재력을 갖고 있습니다."

이후에 부단 운동은 그 전개 과정에서 그람단 운동으로 발전해간다. 부단 운동은 토지 재분배의 필요성을 강조하고 토지 사유의 윤리기반에 의문을 제기했으며, 정부가 토지개혁을 실시하도록 일정한 압력을 가하기도 했다. 그러나 부단 운동 초기부터 토지 재분배만으로는 부족하며 이는 토지의 분할을 초래할 뿐이라는 문제의식이 대두되었다. 토지 문제를 영구히 해결할 수 있는 열쇠는 토지를 마을의 공동소유로 하는 것, 토지를 마을공동체와 자치기구가 통제

맨 위 처음으로 땅을 기부한 람 찬드라와 이야기 나누고 있다.
가운데 부단 운동을 하면서 부족 사람들에게 땅을 나눠주고 있다.
맨아래 그람단 운동을 할 당시 기부서약서들이 쌓여 있는 모습. 각 마을의 이름이 보인다.

하는 것이라는 인식이 있었다. 이렇게 해서 부단 운동은 자연스럽게 그람단 운동으로 피어나고, 후에 그람단이 운동의 중심이 되었다. 1952년 세와푸리 Sewapuri 에서 열린 사르보다야 회의 이후 전 인도의 간디 조직인 사르바 세바 상 Sarva Seva Sangh 도 부단 운동에 동참해서 운동에 참여하겠다는 서명을 받거나 이미 헌납 받은 토지와 마을을 분배하는 활동을 한다. 비노바는 부단 운동이 인도의 문화와 정서에 부합하고, 사회 경제적 혁명을 일으킬 수 있으며, 세계 평화를 이루는 데 도움을 준다고 주장했다. 1952년 비노바는 부단 운동에 '정신 혁명의 시작 Dharma Chakra Pravartan'이라는 새로운 차원의 의미를 더했다. 비노바에게 토지분배 문제는 일시적인 원조가 아니라, 개인의 의식과 사회 문화가 완전한 변화와 성장으로 가는 첫걸음이었다.

비노바는 부단이 또 다른 종류의 사티아그라하라고 말하곤 했다. 그리고 운동이 잘 되어가기 위해서는 무엇보다도 그 의미를 제대로 이해하는 것이 중요하다고 했다. 나이탈림은 바로 이 '제대로 된 이해'를 위한 중요한 수단이기도 했다. 부단-그람단 운동은 정치와는 거리를 두었지만 그 본질은 정치적인 운동이었다. 동시에 비노바가 벌인 운동은 근본적으로 영적인 것이었다. 1960년대 이후 부단-그람단 운동과 나이탈림 운동은 중앙집권화 강화, 인도 정부기구들의 비협력과 관료주의, 성장 위주의 경제정책 도입, 이들 운동과 비폭력에 대한 일반 국민들의 인식의 미흡함, 달라진 가치관이 반영된 사회 문화적 분위기에서 정체기를 맞는다.

맺으며

비노바는 이 책에서 우리의 교육 현실에서는 잊힌 혹은 부차적인 것으로 간주되는 주제를 놓고 대화를 하고 있다. 바로 누구를 위한 교육인가? 무엇을 위한 교육인가? 라는 문제이다. 그런데 역설적으로 그의 문제제기가 근본적인 만큼, 그가 제시하는 문제해결 방식이 혁명적인 만큼, 그의 교육철학은 제대로 된 평가를 받지 못할 수 있겠다는 우려가 생긴다.

먼저 비노바가 교육 자체의 본원적인 중요성을 인정하지 않는, 교육을 보조적인 수단으로 생각하는 태도가 오해를 불러일으킬 수 있다. 우리의 교육 현실처럼 '교육'이 지나치게 강조되는 상황에서 이런 입장은 자칫 교육의 '방기'로 비칠 수 있기 때문이다. 교육이 지나치게 강조되고 있다는 진단은, 수단이어야 할 교육이 목적이 되어서 삶을 억누르고 압도해버리는 현실을 말하는 것이다. 이런 편향 속에서 삶과 일상의 중요성 그리고 일상 속에서의 자신에 대한 제대로 된 인식과 반성을 촉구하는, 다시 말해 삶에 도움이 되면서 자신의 존재 의의를 깨닫자고 주창하는 교육론은 선뜻 받아들이기 어려울 수 있다. 그러나 교육은 삶 속에서 증명되고 실현되어야 한다. 교육 자체가 목적이 될 수 없고 삶과 함께해야 하는 이유가 그것이다.

또 하나의 문제는 비노바의 교육론을 실효성의 잣대로 들여다볼 때 생겨난다. 혹자는 비노바의 교육론을 한물간 '역사'일 뿐이라고

말할지 모른다. 숨 가쁘게 전개되는 기술혁신의 시대에 수공예 기술과 육체노동은 더욱더 고루해 보인다. 내실이 아닌 허명을 좇는 것을 권장하는 문화 속에서 그의 발언은 버겁고 그래서 회피하고 싶은 그런 것일 수 있다. 당대에도 비노바는 대부분의 상식적인 사람들에게 제대로 이해받지 못했다. 심지어 지기였던 판디트 네루조차도 비노바와 그가 주도했던 부단-그람단 운동을 '당혹스러운' 문제해결 방식으로 여겼다. 경제적인 문제를 경제학적인 방식으로 다루지 않았기 때문이다. 그러나 우리가 잊지 말아야 할 점은 비노바가 그와 같은 경제학적 방식이 전제하는 차별과 억압, 기만과 폭력을 대체할 수 있는 문제해결 방식을 탐구했고 또 찾아냈다는 사실이다. 그것은 바로 삶의 모든 영역에서 비폭력 평화의 원칙을 고수하는 것, 동시에 비폭력 평화의 원칙을 개인과 사회 전체의 삶 속에 펼쳐내는 것이었다. 그리고 비노바는 그것이 현실에서 실현 가능하다는 것을 보여주었다.

비노바가 주창하고 실천했던 사랑과 평화, 이타심과 정의, 창조적 실험 정신은 당대 사람들의 정신과 공명했고, 선의에 의한 자발적 봉사와 토지와 마을 헌납이라는 아름답고 숭고한 현실을 만들어냈다. 세상 물정에 밝은 개인이 아닌, 사람의 마음과 진리에 눈뜬 고양된 정신을 가진 개인으로 살아갈 때 한 개인 혹은 집단으로 우리가 무엇을 할 수 있는지를 보여준 것이다. 구조화된 차별과 경쟁의 고리 속에서 철저하게 고립된 개인으로 무기력하게 살아가고 있는 우리가 구조와 체계에 대한 과학적 인식을 하기 위해서는, 비노바가 보여준 것과 같은 삶의 근본적인 원리에 대한 통찰이 필요하다. 이것이 우리가 비노바의 말을 귀 기울여 듣고 되새겨야 하는 이유다.

옮긴이

김성오

01

배움과 가르침의 본질

배움과 삶

오늘날 괴상한 교수법이 삶의 조화로운 일체성을 토막 내고 있습니다. 사람들은 교육을 받는답시고 인생의 첫 십오 년 혹은 이십 년을 통째로 쓰면서도, 살아가면서 일상적으로 해야 할 일들은 회피합니다. 그 뒤에는 책가방과 함께 자신이 받은 교육을 모조리 내팽개쳐 버리고 남은 나날들은 오로지 생계를 유지하는 일에만 골몰합니다.

이는 자연의 순리에 어긋납니다. 아이 어른 할 것 없이 그 누구도 자그마한 아기가 어떻게 해서 완전히 다 자란 어른이 되는지를 굳이 생각해볼 필요는 없습니다. 아이들의 몸은 날마다 조금씩 자라나기 때문에 그 차이를 거의 알아차리지 못합니다. 아이가 잠자리에 들 때는 육십 센티미터였다가 이튿날 아침 깨어날 때 팔십 센티미터가 되는 것은 아닙니다. 그러나 지금의 교육 체계에서 한 개인은 학교를 마치는 해의 마지막 날까지 자기 삶의 일상적인 일들에 대해 아무런 책임도 지지 않다가, 마지막 해가 지나고 그 다음 해의 첫날이 밝아오면 자기 일에 대해서 모든 책임을 질 준비가 되어 있어야 합니다. 우리는 이러한 관행에서 아무런 오류도 발견하지 못하는 것 같습니다. 하지만 완전히 방기되었던 상태에서 전적인 책임 떠안기로 넘어가는 것은 정말이지 하누만Hanuman, 인도 설화 '라마야나'에 나오는 원숭이 신의 뜀뛰기에 버금갑니다. 그렇게 뛰어오르다가 등골이 부러진다 해도 놀랄 일이 아니겠지요.

열정을 다해 공부에 열중하고 있는 스무 살 청년은 "나는 위대한 시바지Shivaji가 그랬던 것처럼 내 조국에 봉사할 거야. 나는 발미키Valmiki 같은 시인이 될 거야. 나는 뉴턴 같은 과학자가 될 거야!"라며 온갖 사상누각을 짓습니다. 청년은 이렇게 헤아릴 수 없이 다양한 미래에 대해 꿈을 꿉니다. 실은 아주 운이 좋은 소수의 젊은이들만이 그러한 꿈을 꿀 기회를 갖지요. 그런데 나이가 들어가면서 이러한 꿈들은 어떻게 되나요? 그 가련한 젊은이는 집안을 돌보고 일용할 양식을 구하는 문제들에 파묻히고 맙니다. 바로 전날까지 그는 인생에서 책임을 진다는 것이 실제로 어떤 의미인지에 대해 아무런 생각이 없었습니다. 그런데 갑자기 책임져야 할 일들이 산더미처럼 불쑥 눈앞에 나타납니다. 숲속의 자유로운 의인 시바지, 달콤한 목소리의 시인 발미키, 위대한 발견자 뉴턴이 되려던 젊은이들은 자기의 꿈을 팽개쳐 놓고, 모든 주의와 관심을 오직 일자리를 찾고 아내를 구하고 딸을 시집보내고 마지막으로 죽을 준비를 하는 데로 돌립니다. 자, 하누만이 부리는 재주 이야기는 이만하면 될 것 같습니다.

제가 한번은 대학 입시를 준비하고 있는 학생에게 이렇게 물어보았습니다. "자넨 시험이 끝나고 나면 뭘 할 텐가?", "뭘 할 거냐고요? 물론 대학에 갈 겁니다.", "물론 대학에 가겠지. 그런데 그 다음에는 뭘 할 건가? 자넨 나중에 무엇을 할 것인지에 대해서는 생각해보지 않았나?", "하긴 했지만 나중에 필요할 때 결정할 겁니다. 골치 아프게 지금 생각할 필요가 있습니까? 나중에 보면 알겠죠."

삼 년이 지납니다. 그리고 같은 학생한테 똑같은 질문을 합니다. "아니요, 아직 결정하지 않았습니다."가 대답입니다. "무슨 말인가? 그것에 대해서 아무 생각도 해보지 않았다는 말인가?" "안 해봤습니다. 선생님, 제가 뭘 해야 할지에 대해서 아무 생각도 없습니다. 그래도 아직 일 년 반이나 남아 있는데요. 두고 보면 알겠죠." "두고 보면 알겠죠."라는 말은 삼 년 전에 그가 했던 바로 그 말입니다. 그 당시 그의 태도는 상당히 여유가 있었습니다. 그러나 이제는 고뇌의 그림자가 드리워져 있습니다.

일 년 반이 지난 뒤 다시 그 학생을 만납니다. 그는 이제 결혼을 한 상태입니다. 그의 얼굴에는 근심이 가득하고 목소리에서는 이전의 그 태평스러운 울림이 사라져버렸습니다. "다음에는 뭘 할 건데? 그 다음에는? 그 다음에는?" 하면서 계속 이어지는 샹카라차리야 Shri Sankaracharya, 인도의 철학자의 유명한 질문이 뇌리에서 떠나질 않는데, 그로서는 그 질문에 대한 아무런 해답도 찾을 수가 없습니다.

우리는 죽음에 대한 생각도 차일피일 미룹니다. 그러나 죽는 날은 반드시 옵니다. 죽음이라는 실체를 눈을 뜨고 정면으로 마주하면서 '죽기 전에 죽는' 사람이야말로 진정으로 자유로운 사람입니다. 시시

각각 조금씩 다가오는 죽음을 삶의 일부로 받아들이는 사람은 죽음조차도 온화하다는 사실을 알 것입니다. 죽는다는 사실을 인정하지 않는 사람, 삶에서 죽음을 떼어내려는 사람은 죽음이 물귀신처럼 그의 어깨에 올라타고 앉아 있는 것을 보게 될 것입니다. 시각장애인은 머리를 부딪치고 나서야 자기가 가는 길에 기둥이 서 있다는 사실을 압니다. 그러나 기둥이 있다는 것을 미리 본 사람은 부딪치지 않습니다.

살아가면서 떠안게 되는 여러 가지 책무는 두려워할 대상이 아니라 진정한 행복을 위해서 반드시 필요한 요소입니다. 왜냐하면 책무들이야말로 신이 정해놓은 삶의 자연스러운 법칙을 끊임없이 떠올리게 해주고, 도리에 어긋나는 욕망을 자제하도록 도와주기 때문입니다. 책무가 가슴 벅찬 즐거움이 되면 그것은 동시에 풍성한 배울거리가 됩니다. 삶과 동떨어진 것은 무엇이든 바로 그 때문에 교육적인 힘을 잃게 됩니다. 많은 사람들이, 만약 아이들의 마음속에 삶에 대한 책임감을 일깨우면 아이들이 누려야 할 삶의 즐거움을 너무 일찍이 빼앗게 되리라는 편협한 생각을 하고 있습니다. 하지만 만약 삶에 대한 책임감을 일깨우는 것만으로 살아가는 즐거움이 파괴된다면 인생은 살 만한 가치가 없는 것이 아닐까요?

대부분의 교육자들이 이와 같은 잘못된 견해를 강하게 주장하는 주된 까닭은 삶의 의미에 대해 잘못된 개념을 갖고 있기 때문입니다. 우리는 흔히 삶을 갈등과 투쟁의 관점에서 생각합니다. 그러나 만약 그게 사실이라면, 만약 삶이 끔찍하고 지겨운 투쟁이라면, 우리는 아이들에게 삶에 대해 알려주지 말아야 하고 우리들 자신도 그만 살아야 합니다. 반대로, 삶이 살 만한 가치가 있는 것이라면, 우리의 아이들은 반드시 그것을 알아야만 합니다. 왜냐하면 삶을 빼놓고 아이들을 가르칠 수 없기 때문입니다. 만약 우리가 이솝 우화에 나오는, 비록 조롱거리로 나오긴 하지만 실은 사물의 진정한 가치를 잘 아는 암탉을 보고 배운다면, 그래서 진주보다 수수 알갱이를 더 가치 있게 여긴다면, 삶의 갈등은 사라지고 그 자리에 조화로움이 생겨날 것입니다.

《바가바드기타》힌두교의 중요한 성전 중 하나. 《기타》라고도 한다.에서 크리슈나는 전쟁터에서 아르주나를 가르칩니다. 크리슈나는 처음에는 아무런 가르침 없이 아르주나를 전쟁터로 데리고 갑니다. 우리의 가르침도 현실의 삶에서 주어야 하고, 또 줄 수 있습니다. '줄 수 있다.'는 말도 실은 옳지 않습니다. 그보다는 오직 삶의 영역에서만 가르침을 얻을 수 있다고 하는 것이 옳습니다. 아르주나는 실천적인 행동의 문제에 맞닥뜨립니다. 《바가바드기타》에는 그 문제에 대한 답이 있으며, 아르주나는 이 가르침을 온전히 받아들이게 됩니다. 이것이야말로 진짜 교육입니다.

아이들을 논밭에서 일하게 하십시오. 그러다 의문이 생겨나면 우주 생성론에 대한 것이든, 물리학에 대한 것이든, 아니면 다른 분야에 관한 것이든 그 의문을 해결하는 데 필요한 지식을 가르쳐주십시오. 아이가 직접 요리를 하게 한 다음, 필요하다면 화학을 가르치십시오. 한마디로 아이들이 몸소 경험하게 하십시오. 실제 삶의 영역에서 일하는 사람은 끊임없이 무언가를 배웁니다. 어린아이들로 하여금 일하면서 배울 기회를 갖게 합시다.

이때 유의할 점은, 필요한 경우 아이들을 이끌어줄 누군가가 있어야 한다는 것입니다. 그러나 그 사람은 '교사'라는 특정한 범주에 속하지 않은, 현실에서 일상생활을 해나가는 사람이어야 합니다. 그러나 아이들을 인도하는 사람은 일반 노동자들과는 달라야 합니다. 그 사람은 자신의 삶을 명민하게 살아가야 하며, 필요한 때에 아이들에게 삶과 노동의 과정을 설명해줄 능력이 있어야 한다는 말입니다.

그렇게 되면 인간의 일상적인 삶의 영역과 별개로 '교사'라는 직업을 만들어낼 필요도 없고, '학생'이라는 존재도 필요하지 않게 됩니다. "지금 뭘 하고 있습니까?"라고 누가 물었을 때, "배우는 중입니다." 혹은 "가르치는 중입니다."라는 대답이 나와서는 안 됩니다. 대답은 실제 일을 하는 과정에서 우러나와야 하며, "밭을 갈고 있습니다." 또는 "베를 짜고 있습니다."라는 식으로 지금 하고 있는 일과의 관계 속에서 말할 수 있어야 합니다.

이런 관점에서 우리가 본보기로 삼을 만한 스승과 제자의 예가 있습니다. 비스바미트라Visvamitra는 자신의 직분에 걸맞게 희생제의에 쓸 동물들을 마련하느라 바빴습니다. 그래서 다사라트Dasarath에게 그의 아들들인 람Ram과 락시만Lakshman이 제물들을 돌보게 해달라고 했습니다. 다사라트는 두 아이에게 그렇게 하도록 했습니다. 두 아이는 자신들에게 희생 제물을 돌보는 아주 중요한 일이 맡겨졌다는 점을 잘 알고 맡은 일을 하러 갔습니다. 그 일은 두 아이에게 아주 훌륭한 교육이 되었습니다. 그러나 누가 그 아이들에게 무엇을 했는지 묻는다면, 그 아이들은 자신들이 교육을 받았다고 말하지는 않았을 겁니다. 그보다는 자기들은 제물을 돌봤다고 했겠지요. 그러나 그 아이들은 자신에게 꼭 필요한 교육을 받은 것입니다.

교육은 실제 노동을 하는 과정에서 생겨나는 산물입니다. 쓸모 있는 노동을 하는 사람은 자신이 의식하든 하지 못하든 그 일을 하는 과정에서 무언가를 배웁니다. 아이들도 이와 같은 방식으로 가르쳐야 합니다. 어른들은 좀 더 어렵게 배웁니다. 바로 자신들의 오류를 통해서 배우지요. 어린아이들은 그러기에는 아직 여립니다. 그래서 실수를 너무 많이 겪지 않으면서 조금씩 혼자 해나갈 수 있는 분위기에서 배울 수 있는 조건을 마련해줘야 합니다.

그러나 일을 함으로써 얻는 교육 효과만을 노리고 일을 하게 해서는 안 됩니다. 그런 식으로 일을 하면 일종의 탐욕을 갖게 됩니다. "오늘은 이것을 배웠으니까 내일은 저것을 배워야지." 하는 식으로 말입니다. 우리는 그런 헛된 생각에서 깨어나야 합니다. 그리고 그와 같은 헛된 생각을 하지 않는 사람을 가장 가치 있는 교육을 받은 사람으로 여겨야 합니다. 예를 들어 어머니가 편찮으시다 칩시다. 어머니를 돌보면서 한편으로는 다른 뭔가를 배우겠다는 욕심을 부려서는 안 되겠지요. 도리어 어머니를 돌보는 일을 신성한 의무이자 특권으로 여겨야 합니다. 어떤 의미에서 '교육'이 될 수 있다고 생각하는 다른 일을 할 수 있는 시간을 어머니를 돌보느라 허비할까 봐 두려워서 그 의무를 소홀히 해서는 안 될 것입니다.

쓸모 있는 노동이 교육에서 가장 중요한 자리를 차지해야 한다는 것에 동의할 교육자들이 있긴 합니다. 그러나 그 사람들은 노동을 생계를 꾸려가기 위한 방편으로서가 아니라 단지 교육의 한 수단으로만 받아들입니다. 그들이 이러한 입장을 취하는 것은 그들 스스로가 "배를 채운다."는 말에서 연상되는 좋지 않은 의미들을 두려워하기 때문이며, 그래서 부분적으로만 옳습니다. 그러나 신께서 인간에게 위장을 주신 것은 어떤 목적이 있기 때문입니다. 만약 사람들 모두가 진지하고 정직하게 '배를 채우는' 일을 하게 된다면 우리 사회에서 슬픔과 죄악 상당 부분이 사라질 것입니다.

"바르고 곧은 마음으로 생계를 꾸려가는 사람이야말로 진정으로 순수한 사람이다."라는 마누 Manu, 《마누법전》의 저자로 알려진 인물의 이야기도 바로 이 점을 염두에 둔 것입니다. '아무도 증오하지 않고' 살아가는 것을 배우는 것에 모든 배움이 담겨 있습니다. 인간으로서 제1의 의무는 이와 같은 선의지를 갖고 세속에서 순례를 하는 것이고, 오직 그 일을 해냄으로써만 정신적으로 성숙할 수 있습니다.

성자들은 인간의 몸과 관련된 삶을 이롭게 하는 노력에 '야그나 yagna, '희생'이라는 뜻' 라는 이름을 붙였습니다. 또한 먹는 행위에 대해 바만 판디트Vaman Pandit가 쓴 유명한 구절이 있습니다. "밥을 먹는 것은 그저 배만 채우는 행위가 아니라 성찬식이기도 하다는 것을 알아야 하나니." 인간은 스스로 세속에서의 순례를 위해 일하고 있는 것이라는 생각을 해야 하며, 이 '세속에서의 순례'는 의식 속에서 가장 숭고한 뜻으로 새겨져야 한다는 말은 진정 옳습니다. 이를 단지 키가 180센티미터인, 살과 피를 가진 사람의 생의 여정으로만 이해해서는 안 됩니다. 모든 인간이 누구나 세속에서의 순례를 행해야 함을 뜻합니다. 인간은 다음과 같은 말을 끊임없이 되새겨야 합니다. "내가 몸으로 하는 순례는 인간에 대한 봉사이며, 바로 그렇기 때문에 그것은 신을 향한 경배이다." 사람들 각자가 자신의 몸이 이처럼 신을 섬기는 일에 쓰이고 있으며 또 하나도 남김없이 다 쓰여야 한다는 점을 느껴야 합니다.

어린아이들도 당연히 이러한 점을 느껴야 합니다. 그리고 이를 이루기 위해서 그들이 할 수 있는 만큼 일상의 삶에서 자신의 몫을 감당하도록 해야 합니다. 그리고 그들이 받는 모든 교육은 이것을 핵심에 두고 이뤄져야 합니다.

만약 그럴 수 있다면 삶은 더 이상 토막 나지 않을 것입니다. 또한 아무런 준비도 하지 못한 채 삶의 책임을 떠맡아야 하는 상황에 내몰리는 어려움을 겪지 않게 될 것입니다. 그리고 아이들이 일상의 삶에서 자신의 책임을 다하는 과정에서 자신도 모르는 사이에 지식이 꾸준히 쌓일 것입니다. 또한 사람들은 '교육'이라는 환상에 빠져들지 않을 것이며, 노력은 하되 자신의 수고에 따른 결실을 탐하지 않는 초연함을 지닐 수 있게 될 것입니다.

인성 교육

루소에 따르면, 우리는 자연과 인간 그리고 사물이라는 세 가지 원천에서 배웁니다. 우리의 신체기관이나 능력의 자연스러운 발달은 자연에 의한 교육이고, 이렇게 발달한 능력을 적용하는 활용법을 익히는 것은 인간에 의한 교육이며, 주위의 사물들에서 개인적인 경험을 통해 앎을 습득하는 것은 사물에 의한 교육이 됩니다.

재빠르고 기민하며 절묘한 감각들과, 기억과 이성·이해력·인내심·논리적 추론과 같은 다양한 지적 능력이 충분히 성숙할 때까지 발달하는 것, 그리고 신체 각 부분이 완전하고 조화롭게 성장하는 것, 이렇게 천부적으로 타고난 내재적인 성향들이 드러나는 것이 '자연의 교육'이라 할 수 있습니다. 달리 말해, '자연의 교육'은 몸과 마음 그리고 정신의 내적인 성장, 즉 영혼의 성장을 뜻하지요.

루소는 인간이 자신을 둘러싼 바깥세계의 사물과 접하는 가운데 경험에 의해 물질세계의 내용과 작용에 정통하는 것을 '사물 교육'이라고 했습니다.

학교에서 다른 사람의 의식적인 노력으로 이뤄지는 언어, 전승의 교육을 루소는 '인간에 의한 교육'이라고 했습니다. 이 교육을 통해서 우리는 자연의 교육으로 갖게 된 내적 역량을 발휘해, 외부 세계를 경험하면서 실용적인 지혜를 배웁니다. 이 말은 곧 루소가 '인간에 의한 교육'을 자연의 교육과 사물 교육의 연결 고리로 간주했다는 뜻입니다.

루소가 교육을 세 부분으로 나누었다는 것은 그리 중요한 문제가 아닙니다. 그것은 단지 편의적인 구분일 뿐입니다. 그 구분을 최종적인 것으로 여길 필요도 없습니다. '인간에 의한 교육'과 '사물 교육'은 둘 다 인간이 바깥세상에서 받아들이는 것입니다. 오직 '자연의 교육'만이 내면에서 받아들이는 것이라고 할 수 있지요. 그렇다면 교육을 '내면적인 것'과 '외부적인 것', 이렇게 두 가지로만 나누면 어떨까요? 그러면 그 다음에 이어질 말은 '외부적인 교육'이 아닌 '내면적인 교육'이야말로 인간성의 원천을 다루는 것이니, 내면적인 교육만이 실질적이고 핵심적인 것이라고 생각해야 한다는 것이겠지요.

제가 '외부적인 교육'이라고 일컬은 것이 꼭 다른 사람이나 학교를 통해서만 이루어지는 것은 아닙니다. 《우파니샤드*Upanishads*》힌두교 경전에는 사티야카마 자발리Satyakama Jabali가 스승에게 소를 돌보는 방법을 어떻게 배웠으며, 또 소에게 풀을 뜯기면서 어떤 방식으로 다른 것들도 배웠는지를 보여주는 이야기가 있습니다. 그는 때로는 소에게, 때로는 참새에게, 또 때로는 한 그루 나무에게서도 배웁니다. 그는 지혜가 늘어가면서 용모 전체에 생기가 넘쳐납니다. 어느 날 그의 스승이 물었습니다. "아들아, 네 얼굴에 지혜의 빛이 서려 있구나. 도대체 어디에서 배운 게냐?" 그러자 소년이 대답합니다. "인간이 아닌 다른 스승들에게서 배웠습니다." 그렇습니다. 인간 이외의 것에서는 배울 수 없다고 생각하는 것이야말로 어리석은 허영일 뿐입니다.

사실 인간은 이 무한한 세계에 있는 모든 것들에서 끊임없이 배웁니다. 시냇물은 막힘없이 흘러갑니다. "돌 하나하나마다 교훈이 서려 있고, 흘러가는 실개천도 지식의 원천"입니다. 삼라만상이 공부할 거리들로 가득 차 있습니다. 나무와 풀, 꽃과 강과 산, 하늘과 별 모두가 각기 고유한 방식으로 인간에게 가르침을 베풀고 있습니다. 기하학적인 점에서 지리학적인 대양에 이르기까지, 더없이 높은 천상에서 신비를 간직한 대지 깊숙한 곳까지 크고 작은 모든 것이 인간의 스승입니다. 학식 있는 과학자의 현미경, 현실에 발 딛고 살아가는 사람들의 평범한 식견, 상상력 풍부한 시인의 영감에 찬 통찰, 그리고 관조적인 철학자들의 지혜로운 안목, 우리가 인지하고 있거나 인지하지 못한 것들, 이 모든 것들에게서 우리 인간은 끊임없이 가르침을 받습니다. 이 광대한 창조의 세계야말로 신神이 손수 우리 앞에 펼쳐놓은 영원하고 신성하며 경이로운, 가장 성스러운 책입니다.

그러나 이 지식의 강이 아무리 깊다 한들 인간은 자신의 조그마한 그릇에 담을 수 있는 만큼의 강물만을 담을 뿐입니다. 그래서 우리는 세상에서 우리 안에 들어 있는 배움이라는 씨앗의 종류와 양만큼 받아들일 수 있습니다. 우리는 수많은 사실을 배우고, 많은 책을 읽으며, 다양한 견해를 듣고, 수없는 사물들을 봅니다. 그러나 그것들 가운데 우리 마음속에 남아 있는 것은 얼마나 적은지요!

간단히 말해서, 우리가 바깥세상에게서 배운 모든 것은 모조리 잊혀지고, 대신 그 자리에는 그것이 영향을 끼친 흔적만이 남아 있다고 할 수도 있을 것입니다. 사실들, 즉 배움의 세세한 내용들은 사라져버리고 그 영향력만 남아 있게 됩니다. 그렇기에 앞서 말한 것처럼, 우리는 이미 우리 안에 들어 있지 않은 것은 그 어떤 것도 바깥세상에서 얻어낼 수 없습니다. 그렇다면 외부적인 교육은 그 자체만으로는 온전하게 설 수 없고 본질에 다다르지도 못하며, 단지 외적인 상태일 뿐이라는 것이 분명합니다.

자, 이렇게 되면 문제가 생깁니다. 비록 외부적인 교육이 공상에 지나지 않는 것이라고 말은 하지만, 여전히 우리에게는 살아 있는 교양의 문양을 짜나갈 수 있을 만큼의 외적인 출발점이나 뒷받침 혹은 기반이 필요합니다. 또 만약 외부적인 교육이 실질적인 것이라고 한다면, 외부적인 교육에는 인간의 내면적인 성장과 맞아떨어지는 부분들 말고는 아무것도 남지 않게 된다는 사실에 직면해야 합니다. 어느 쪽이든 다 문제가 있습니다. 그렇기 때문에 우리는 이 두 가지 교육이 어떻게 연관되어 있는지 물어야 합니다.

이 문제는 새로운 것이 아니며, 해결책 또한 그러합니다. 모든 고전 철학에서 이러한 의문이 제기되고 있으며, 모두 같은 해결책을 제시하고 있습니다. 《베단타*Vedanta*》힌두교의 세 성전인 《우파니샤드》《브라마수트라(니야야 샤스트라)》《바가바드기타》에 대한 철학적 주해서를 통칭함 에는 이러한 물음이 나옵니다. "외부의 사물들과 행복의 관계는 무엇입니까?" 이 질문에도 똑같은 문제가 있습니다. 만약 여러분이 행복은 외부의 사물들에 있다고 말한다면 언제나 그것들에서 행복을 찾을 수 있어야 하는데, 사실 그렇게 되지는 않습니다. 마음이 불안하면 심지어 평소에 마음을 즐겁게 해주던 물건이 있다 해도 행복하지 않습니다. 다른 한편으로, 만약 행복은 외부의 사물들에서 찾을 수 없으며 오히려 마음가짐의 문제라고 말한다 해도, 그 말은 경험적 사실과 어긋나기 십상입니다. "소망이 말이라면 거지도 타려고 할 것이다."는 속담이 있지만, 거지가 말을 타기는 힘든 것이 냉혹한 현실입니다. 그렇다면 이 질문에 대한 답은 무엇일까요?

《니야야 샤스트라*Nyaya Shastras*》에 나오는 또 다른 예를 들어봅시다. 항아리와 흙은 무슨 관계가 있습니까? 만약 여러분이 흙과 항아리는 같은 것이라고 말한다면 당장 여러분 손에 쥔 흙덩어리를 가지고 가서 물을 길어와 보십시오! 반면에 만약 흙과 항아리는 별개의 것이라고 말한다면 흙은 나한테 주고 항아리만 가져가 보십시오! 그렇다면 도대체 이 둘은 어떤 관계가 있을까요? 우리가 흔히 모른다는 사실을 토로하거나 우리의 무지를 무마하는 아주 훌륭하고 정중하며 고상한 방식 가운데 하나가, '규정할 수 없는' 관계라고 말해버리는 겁니다. 그러나 심지어 그 관계가 규정할 수 없는 성격의 것이라고 말할지라도, 만약 우리가 흙덩이는 '실질적'이고 항아리는 '공상적'인 것이라는 판단을 내린다면, 같은 식으로 내면적인 교육은 그 자체로 완벽하고 외부적인 교육은 불완전하거나 공상적인 것이라고 결론 내려야 합니다.

이렇게 말하는 순간 또 다른 근본적인 문제가 제기됩니다. 이 두 가지 교육 중에서 '내면적인 교육', 즉 우리가 문제의 핵심이라고 말하는 얼아트마, atma의 성숙은 사람들 각자의 마음속 내밀한 곳에서 일어납니다. 우리는 이것에 대해서 말로 설명할 수 없고 이것을 위한 수업계획표를 만드는 것은 더더욱 불가능합니다. 설령 계획표를 만들 수 있다고 해도 계획표대로 실행에 옮길 수가 없습니다. 그런데 우리는 이미 일반적으로 외부적인 교육, 특히 공식 교육이 불완전하고 '현실적이지 않다'고 판단한 상태입니다. "누구도 뿔 달린 토끼를 잡을 수는 없다."는 속담이 있는데, 이 경우에 딱 들어맞는 것 같습니다. 정녕 우리는 모든 교육 운동은 우리의 무지를 드러낼 뿐이라고 말하고 말아야만 하는 걸까요?

하지만 앞서 얘기한 문제가 겉보기처럼 그렇게 답을 내릴 수 없거나 궁극적인 것은 아닙니다. 왜냐하면 우리가 외부적인 교육이 불완전한 것이라 할 때, 그것이 전적으로 가치가 없다는 뜻으로 한 말은 아니기 때문입니다. 제가 말하고 싶은 것은, 외부적인 교육도 어느 정도는 의미 있고 적절하며 이로운 것이지만 결코 완전한 것은 아니라는 것입니다. 교육은 미증유의 새로운 어떤 것을 존재하게 하는 것이 아니라, 잠자고 있는 본성을 일깨우는 수단입니다. 교육의 역할이 뭇사람들이 흔히 생각하는 그런 것이 아닌 건 확실하지만, 그렇다고 해서 교육이 전혀 쓸모없는 것이라고 결론지어서는 안 됩니다. 교육을 통해 무언가를 창조할 수는 없지만 유·무형의 장애들을 없앨 수는 있습니다.

러스킨도 조각과 관련해 비슷한 이야기를 한 적이 있습니다. 그는 조각가가 돌이나 흙을 가지고 조각상을 만드는 것이 아니라고 했습니다. 조각상은 이미 존재하고 있으며 단지 눈에 보이지 않게 감춰져 있을 뿐이기 때문에, 조각가가 하는 일은 단지 이미 존재하고 있는 형상을 드러내는 것일 뿐이라고 했습니다. 이런 식으로 보면 비록 교육이 불완전한 것이라 할지라도, 쓸모 있고 좋은 것이라는 점이 분명해집니다. 그리고 교육의 역할이 장애를 제거하는 일에 국한되어 있긴 하지만 전적으로 비본질적이지는 않습니다. 이 점을 염두에 두고 앞에서 교육 자체는 본질적인 것이 아니라고 한 것입니다. 교육이 그 자체만으로 영혼을 성장시킬 수 있다고 생각하는 것은 환상입니다. 그런 의미에서라면 교육이 제대로 실현될 가능성은 거의 없습니다.

하지만 우리는 교육의 중요성을 지나치게 과장해왔고, 그 결과 우리의 교육 방법은 우스꽝스러울 정도로 비정상적일 뿐 아니라 대단히 해로운 것이 되어버렸습니다. 만약 어떤 아이가 아주 똑똑하고 기억력이 좋다면 그 아이는 공부를 하라는 압박을 심하게 받습니다. 아버지는 아이의 머릿속에 얼마나 더 많은 것을 쑤셔 넣을 수 있을

지를 고민하고 학교에서도 그와 똑같이 대합니다. 반면에 둔해 보이는 아이는 드러내놓고 홀대를 합니다. 똑똑하다고 인정받은 학생들은 어떻게 해서든 대학까지는 갑니다. 그러나 그 뒤에 인생의 낙오자가 되는 경우를 아주 흔하게 봅니다. 혹여 대학을 마칠 때까지 잘 버텨낸다 할지라도 졸업한 뒤 인생에서 가치 있는 일을 해내지 못합니다. 이것은 그들의 미성숙한 지성이 너무나 버거운 짐으로 꽉 들어차버렸기 때문입니다. 힘차게 잘 달리는 말을 채찍질할 필요는 없습니다. 말이 아주 잘 달린다는 것을 확인했다면, 제가 알아서 달리도록 하는 것이 좋지 않겠습니까? 만약 채찍질을 하면 무슨 일이 일어납니까? 말은 채찍에 겁을 집어먹고 피하려다 말에 탄 사람과 함께 도랑으로 굴러 떨어지고 말 것입니다. 이러한 종류의 압박은 어리석고 잔인하며 반드시 없애야 하는 교육 방법입니다.

사실 학생이 '나는 지금 무엇을 배우고 있다.'는 느낌을 갖기 시작하는 순간, 여러분은 교육 방식에 문제가 있다는 사실을 깨달아야 합니다. 이 원리는 놀이 영역에서 확인되었습니다. 어린아이들의 경우 신체단련을 위한 최선의 방식, 몸의 발달을 위한 최선의 기회는 놀이입니다. 그러나 아이 자신은 절대로 '지금 나는 몸을 단련시키고 있다.'고 느끼지 않습니다. 놀이를 하는 동안 그 아이에게 바깥세상은 존재하지 않습니다. 놀고 있는 아이들은 오직 놀이에만 몰입합니다. 놀이에 빠진 아이들은 편리함이나 불편함을 의식하지 못하고, 배고픔과 갈증도 느끼지 않으며, 지루함과 고통도 모릅니다. 한마디로 놀이는 의무가 아닌 기쁨이며, 체력단련이 아닌 즐거움입니다.

이 원리가 모든 종류의 배움에 적용되어야 합니다. '교육은 의무'라는 식의 틀에 박힌 생각 대신에, '교육은 즐거움'이라는 아주 자연스럽고 고무적인 생각을 키워나가야 합니다. 요즘 우리 아이들은 어떻게 생각할까요? 우리의 교육이 즐거움이라는 정서에서 너무나 멀리 떨어져 있는 까닭에 오늘날에는 심지어 교육이 의무라고 하는 생각조차 찾아보기 어렵게 되어버렸습니다. 오늘날 학교에 다니는 아이들이 흔히 갖는 느낌은 '교육은 곧 처벌이다.'라는 식의 노예와도 같은 정서와 태도입니다. 아이가 끊임없이 분출하는 에너지를 발현하기 시작하자마자, 아이에게서 자립적인 성향의 조짐이 조금이라도 비치는 순간, 가족은 이제 이 아이를 학교에 가둬둘 때가 되었다고 결정해버립니다. 그래서 학교는 다름 아닌 아이들을 가둬두는 장소가 되어버립니다. 교육이라는 성스러운 일에 몸을 던진 교사들도 단지 교도소의 교도관에 지나지 않게 됩니다.

이렇게 된 것이 누구의 잘못입니까? 그 잘못은 교육의 본질에 대한 우리의 생각과, 결과적으로 우리가 의존할 수밖에 없었던 체계(아니면 체계의 결여)에 있습니다. 학생들에게 배움은 의식적이지 않은 자연스러운 과정이어야 합니다. 모든 교육은 아기가 모국어를 배우는 것과 같이 자연스러운 방식으로 이루어져야 합니다. 아장아장 걸어 다니는 조그만 아이가 문법의 의미를 알 리 없지만, 그러한 아이라도 자기 엄마에 대해서 말할 때는 남성형을 쓰지 않습니다. 비록 이 아이가 단어는 모른다 할지라도 문법의 실체는 알고 있다는 뜻입니다. 문법을 어떻게 말로 설명해야 하는지는 모르겠지만 문법의 본질은 파악하고 있습니다.

우리 모두 수단을 목적으로 착각하지 않도록 주의합시다. 목적을 이루기 위해 수단을 쓰는 것이지, 수단을 위해 목적을 정하는 것이 아닙니다. 궁극적으로, 우리가 왜 가우타마Aksapada Gautama의 《니야야 수트라*Nyyaya-Sturas*》 인도 철학자 가우타마가 지은 논리학 책나 아리스토텔레스의 《논리학》을 가르칩니까? 사고를 정연하게 하고 논리를 명확하게 하기 위해서가 아닙니까? 삼척동자라도 등불이 꺼지면 '등잔의 기름이 떨어졌나 보다.'라는 정도의 추측은 할 수 있을 겁니다. 추론의 고리 전체가 이미 그의 마음속에 들어 있는 것이지요. 그 아이가 삼단논법의 단계를 설명할 수 없는 것은 사실입니다. 하지만 그럼에도 그 아이에게는 추리력이 있습니다. 교육의 역할은 이 능력을 지속해서 계발할 수 있는 상황을 만들어주는 것입니다. 인간에게는 모든 학문과 예술, 그리고 선량함을 싹 틔울 자질이 마치 씨앗처럼 잠재되어 있습니다. 바로 그 씨앗이 보이지 않는다는 이유로 씨앗이 없다고 말할 권리가 우리에게는 없습니다.

자연 상태에서 인간이 악하다고 생각하는 것은 인류 전체에 대한 모욕일 뿐만 아니라 절망을 가르치는 것이기도 합니다. 만약 인간이 그 근본부터 악하다면 교육에는 희망이 없게 됩니다. 논리적으로 따지면 어떤 것의 본성을 완전히 제거하는 것은 불가능합니다. 따라서 만약 인간의 본성이 근본적으로 악하다면 그것을 개선하려는 시도는 모두 헛수고가 될 터이니, 인간에게 잠재해 있는 동물적인 성향이 제멋대로 드러나게 내버려둬야 한다는 결론이 나옵니다. 그럴 경우 교육 현실에 잘 들어맞는 표어는 "매를 아끼면 버릇이 나빠진다."가 될 것입니다. 그렇기 때문에 사려 깊은 철학자와 교육자들은 총체성의 모든 요소가 인간의 마음에 가능태로서, 즉 씨앗으로 존재하고 있다는 원리를 받아들였던 것입니다.

아이의 머릿속에 자신이 교육받고 있다는 생각이 한 번도 떠오르지 않도록 가르쳐야 한다는 말은 이미 했습니다. 그렇게 하려면 교사 또한 '지금 나는 학생들을 가르치고 있다.'는 식의 직업적인 태도를 버려야 합니다. 스승이 스스로 한결같은 마음을 지닌 자연스러운 교사가 되지 못하는 상황에서 학생들이 자연스럽게 배울 수는 없습니다.

여러분이 스스로 "우리는 프뢰벨, 페스탈로치, 혹은 몬테소리 교수법에 따라 가르치고 있다."는 식으로 이야기할 때가 있다면, 그것이 공허한 말장난이며 이러저러한 교수법을 하릴없이 모방하고 있을 뿐임을 확신해도 좋을 것입니다. 그러한 교육은 허깨비이며 생명력이 없습니다. 교육은 대수학과 다릅니다. 어떤 공식을 적용해서 이미 나와 있는 해답을 찾아내는 문제가 아니라는 말입니다. '외부 세계로 자연스럽게 넘쳐흐르는 내면의 샘물', 이것이 바로 교육입니다.

이 자연스러운 교육은 비록 결점이 있긴 하지만 그래도 쓸 만한 것입니다. 정해진 방법론을 따르는 노예가 질서정연하게 무지를 퍼뜨리는 행위는 결코 용인되어서는 안 됩니다. 우리가 금과옥조로 여기며 배운 교육 방법론들이 결국 무엇입니까? 단지 체계화된 무지에 불과하지 않습니까? 교육철학자 허버트 스펜서Herbert Spencer는 "교육은 출중한 인격을 형성하는 일에는 아무런 영향도 끼치지 못한다."고 했습니다. 우리의 교육 방법도 마찬가지입니다. 그렇다면 과학적인 관점에서 그러한 방법들에 어떤 가치를 부여할 수 있겠습니까? 교육 체계는 아르주나가 받았던 바로 그 약속, 즉 "이것을 앎으로써 너의 지혜가 자라고 너의 과업 또한 성취될 것이다."라는 약속을 할 수 있어야만 합니다. 이와 같은 약속을 할 수 없는 모든 방법은 사람들의 눈을 멀게 하는 조직적인 시도일 뿐입니다. 셰익스피어가 희곡 이론을 공부했던가요? 수사학의 법칙을 암기했다고 해서 위대한 시인이 되었던가요? '체계'와 '방법론' 같은 말들 자체에는 아무런 의미나 가치가 없습니다. 그 말들은 속임수일 뿐입니다. 바르트리하리Bhartrihari, 인도의 위대한 서사시인는 "참다운 교육 방법은 위대한 인물들이 보여주는 삶의 역사다."라는 아주 의미심장하고 핵심적인 말을 했습니다. 제가 이야기하는 맥락에서는 이 말이 교육 방법론이라는 말에 대한 가장 적절한 해석입니다.

그렇다면 이 '규정할 수 없는' 교육을, '특별한 방법론 없이도 자체적으로 바른 규칙과 정연한 질서를 갖춘 전체를 만들어내는, 그 어떤 스승도 줄 수 없지만 그럼에도 엄연히 일어나고 있는 것'이라 정의해볼까요? 바로 이러한 점 때문에 심오한 통찰력을 부여받은 선지자들이 교육이 어떻게 이루어지는지는 아무도 모른다는 점을 누누이 밝힌 것입니다. 《케나 우파니샤드*Kena Upaninshad*》에도 나오듯이 "'나는 모른다'고 말하는 그 사람이 아는 사람"입니다. 방법론, 강의 내용, 시간표는 모두 무의미한 단어들일 뿐입니다. 이 단어들은 자기기만입니다. 교육은 살아 있는 행위를 통해서만 이뤄질 수 있습니다. 생활과 동떨어진 행위에 교육이라는 이름을 붙인다면, 이 '교육'은 몸에 이물질이 들어갈 경우 대개 해로운 결과를 가져오듯이 정신에 해롭고 건강하지 못한 영향을 끼칠 것입니다. 우리가 일에 숙달되어 있지 않으면 배움에 대한 열망이 없게 되고, 배울 의욕이 전혀 없는 사람에게 강제로 가르치려 한다 한들 소화기관이 그것을 소화할 능력이 없습니다. 만약 책 내용을 머릿속에 쑤셔 넣어서 지혜가 생긴다면 도서관 책장들이야말로 진정 현명할 것입니다. 그러나 강제로 집어넣은 지식은 소화되지 않습니다. '정신적인 이질'에 걸리고 지적 능력은 퇴화하여 사라지고 말 것입니다.

어린이 교육에 적용되는 원칙이 어른 교육에도 마찬가지로 적용됩니다. 그 원칙은 바로 사람들에게 선한 삶의 길을 보여주는 것입니다. 위대한 선지자들의 안목으로 보면 우리 인간 사회는 이제 겨우 걸음마를 하는 천둥벌거숭이 아기일 뿐입니다. 자식 없는 사람은 천국에 들어갈 수 없다는 말이 있습니다. 그렇다면 위대한 스승이신 비스마Bhishma는 어떻게 구원을 받을 수 있겠습니까? 그분은 결혼도 하지 않고 생을 마감하는 날까지 금욕 수행을 하지 않았습니까? 그러한 의문에 대한 답은 이것입니다. 비스마는 사회의 모든 구성원에게 아버지와 같은 분이었고, 그래서 모든 사람들이 그분의 아들이었지요. 그렇다면 진정 현명한 사람의 안목으로 보면 민중 교육은 어린이 교육과 다르지 않습니다. 그러나 오늘날 민중 교육은 어린이 교육과 마찬가지로 엄청난 골칫거리가 되어버렸고, 이렇게 된 책임은 교육을 받는 사람들한테 있다고 말하곤 합니다.

사실 민중 교육에 대한 책임은 어느 한 개인이 맡을 수 없습니다. "민중 교육은 내 몫이다."라고 하는 사람은 자신이 하늘을 떠받치고 있다고 착각하는 메뚜기나 다를 바 없습니다. "내가 그 일을 한 사람이다."라고 말하는 것은 무지를 드러내는 것이지 지혜를 드러내는 것은 아닙니다. "내가 그 일을 한 사람이다."라고 하는 태도가 남아 있는 한 진정한 창조성은 들어설 여지가 없습니다. 다른 모든 교육처럼 민중 교육도 '비본질적'이며 장애를 제거해내는 것이 문제입니다. 이것이 샹카라차리야가 민중 교육을 그 본질상 "사람들의 악한 성향을 제거하는 것"이라고 정의했을 때 염두에 둔 것이기도 합니다.

중요한 점은 이것입니다. 진정한 교사는 가르치지 않습니다. 학생은 교사와 함께 있으면 스스로 배울 수 있습니다. 마찬가지로 현명한 사람은 '민중 문화'를 만들어내지는 않습니다. 그러나 그가 있음으로 해서 민중 문화는 자연스럽게 어떤 형태를 갖추고 생겨납니다. 태양은 특정한 사람에게 빛을 보내는 것은 아닙니다. 그러나 모두가 가장 자연스럽고 편안하게 햇볕을 쬡니다. 이와 같은 집착 없는 행위를 《바가바드기타》에서는 '마땅한 행위'라고 했고, 《마누법전》고대 인도의 사상, 제도를 집대성한 법전에서는 이 '마땅한 행위'에 '사려 깊은 사람의 행위'라는 아주 좋은 이름을 붙였습니다.

'인성 교육'이라는 말도 똑같은 발상에 바탕을 두고 있습니다. 이러한 교육을 하는 교사, 인격을 함양시켜 주는 교사는 한 사회의 진정한 스승입니다. 이들이야말로 공동체 사회의 아버지들입니다. 나를 낳아주었다는 이유만으로 한 핏줄의 아버지가 진리의 아버지인 것은 아니며, 돈만 밝히는 교사는 진리의 스승이 아닙니다. 진정한 스승에게서 배운 사람들만이 “어머니이자 아버지이며 동시에 스승인 분을 모셨다.”는 표현에 값하는 영예를 누릴 자격이 있습니다. 궁극적으로 보면 우리 모두는 고아나 다를 바 없습니다. 우리는 너나 없이 모두 무지합니다. 우리들 가운데 몇 명이나 그러한 교양 교육을 받는 축복을 누렸습니까?

공부의 깊이

교육의 질은 폭과 길이가 아니라, 오직 깊이에 의해서만 평가될 수 있습니다. 공부에서 중요한 것은 깊이이지 폭이 아닙니다.

공부의 폭이라고 할 때, 그 뜻은 한 개인이 해야 할 여러 가지 공부에 많은 시간을 들인다는 것입니다. 깊이라고 할 때, 그 뜻은 해당 교과목에 완전히 몰입하여 짧은 시간을 쓰는 것입니다. 설령 열 시간 혹은 열두 시간을 잔다 하더라도 그 시간 내내 꿈을 꾸거나 몸을 뒤척인다면 가뿐한 느낌이 들지 않습니다. 반대로 깊이 푹 잔다면 대여섯 시간만 자도 완전히 원기를 되찾습니다. 공부도 마찬가지입니다. 공부의 비밀은 몰입에 있습니다.

집중하여 깊이 공부하지 않고서는 참된 지식을 얻을 수 없습니다. 단지 이것저것을 나열하기만 하는 공부에는 여러 가지 문제가 있습니다. 너무 많은 과목들을 한꺼번에 습득하려고 덤비다가는 힘만 빠지게 됩니다. 그 어느 것도 제대로 파악하거나 완전하게 익히지 못합니다. 공부를 잘하려면 건강한 정신과 이성, 사유능력과 독자적인 사고를 발전시켜야 합니다. 사유능력이라 함은 진리를 탐구하는 데 있어 새로운 생각의 싹, 새로운 개념, 새로운 의욕, 새로운 열정을 피워내는 것을 뜻합니다. 이것들 모두가 기운이 생동하는 정신의 표상입니다. 그런데 지나치게 많은 양을 공부하다 보니 정신의 활기가 질식당해 버렸습니다.

선은 두 개의 점이 있어야 그릴 수 있습니다. 삶의 길 또한 두 개의 점에 의해 결정됩니다. 하나는 "내가 서 있는 곳은 어디인가?"이고, 또 하나는 "나는 어디로 가고자 하는가?"입니다. 이 두 개의 점을 잘 알고 나면 우리의 삶의 방향은 자연스럽게 정해집니다. 먼저 우리가 갈 곳을 정하지 않고, 마음 내키는 대로 이리저리 헤매면서 길을 만들어갈 수는 없습니다.

공부에 몰입하는 비결은 시간을 잘 안배하고, 구체적인 주제를 정하고, 정신을 집중하고, 뚜렷한 목표를 세우는 것입니다.

배움의 기쁨을 잃어버린 시대

교육을 통해 이루어야 할 것이 두 가지 있습니다.

첫째, 국가가 지원해서 이루어지는 교육은 실제로 일을 하는 데 쓸모가 있어야 합니다. 아이들은 자기를 둘러싸고 있는 세상에 나아가 봉사하고 자신이 받은 것을 열 배로 되갚을 수 있게 교육받아야 합니다. 한 되의 씨앗을 밭에 뿌리면 열 되의 수확을 내듯이, 학생의 정신에 뿌려진 사유의 씨앗들도 열 배 혹은 스무 배의 수확을 내야 합니다.

둘째로 교육에 바라는 것은 모든 학생의 능력이 조화롭고 원만하게 개발되어야 한다는 것입니다. 수많은 현인과 침묵 수행자가 다양한 정신의 힘에 대해 이렇게 묘사하고 있습니다. "이 세계의 주재자는 무한하시다. 정신 또한 무한하다." 이와 같은 정신의 성향들과 권능들을 하나하나 살펴보다 보면 그 풍부한 다양성을 실감하게 될 것입니다. 그런데 영혼은 '샷 칫 아난드 Sat-Chit-Anand, 어근을 따로 새기면, 샷Sat

은 진리·절대자·순정하고 영원하며 변치 않는 본질, 칫chit은 의식·실재의식·이해하다, 아난드anand는 축복·지복·행복·환희의 뜻이고, 하나의 복합어로 보면 '영원한, 절대의 지복의식' 혹은 '환희에 찬 존재의식'이란 뜻을 지닌다', 즉 진리와 예지 그리고 은총입니다. 정신은 영혼의 영향을 받아 수많은 특질들을 가진 상을 드러냅니다. 그리고 영혼의 무한한 힘은 정신 속에 드러납니다.

현인들은 교육의 가장 중요한 부분은 우리 자신이 우리의 마음이나 몸 이상의 어떤 것임을 깨우쳐주는 것이라고 가르쳐주었습니다. 내 몸이 아니라, 몸이 아닌 그 어떤 것이 나입니다. 나 자신의 본성은 아름답고 순수하며 더러운 것과 접해도 오염되지 않습니다. 몸 때문에 잘못이 생겨납니다. 몸이라는 것은 더러워지게 마련입니다. 그러나 그렇다고 하더라도 나의 본질적인 자아는 더러워지지 않습니다. 교육은 몸을 돌보는 것 이상의 의미를 지니며 영혼의 빛을 드러나게 하는 것입니다. 그 빛이 밝게 뻗어나가지 않는 곳은 교육기관이 아니며, 그런 곳에는 교육이 없습니다.

모든 능력 가운데 가장 고귀한 것은 자기 자신을 올바르게 아는 능력입니다. 우리는 손목에 차고 다니면서 이따금씩 보는 시계처럼 몸을 다뤄야 합니다. 시계는 고장 나면 고칠 수 있습니다. 진짜 '나'는 결코 망가지지 않고 더러워지지 않는 것입니다. 나의 몸이 망가지고 때가 끼었을 때 그것을 고치고 씻어내는 존재가 나입니다. 이러한 이치를 확실하게 터득했을 때에만 우리는 올바른 교육관을 확고하게 세울 수 있습니다.

옛날에는 학생이 단지 공부만 할 생각으로 스승을 찾는 경우 '그저 공부만 잘하는 사람'이라는 뜻으로 '비드야스나탁vidya-snatak'이라고 불렀습니다. 이 경우 그는 충분히 인정받지 못했습니다. 제대로 완전하게 공부를 하려면 자기 자신을 극복한 사람, 즉 '브라타스나탁vrata-snatak'이 되어야 하기 때문입니다. 브라타스나탁은 자기 극복 능력과 자기 조절 능력을 두루 갖춘 사람을 뜻합니다.

이러한 훈련을 받고 여러 가지 시험을 거친 학생은 자신감을 갖고 씩씩하게 삶 속으로 뛰어듭니다. 그는 누구 앞에서도 고개를 숙일 필요를 느끼지 않고 활기차게 살아갑니다. 이와 같이 영웅의 기개를 가지고 세상으로 나아갈 때 "대지의 여신마저도 그에게 예를 표합니다."

그렇다고 해서 그런 사람이 오만하다는 뜻은 아닙니다. 그런 사람은 겸손한 사람임에 틀림없을 것입니다. 어느 정도 진정한 지식을 얻은 사람이라면 지식의 세계가 얼마나 넓고 큰지, 또 자신이 알고 있는 것이 얼마나 사소하고 부분적인 것인지를 알고 있습니다. 진정한 학자라면 배우지 못한 사람은 결코 알 수 없는 학문과 겸손의 덕을 고루 갖추고 있습니다. 왜냐하면 배우지 못한 사람은 지식의 폭과 범위에 대해서 아무런 개념도 없기 때문입니다. 드넓은 지식의 바다를 본 사람이라면, 자신의 지식이 끝없는 바다의 물 한 방울에 지나지 않으며 지식을 탐구하기 위해서 자신의 인생을 모두 바쳐야 한다는 점을 잘 압니다. 얼마나 많이 배웠든 간에 세상은 여전히 모르는 것들로 가득 차 있습니다. 이 사실을 제대로 깨달은 사람일수록 더 겸손할 것입니다.

산스크리트어로 교육을 '비나야vinaya'라고 하는데, 겸손의 덕을 뜻할 때에도 이 말을 씁니다. 바로 이런 까닭에 겸손은 다른 모든 미덕으로 나아가는 문이라 할 수 있습니다. 겸손은 인간의 다른 능력을 개발하는 수단입니다. 온건하고 겸손하며 자신을 낮출 줄 아는 사람은 언제 어디서든 미덕과 지혜, 선한 것들을 놓치지 않고 알아보며 늘 그것들을 굳게 지키며 살아갑니다. 겸손의 위대한 점은 덕을 잃지 않는 힘에 있습니다. 그래서 선조들은 우리가 겸손에 주의를 집중하도록 한 것입니다. 선인들은 언제나 겸손한 사람들만이 민중을 올바르게 이끌 수 있다고 가르쳤습니다.

배우는 사람은 겸손한 마음을 가지는 동시에, 목표의식이 강하고 자립적이어야 하며 용감하고 두려움이 없어야 합니다. 나아가 총명함과 단호함을 지니고 있어야 합니다. 학생은 거침없는 영웅처럼 인생살이를 시작해야 합니다. 《베다》'베다서the Vedas' 혹은 '베다 문헌들'. 특히 힌두교 네 정전正典인 《리그베다*Rigveda*》《야주르베다*Yajurveda*》《사마베다*Samaveda*》《아타르바베다*Atharvaveda*》를 의미한다.에는 공부를 마치고 세상으로 되돌아가는 학생이 다음과 같은 말을 하는 장면이 나옵니다. "내 이르나니 사방의 대지는 내 앞에 무릎을 꿇으라!" 어떤 사람이 훌륭한 지식을 갖고 있을 때, 그 지식은 그 사람이 온 세상을 위해 봉사하도록 도와줄 것입니다.

인간이라는 존재는 오늘 밥을 먹으면 한 이틀 지나고 나서야 배가 부르다는 것을 느끼게 만들어지지는 않았습니다. 밥을 먹는 즐거움과 포만감은 먹을 때 생겨납니다. 진정한 깨달음을 얻으면 우리의 얼굴은 기쁨으로 빛납니다. 학생들은 이러한 정신의 충만감을 체험하게 되면서 알고자 하는 욕구가 점점 더 커져갑니다. 그런 학생들은 결코 자기들이 배우면서 시간을 허비한다고 생각하지 않습니다.

단 한 번이라도 지식의 깊은 맛을 본 사람은 그것을 결코 포기하지 못합니다. 우리가 해야 할 일들을 하면서 늘 공부하고 가르쳐야 한다는 것이 현인의 충고입니다. 그는 이렇게 말합니다. "네가 지켜야 할 종교 계율을 준수하면서 공부하고 가르치라. 진리를 말하라. 간소하게 살아라. 그러면서 또한 공부하고 가르치라." 사람들을 섬기면서도 공부하고 가르치십시오. 마찬가지로 제단의 불을 돌보면서도 공부하고 가르치십시오. 한 집안의 가장으로서 해야 할 일들을 잘 해내십시오. 그러나 그 일을 하는 중에도 공부하고 가르쳐야 합니다. 그렇게 하는 것이 옳습니다. 사람이 학생 시절에 맛본 앎의 즐거움은 나이가 들어감에 따라 더 커지기 때문입니다.

그러나 오늘날 우리나라 사람들은 공부하는 습관이 없어져버렸습니다. 우리는 유구한 역사를 지닌 땅에 살고 있습니다. 그리고 이 땅에는 아주 오랜 옛날부터 면면히 이어져 온 학문 전통이 있었습니다. 몇 년 전만 해도 그 전통은 남아 있었습니다. 세상이 무지의 어둠 속에 묻혀 있을 때에도 이 땅의 학문은 바로 서 있었습니다. 이 땅에 살던 사람들은 해 뜨기 두 시간 전에 일어났습니다. "새벽에도 그들은 자지 않고 공부했다."고 했습니다.

오늘날에는 공부하는 사람이 거의 없습니다. 그 근본 원인은 우리의 교육제도에서 찾을 수 있습니다. 학생들이 이러한 교육제도에 십 년 혹은 십오 년을 묶여 있게 되면, 앎에 대한 모든 호기심이 시들어 버립니다. 스스로 찾아서 공부하는 힘이 약해집니다. 아이들이 학교에 가면 총명했던 눈이 흐리멍덩해지고, 튼튼했던 몸은 약해지며, 정신이 무기력해지는 것을 여러분도 보셨을 겁니다. 아이들에게 내재해 있는 지적 능력을 발달시킬 기회조차 갖지 못합니다. 가장 탄식할 일은, 정신의 생명력이 사그라져버리는 것입니다. 아이들은 우리가 우리의 육체 이상의 그 무엇이라고 하는, '참나에 대한 앎'이라는 빛을 쬐지 못합니다. 게다가 자신의 감각기관을 통제하는 방법은 결코 배우지 않습니다. 그런 상황에서 아이들이 무슨 교육을 받겠습니까?

이런 말을 하는 마음은 결코 즐겁지 않습니다. 오히려 한때 이 나라에 학문이 얼마나 융성했는지, 그리고 오늘날 우리가 처해 있는 상황은 어떤지를 생각하면 슬퍼집니다. 타고르가 노래했던 인도는 얼마나 아름다웠던가요!

오, 어머니의 땅! 그대 안에서 온 세상이 즐거움을 찾나니.
태초에 그대의 숲 속 은자들의 거처에서 신성한 노래들이 울려 퍼졌고,
태초에 여명에서 고귀한 사상과 행위의 빛이 퍼져 나갔네.
장엄한 서사시의 운율로.

우리 조국에 대한 영광스런 기억이 지금도 이렇게 생생한데, 오늘날 교육이라 일컬어지는 것들을 생각하면 너무나 슬퍼집니다.

배움에 대하여

어떤 분이 비노바는 '선생님'이라는 말을 한 적이 있습니다. 그 말은 어느 정도는 맞습니다. 그러나 저 자신은 학생이라고 불리면 훨씬 더 좋겠습니다. 저는 천성적으로 학생입니다. 저는 공부하기 위해 외부에서 어떤 자극을 받을 필요를 느낀 적이 없습니다. 제 인생의 상당 부분을 다른 일보다는 실용적인 일을 하는 데 보냈지만, 그래도 저는 제 지력이 늘 총기를 유지하고 있다는 것을 느낍니다.

저는 정신을 맑게 유지하는 가장 좋은 방법은 규칙적으로 밖으로 나가 운동을 하는 것이라고 생각합니다. 햇볕에 말라버린 대지가 빗물을 빨아들이듯, 정신 또한 늘 지식을 받아들일 준비가 되어 있습니다. 육체노동으로 달아오른 상태의 정신은 지식을 열렬히 환영합니다. 그리고 이렇게 해서 정신이 얻은 지식은 열매를 맺습니다. 우리가 가르치는 학생들의 머리에 정보를 가득 채우는 것이 아니라,

오히려 앎에 대한 갈증을 불러일으키고 또 그들이 스스로 그것을 터득할 수 있는 능력을 계발시키도록 하는 것이 우리가 할 일입니다. 선생과 학생은 만나는 과정에서 서로에게 배웁니다. 학생과 선생 모두가 학생인 것입니다.

교육은 오직 삶을 통해서만 이루어집니다. 열량은 종이 위에서가 아니라 몸에 끼치는 효과에 의해서만 온전하게 계산될 수 있습니다. 이처럼 살아보고, 맛보고, 소화시킴으로써 마침내 피가 되고 살이 되는 것이 진정한 교육입니다. 머리로 헤아릴 수 있고 종이에 기록될 수 있다고 해서 교육은 아닙니다. 교육은 계량화할 수 없습니다. 무게를 달고 길이를 잴 수 있는 것도 아닙니다.

저는 시험을 치러야 하는 교과목들에 관해서는 제대로 된 지식을 갖고 있지 않습니다. 그러나 제가 결코 시험을 칠 일이 없다는 것은 아주 잘 압니다. 그러므로 제 자신의 경험 속에서 시험에 대해서 별다른 가치를 두지 않습니다. 시험이라고 하는 것은 사람들이 장을 청소하기 위해서 먹는 관장약과 똑같습니다. 시험을 치르고 나면 그 사람의 머릿속에 있는 모든 것이 깨끗하게 비워지고 맙니다! 우리가 왜 교육자 행세를 하는 사람들이 우리를 사로잡으려고 설치해놓은 이 덫에 걸려들어야 하는지 그 까닭을 모르겠습니다.

《우파니샤드》에서는 무지와 지식(앎)에 대해 동시에 예찬합니다. 인간에게는 지식뿐만이 아니라 무지 또한 필요합니다. 지식이나 무지, 둘 중 하나만으로는 어둠 속으로 빠져들 뿐입니다. 그러나 적절한 지식과 무지가 결합하면 영생의 감로가 가득 차오릅니다.

자, 이렇게 한번 생각해보십시오. 만약 사람들이 지식의 재료들을 모조리 자기 머릿속에 쑤셔 넣으려고 할 경우 미쳐버리고 말 것입니다. 망각능력은 기억능력만큼이나 꼭 필요합니다. 저는 아이들이 자리에서 일어나 자기가 배운 이런저런 내용을 주절주절 읊어대는 모습을 보면 무척 기분이 상합니다. 저는 그런 아이를 차라리 축음기라고 부르겠습니다. 이는 순전히 기계적인 과정이고 그렇게 하는 데는 사고력이 전혀 필요 없기 때문입니다. 만약 그들이 자신의 사고력을 발휘한다면 어떤 것은 빼기도 하고 다른 어떤 것을 보태기도 할 것입니다.

자립의 힘을 키워주는 교육

요즘 아이들은 학교에서 다양한 정보를 얻습니다. 그러나 남의 도움을 받지 않고 스스로의 힘으로 지식을 얻는 방법은 배우지 않습니다.

교육에서 자립이 중요하다는 점에 대해서는 많은 분들이 동의할 것입니다. 자립은 아주 심오한 의미를 지닙니다. 자립이라는 말이 단지 어린아이가 자신의 생계를 꾸려가는 데 도움이 되는 몇 가지 기능, 혹은 손을 사용해서 일하는 기술을 익히는 것만을 뜻하는 것은 아닙니다. 육체노동은 말할 것도 없이 꼭 해야 합니다. 누구나 양손을 이용하는 법을 익혀야 하지요. 만약 모든 사람이 저마다 적절한 기능을 익히게 된다면 큰 이익을 가져올 것입니다. 계급의 차별이 사라지고, 생산은 늘어날 것이며, 부와 건강이 증진될 것입니다. 그래서 최소한의 자립을 위한 조치가 교육 프로그램에 들어 있어야 합니다. 그러나 제가 알고 있는 자립은 그보다 훨씬 많은 것을 포함하고 있습니다.

제가 보기에 교육은 학생들을 지적인 자립을 할 수 있도록 훈련시켜서 자주적인 사상가로 만드는 것이어야 합니다. 만약 이것이 교육의 주요 목표가 된다면 배우는 과정 전체가 변화할 것입니다. 현재 학교의 교과 편성에는 여러 개의 언어와 교과목이 들어 있으며, 학생은 이 모든 것들을 배우려면 여러 해 동안 교사의 도움이 필요하다고 느낄 것입니다. 그게 아니라, 학생 스스로 공부할 내용을 찾아 가면서 지식을 얻는 능력을 갖추도록 가르쳐야 합니다. 세상에 있는 지식의 양은 무한합니다. 그리고 사람들에게는 이 중에서 각자의 일을 해나가기 위해서 필요한 일정한 분량만이 필요합니다. 또한 '삶에 대한 생생한 지식'을 학교에서 얻을 수 있다고 생각하는 것은 잘못입니다. 삶에 대한 식견은 오로지 삶 속에서 배울 수 있을 뿐입니다. 학교가 할 일은 학생들에게 삶에서 배울 수 있는 힘을 일깨워 주는 것입니다.

대부분의 부모들은 자기 자식이 학교 교육을 마친 뒤 급여를 받는 직업을 갖고 안락한 삶을 영위하게 하려고 애씁니다. 그러나 이러한 관점으로 교육을 바라보는 것은 그릇된 것입니다. 학문은 그 자체로 가치가 있습니다. 학문의 목적은 자유를 얻기 위함입니다. 자유는 우리가 자립이라고 부르는 것의 또 다른 이름이기도 합니다.

자립은 다른 사람이나 외부의 도움에 의존하지 않는 것을 뜻합니다. 잘 배운 사람은 진실로 자유롭고 독립적입니다. 이러한 자립의 첫 번째 요건, 즉 최소한의 요건은 몸을 단련하고 수공 기술을 익혀야 한다는 것입니다. 자립의 두 번째, 그러나 매우 중요한 요건은 스스로를 위해서 새로운 지식을 얻을 수 있는 능력입니다. 자유에 있어서 세 번째 핵심적인 요소가 있는데, 이 또한 교육의 일부입니다. 자유는 다른 사람에게 종속되지 않을 뿐만 아니라 자신의 기분과 충동에도 속박되지 않는 것을 뜻합니다. 자신의 감정에 휘둘리거나 충동을 자제하지 못하는 사람은 자유롭지도 자립적이지도 못합니다. 그래서 절제와 서원誓願, 신불神佛이나 자기 마음속에 맹세하여 소원을 세움 그리고 섬김이 교육에서 대단히 중요한 위치를 차지하는 것입니다. 왜냐하면 이러한 수단들을 통해서 자유의 세 번째 측면을 배울 수 있기 때문입니다.

그렇다면 자립은 세 가지의 의미를 담고 있습니다. 첫째는 일용할 양식을 마련하기 위해 다른 사람에게 의존하지 말아야 한다는 것입니다. 둘째는 자기 스스로의 힘으로 지식을 얻을 수 있는 능력을 개발해야 한다는 것입니다. 셋째는 자신의 감각과 사고를 조절하고 통제할 수 있어야 한다는 것입니다. 몸의 노예가 되는 것은 잘못된 것입니다. 그렇게 되면 몸은 배를 채우기 위해서 노예로 전락하고 맙니다. 그러므로 자유로운 사람은 수공 기술을 익혀서 생계를 꾸려나가는 법을 익혀야 합니다. 정신의 노예가 되는 것도 잘못된 것입니다. 만약 인간이 스스로 생각해서 독자적인 판단을 내릴 수 없다면 그의 정신은 노예가 된 것입니다. 자유로운 사람은 독자적인 사유능력을 지니고 있어야 합니다. 감정과 감각의 노예가 되는 것 또한 잘못된 것입니다. 그리고 이러한 것들을 조절하고 그 한계를 극복하는 것이 교육의 본질입니다.

부모들은 아이들 교육에 대해서 생각할 때 이와 같은 세 가지 원칙을 마음에 새기고 있어야 합니다. 아이들이 직업을 갖고 결혼을 하게 되었다고 해서 부모로서 해야 할 모든 의무를 다한 것은 아닙니다. 자식이 행복하고 좋은 기술을 갖고 있으며 이웃 사람들에게 존경받는 것을 볼 때, 부모는 비로소 진정한 만족을 느낄 것입니다.

교육의 네 가지 원칙

저는 오늘날까지도 학생이자 선생입니다. '부단Bhoo-dan, 비노바가 일으킨 토지헌납 운동'과 '그람단Gram-dan, 마을헌납 운동' 일로 각지를 돌아다니는 도중에도 저는 계속해서 뜻 깊은 공부를 했습니다. 저는 혼신의 힘을 다해 공부하는, 갓 입학한 대학생과 같습니다. 게다가 저는 순례길에 길동무가 된 사람들을 가르치기 위해서 늘 몇 가지 수업안을 가지고 다녔습니다. 그러니 제 자신이 풍부한 실제 경험을 갖고 있다고 할 수 있겠지요. 사실 교육에 대해 제가 쓴 글 중에 이론을 위한 이론은 조금도 들어 있지 않습니다. 그 모두는 제 실제 경험에 바탕을 둔 것입니다. 이 경험을 통해 저는 학생은 되도록 빨리 자립적인 태도를 갖춰야 한다고 생각하게 되었습니다. 이것이 교육의 첫 번째 원칙입니다.

학생이 스스로 일해서 생계를 꾸려갈 수 있어야 한다는 점은 분명 자립의 한 측면이며, 실제로 가장 기본이 되는 것이기도 합니다.

그렇게 할 수 없다면 그는 사회에 아무런 쓸모가 없고 그저 짐만 될 뿐입니다. 그래서 경제적 자립은 교육의 목적 가운데 하나가 되어야 합니다. 그러나 지금 이야기하고자 하는 것은 자립의 이러한 측면에 대한 것이 아닙니다.

지식을 습득하는 데 있어 학생을 자립적으로 만드는 것이 교육이 해야 할 일입니다. 학생은 자기 자신의 다양한 실험과 다른 사람들의 경험 모두를 이용해 지식을 얻을 수 있어야 합니다. 학생이 십이 년 혹은 십오 년간 지도를 받아야 한다는 사실은 선생에게 자랑거리가 아니며 도리어 불명예입니다. "자식이 열여섯 살이 되면 친구로서 대해야 한다."는 산스크리트 속담이 있습니다. 열여섯 살 혹은 열다섯 살이 넘으면 그렇게 해야 한다는 말입니다.

여러분은 《라마야나*Ramayana*》고대 인도의 대서사시에서 비스바미트라가 다사라트의 아들들로 하여금 람찬드라Ramchandra 봉헌 의식을 준비시키기 위해서 어떻게 했는지 기억하실 겁니다. 비스바미트라는 이렇게 말합니다. "람과 락시만이 저의 희생 제물들을 돌봐주었으면 합니다." 다사라트는 람을 보내고 싶지 않았습니다. 다사라트가 람을 보내고 싶지 않다고 하며 내세우는 이유를 한번 보십시오. 그가 뭐라고 대꾸했죠? 다사라트는 "사랑스런 저의 아들 람은 아직 열여섯 살이 되지 않았습니다. 그런데 어떻게 제가 그 아이를 당신에게 딸려 보낼 수 있겠습니까?"라고 말했습니다. 그러자 바시스타Vasishta는 다사라트에게 그의 아들이 비스바미트라에게 최고의 교육을 받을 것이며, 비스바미트라는 다름이 아니라 다사라트의 아들들을 교육시키려고 그런 요청을 한 것이라는 점을 설명해줍니다. 이 뒤에

이어지는 이야기를 더 할 필요는 없을 겁니다.

저는 단지 열여섯 살이 된 아이는 자신의 노력으로 지식을 얻을 수 있어야 한다는 점을 이야기하고 싶을 뿐입니다. 아이는 열여섯이 되면 사전, 문법책, 백과사전 그리고 그 밖의 참고 서적들을 활용하는 방법을 숙지하고 있어야 하며, 지도와 도형 그리고 안내서를 읽을 줄 알아야 합니다. 또한 모국어로 된 표준 교과서를 읽고 이해할 수 있어야 하며, 스스로 노력해서 다른 새로운 언어들을 배울 수 있어야 합니다. 그뿐만 아니라 자신을 위한 삶의 실험들을 할 수 있어야 하며, 그렇게 해서 자연세계에 대한 지식을 늘려가야 합니다. 땅을 파야만 땅속에 있는 물건을 얻을 수 있듯이, 지식의 샘물 또한 사회와 물질세계의 비밀을 파고들어가야 얻을 수 있습니다.

학교에서 학생들에게 여러 개의 언어를 가르칠 수는 있습니다. 그러나 그렇다손 치더라도 아이들이 먼저 하나의 언어를 완전하게 배우고 익혀서 언어의 원리를 터득하고 난 뒤에, 혼자 힘으로 다른 언어들도 배울 수 있게 해야 한다는 점을 확실히 해야 합니다. 학생들에게 스스로 배우는 법을 가르칩시다. 《우파니샤드》에는 "우리 학생들에게 무엇을 가르칠 것인가?"라는 질문이 나옵니다. 《우파니샤드》에서 제시하고 있는 답은 아이들에게 '베다의 베다', 베다의 정수를 가르치라는 것입니다. 우리는 베다는 가르치면서 성경은 제외합니다. 성경을 가르친다 하더라도 코란은 제외합니다. 코란을 가르치면서도 법구경Dhammapada은 제외합니다. 법구경은 가르치면서도 과학은 제외합니다. 과학은 가르치면서 정치경제학은 제외합니다. 얼마나 더 이렇게 할 겁니까? 이래서는 안 됩니다. 그렇게 하지 말고 아이들에게 '베다의 베다'를, 베다를 포함하여 다른 모든 것들을 스스로 터득할 수 있는 능력을 주어야 합니다. 우리는 아이들의 손안에 지식의 문을 여는 열쇠를 쥐여주어야 합니다.

여러분은 여러분이 아이들한테 배우게 한 것들은 잊힐 수밖에 없다는 점과, 그것들을 모두 다 기억할 필요도 없다는 점을 잘 알고 있습니다. 그리고 그것을 알고 있기 때문에 아이들이 시험에서 삼분의 일만 맞추면 통과하도록 하고 있습니다. 만약 어떤 사람이 여러분한테 와서 자기가 백 개의 차파티카레 요리를 싸서 먹는 인도의 빵 중에서 서른 개 혹은 마흔 개만 맛있게 만들고 나머지는 잘못 만들 것이라며 요리사로 써달라고 한다면 그 사람을 고용할 마음이 들겠습니까? 삼분의 일만 맞춘 학생은 삼분의 이는 틀렸다는 말입니다. 그러나 우리는 그 아이를 통과시켜야만 합니다. 왜냐하면 그 아이가 우리에게 배운 것들을 모두 기억할 수 없다는 것을 알고 있기 때문입니다. 그 아이가 배운 것을 모조리 기억한들 쓸모가 없습니다. 그렇기 때문에 학생들에게 그렇게 많은 자유와 여지를 주는 것입니다.

저는 아이의 앎이 완전한 것이기를 바랍니다. 아이 스스로도 사물의 이치가 이렇다거나 저렇다는 것을 확실히 느껴야 합니다. "어쩌면 그럴지도 몰라."라든가 "그럴 수도 있겠지."라고 하는 것은 아는 것이 아닙니다. 진정으로 아는 사람은, 마치 사자처럼 확신을 가지고 세상을 마주합니다. 옛날에는 학생이 스승의 집을 떠나서 사회로 들어갈 날이 되면, 스승에게 진언眞言을 받았습니다. 그것은 교육을 끝마쳤다는 표시였고, 학생은 그것을 마음에 새기고 세상으로 들어갔습니다. 진언의 내용은 다음과 같습니다.

"사방의 세상이 눈앞에 펼쳐져 있도다. 나는 이 세상의 주재자이며 창조자이니, 형태 없는 이 흙으로 내 마음에 떠오르는 형상을 만들 것이다. 흙은 영혼이 없는 물질이고, 영혼을 가지고 있는 나는 혼이 없는 것들에 형상을 부여할 수 있기 때문이니라."

공부가 끝날 즈음에 학생은 자신의 능력에 대해서 당연히 이와 같은 확신을 갖고 있어야 합니다. 이것이 중요합니다. 잡다한 정보를 주는 것이 교육이 아닙니다. 교육의 목적은 사람들이 스스로에게 필요한 정보를 얻도록 훈련시키는 것입니다. '배움에서의 자립', 이것이 저의 교육에 대한 정의입니다.

교육의 두 번째 원칙은 비하르Bihar의 투르키Turki에서 열린 '기초교육회의Basic Education Conference'의 연설에서 제가 여러분에게 생각해봤으면 하고 제안한 주제입니다. 현재 정부의 업무 가운데 교육과 국방(국민의 보호)은 별개의 분야로 규정되어 있습니다. 그러나 '비폭력 사회'가 되면 교육은 그 자체로 방어의 수단이 될 것이며, 우리의 교육이 더 나아질수록 경찰과 군대 유지에 필요한 돈은 줄어들 것입니다. 우리는 교육을 돈 드는 일로 여기고, 우리 같은 가난한 나라에서는 교육에 투자할 돈이 거의 없다는 사실에 대해 애통해합니다. 그러나 우리 같은 가난한 나라에서조차 한 해 예산의 절반 이상을 군대가 먹어치우고 있는 것이 사실입니다.

우리가 간디 어르신과 함께 '스와라지swaraj, 인도에서 일어난 자치·자립 운동'를 주창했을 때, 우리는 그로 인해 생겨날 혜택들에 대해 그려보곤 했습니다. 그중 하나가 스와라지를 이룩하면 더는 군대에 천문학적 인 비용을 들일 필요가 없게 될 것이라는 점이었습니다. 우리는 "스와라지를 이루고 나면 우리는 국방비를 반으로 삭감하겠다. 영국 총독부는 남의 나라 정부이고 우리나라 사람들을 믿지 않는다. 그래서 그들은 그렇게 큰 규모의 군대를 갖고 있는 것이다. 그러나 이 나라가 독립하면 이 지출을 반으로 줄일 것이다."라고 말하곤 했습니다. 그 약속은 어떻게 되었습니까? 우리가 계획했던 모든 것들이 공허한 것이 되어버렸습니다.

오늘날 우리는 계획조차 세우지 않습니다. 파키스탄이 우리를 위한답시고 자기네 나름대로 계획을 세우고 있습니다. 만약 파키스탄이 국방비를 늘린다면 우리도 똑같이 합니다. 우리는 우리를 위한 계획을 세울 자유도 없습니다. 우리는 아직 그 분야에서 독립을 하지 못했습니다. 미국도 똑같은 상황에 처해 있습니다. 미국은 엄청난 액수의 돈을 군대에 쏟아 붓고 있습니다. 러시아가 자기들을 앞지를까 봐 걱정되기 때문입니다. 달리 말하자면, 미국은 러시아에 이끌려서 계획을 세우고, 러시아는 러시아대로 미국에 이끌려서 계획을 세웁니다. 같은 방식으로 파키스탄의 계획은 인도 때문에 세워지고 있습니다. 파키스탄은 이렇게 말합니다. "인도가 저렇게 큰 군대를 갖고 있는 상황에서 우리한테 무슨 일이 일어날지 어떻게 아는가?" 오늘날 세계 질서에서 그 어떤 나라도 자국만을 위한 계획을 세울 자유가 없습니다.

참된 지혜는 어떤 무기도 쓸모없는 것으로 만드는 수단입니다. 교육은 비폭력의 힘만으로 나라를 지킬 수 있다고 주장하고 확신할 수 있어야 합니다. 그 힘을 갖고 있지 않은 교육은 주인이 아니라 종이며, 결코 자신의 자유를 온전하게 누리지 못할 것입니다.

이런 점에서 교육은 개인적인 목표뿐만이 아니라 사회·국가적 목표를 지니고 있습니다. 저는 앞에서 개인적 차원에서 교육의 목표는 배움에 있어서의 자립을 이루는 것이라고 말했습니다. 국가와 인류 차원에서 교육의 목표는 두려움에서 벗어나는 것입니다. 이 목표에 이르는 길과 수단을 생각해내는 것이 우리의 사명입니다. 이것이 오늘날 우리 앞에 놓여 있는 가장 중요한 임무입니다. 예를 들어 지금 이 나라에서 진행 중인 엄청난 소송 건수를 생각해봅시다. 그렇게 많은 분쟁이 생겨나는 까닭이 무엇이겠습니까? 그리고 분쟁이 생겨나면 어째서 당사자들이 서로 만나서 스스로 그들의 견해 차이를 해결하려 들지 않을까요? 제가 생각하기에 그 까닭은 올바른 교육이 사라져버렸기 때문입니다. 진정 올바른 교육은 사랑과 평화의 힘을 강화시키는 교육입니다.

사람들은 기초교육을, 우리가 흔히 몬테소리 교수법 혹은 프로젝트 수업 운운하듯, 여러 가지 교육 방법이나 체계의 하나처럼 생각하는 경향이 있습니다. 그러나 교육은 방법이나 기술의 문제가 아닙니다. 기초교육은 새로운 전망, 새로운 시도를 뜻합니다. 세상의 모든 갈등은 노동과 지식이 분리되어버린 것에서 비롯됩니다. 노동과 지식은 심리학적인 오해 때문에 사유 속에서 분리되어 있고, 사회학적인 오류 때문에 삶 속에서 분리되어 있습니다. 이 둘은 잘못된 경제학 때문에 상이한 시장 가치를 부여받고 있습니다.

제가 생각하는 교육의 세 번째 원칙은 바로 이것입니다. 즉, 노동(일)과 지식(공부)은 절대로 분리되어서는 안 된다는 것입니다. 이 둘을 따로 분리하는 사람은 지식이라는 것이 무엇인지 모르는 사람입니다. 실천하지 않고는 결코 진정으로 안다고 할 수 없습니다. 실천과 유리된 지식 같은 것은 존재하지 않습니다. 이 법칙에는 단 하나의 예외가 있을 뿐입니다. 그것은 '나의 존재 의미'에 대한 깨달음입니다. '참나'에 대한 깨달음 자체는 실천과 별개의 것입니다. 자아에 대해 스스로 깨달아 얻게 되는 인식을 제외한 다른 모든 지식은 실천과 연계되어 있습니다. 실천하지 않으면 배울 수 없고, 모르면 올바르게 실천할 수 없습니다. 이 둘은 하나입니다. 이것은 기교의 문제가 아니라 배움이 일어나는 기본 원리입니다.

사람들이 제게 와서 묻곤 합니다. "바베 선생님, 제 말 좀 들어보십시오. 이 기초교육 말인데요, 아이들이 날마다 두세 시간씩 일을 해야 하는데 어떻게 다른 공부를 할 수 있겠습니까?" 이런 질문은 제 입장에서 보면 경우에 어긋난 질문입니다. 정녕 우리가 물어야 할 것은, 만약 그 아이들이 날마다 두세 시간씩 책만 들여다보면서 보낸다면 다른 것들을 배울 수 있겠느냐, 하는 것입니다.

책을 서너 시간씩 읽는다는 것이 실제로 뜻하는 바가 무엇인지를 생각하면 정말이지 놀랍습니다. 아이의 경우 책을 세 시간 읽으면 60쪽 혹은 70쪽, 아니면 80쪽을 독파할 수 있을 겁니다. 말하자면 배움의 바다를 모조리 들이켜는 셈이지요. 그러나 그렇다고 해서 그 아이가 정말로 무엇을 배우기나 하는 걸까요? 물론 눈 근육 운동은 조금 하겠지요. 책을 읽으면서 그가 지식을 얻고 있다는 것, 그리고 실제로 독서가 지식에 이르는 지름길이라는 점에 대해서 우리는 추호의 의심도 하지 않는 것 같습니다. 그러나 결코 그렇지 않습니다. 정반대로 책을 통해 배우는 지식은 실제 사물들의 세상과 우리를 격리시켜 놓는 장막과 같습니다. 망고가 무엇인지는 책을 읽는 것이 아니라 먹어봐야 압니다. 이 점을 설명하면서 샹카라차리야는 '구르gur, 갈색 설탕덩어리'를 예로 삼았습니다. 말하기, 읽기, 그리기 모두가 어느 정도 도움이 될 것입니다. 그러나 구르에 대해 아는 간단하고 직접적인 방법은 먹어보는 것입니다. 사탕수수 대를 으깨어 즙을 짜낸 다음, 구르를 만들어 그것을 먹습니다. 그러고 나서야 구르가 무엇인지 실답게 알게 됩니다. 학생이 일을 하는 데 들이는 시간이 그가 배우는 것을 방해했습니까?

벌치기에 대한 거의 모든 정보를 담고 있는 《벌치기의 기초*The A.B.C. of Bee-keeping*》라는 책이 있습니다. 이런 책을 읽고 나면 대개 이렇게 생각하지요. "자, 이제 일을 좀 할 수 있겠군. 어서 벌을 잡아와야지." 그러나 여러 날을 이리저리 뛰어다녀야 벌을 잡을 수 있고, 벌을 손에 넣는다 해도 벌과 가까워지려면 적어도 두 달은 더 지나야 합니다. 거의 모든 것이 책에 쓰여 있습니다. 그리고 책이 어느 정도 도움을 준다는 것은 확실합니다. 그러나 앎에 이르는 큰길은 몸소 행하는 데 있습니다. 독서와 공부는 실천을 보충하는 것이며 보조 도구입니다. 이것은 마치 "저 사람은 안경도 끼지 않았는데 어떻게 볼 수 있겠어?"라고 말하는 것과 같습니다. 시각기관은 안경이 아니라 눈입니다. 안경은 그저 보완물일 뿐입니다. 만약 시력이 약하다면 안경을 끼는 것이 틀림없이 도움이 됩니다. 그러나 우선은 눈이고, 그 다음이 안경입니다. 책은 안경과 마찬가지로 부차적인 것입니다. 책이 가장 중요한 앎의 도구는 아닙니다.

책을 보는 시간이 줄어들면 아이들이 아무것도 배우지 못할 것이라는 두려움은 근거가 없습니다. 이는 배움의 원리를 잘못 이해하고 있기 때문에 생겨난 것입니다. "공부와 노동은 함께 가야 한다." 이것이 진실입니다.

배움과 일의 분리가 사회적인 불평등을 낳습니다. 어떤 사람들은 공부 말고 아무것도 할 게 없고, 또 다른 사람들은 힘든 노동 말고 아무것도 할 일이 없게 되어 결과적으로 사회는 둘로 갈라지고 맙니다. 육체노동을 해서 생계를 유지하는 사람들이 한 계층을 이루고 정신노동만 하는 사람들은 다른 계층을 이뤄서, 결과적으로 간극이 큰 심각한 사회 불평등을 낳습니다. 경제 불평등 또한 생겨납니다. 어떤 경우에 정신노동자들은 육체노동자들보다 20~30배 많은 임금을 받습니다. 육체노동과 정신노동에 이토록 다르게 가치를 부여함으로써 아주 엄청난 불의가 행해지는 것입니다. 이러한 세 가지 오류, 다시 말해 잘못된 정신 태도, 사회의 간극, 노동에 대한 보상의 차별은 없어져야 합니다. 이것이 제가 말하고 싶은 세 번째 원칙의 요지이며, 이것이야말로 무엇보다 근본이 되는 것입니다.

그러나 이런 차이들이 없어진다 하더라도, 그것만으로 행복한 사회가 되지는 않을 것입니다. 이 점이 기초교육의 원칙 가운데 네 번째 사항을 생각하게 합니다. 바로 "인간으로서 올바르게 사는 법은 무엇인가?" 하는 문제입니다. 제 관점에서 그 답은 이렇습니다. 우리가 자연과 더불어 친밀하고 조화롭게 살아갈수록 우리의 행복은 더 커질 것입니다. 반대로 자연에서 단절될수록 우리의 삶은 더욱 불만스럽게 될 것입니다.

어디선가 제가 '사르보다야 Sarvodaya. 간디와 비노바 바베가 일으킨 사회개혁 운동에 붙인 명칭'는 두 개의 위대한 원칙에 바탕을 두고 있다는 이야기를 한 적이 있습니다. 그중 하나는, 가능한 한 최소 비율의 인구가 농업에 종사해야 하고, 최대 비율의 인구가 다른 종류의 생산직에 종사해야 한다는 것입니다. 또 하나는, 모든 사람의 삶이 농사와 아주 밀접한 관계를 유지해야 한다는 것입니다. 만약 어떤 사람이 논밭에서의 삶에서 멀어진다면 그의 삶은 완전하지 못하게 될 것이고, 바로 멀어진 그만큼은 만족스럽지 않을 것입니다. 사람들 모두가 땅과 접촉하면서 땅에 뿌리를 내리고 살아야 합니다. 인간의 삶이라는 것은 나무와 같아서, 자양분을 공급하는 땅에서 뽑혀 나가면 살아갈 수가 없게 됩니다. 그래서 누구나 땅을 돌볼 기회를 가져야 합니다. 그러나 그것과 함께 농사일도 아주 효율적으로 이뤄져서 되도록 최소한의 인원만이 전업으로 땅과 함께 살아가게 되어야 합니다. 이것이 두 가지 원칙입니다. 이 둘은 서로 모순적인 것처럼 보일지 모르나, 실은 둘 다가 사르보다야 운동의 일부를 이루고 있습니다. 먹거리 생산은 인간 삶의 한 부분일 뿐입니다. 이것에 필요 이상의 노동과 시간이 쓰여서는 안 됩니다. 인간세계를 구성하고 있는 다른 모든 관심사들에 삶의 대부분을 할당할 수 있을 때에만 진정한 인간 복지를 이룰 수 있습니다. 땅과 접촉하는 것은 인간의 기본 욕구이며, 농업과 동떨어진 나라 혹은 문명은 그 어떤 것도 천천히 그러나 틀림없이 그 힘을 잃고 쇠락하게 되어 있습니다.

그렇다면 진정한 교육은 자연과 연관되어 있다고 할 수 있습니다. 그런데 대도시에서 어떻게 그러한 교육이 이뤄질 수 있겠습니까? 도시가 농사와 유리되어 있다는 사실은 엄청난 불행입니다. 인간의 삶에서 이보다 더 큰 손실은 없기 때문입니다.

제가 감옥에 있을 때, 저는 여러 가지 까닭으로 무척 행복했습니다. 다른 사람들도 제가 정말로 감옥 생활을 즐기고 있다는 인상을 받은 것 같습니다. 어느 날 간수가 제게 이렇게 말하더군요. "선생님은 참 만족스러운 것 같군요. 더 바라는 것은 없으신가요?" 제가 대답했습니다. "딱 한 가지가 있습니다." 그러자 그가 묻더군요. "그게 뭐지요?" 이 말을 하면서 틀림없이 그 사람은 이 바베라는 작자는 세상사에는 관심이 없구나, 라고 생각했을 겁니다. 저는 이렇게 말해주었습니다. "왜 당신이 직접 머리를 써서 맞혀보려 하지 않습니까? 일주일간 말미를 줄 테니 생각을 해보십시오." 그는 일주일 동안 생각해본 뒤 다시 저에게 와서 말했습니다. "아무리 생각해도 선생님이 바라는 것이 무엇인지 모르겠습니다." 저는 이렇게 말했습니다. "바로 이겁니다. 이것 말고는 다른 모든 것에 나는 만족하고 있습니다. 내 눈으로 일출과 일몰의 장엄하고 축복에 찬 광경을 볼 수 없다는 사실, 그것이 가장 큰 슬픔입니다."

풀과 나무와 돌과 흙, 햇살과 바람이 있는 탁 트인 자연 속에서 살 수 있다는 것이 얼마나 큰 즐거움이며 얼마나 가슴 벅찬 축복인지요! 도시에 사는 사람들은 이런 즐거움을 모릅니다. 그러니 그 가련한 사람들이 무엇을 할 수 있겠습니까? 기껏 화분이나 마련해서 조화를 꽂아 놓거나, 아니면 일출이나 일몰의 광경을 담은 그림을 벽에 걸어놓는 정도지요. 그들의 삶은 너무나 인공적인 것이 되어버려서 한밤중에도 별을 볼 수 없습니다. 한 독일 철학자에게 삶에 있어서 가장 큰 축복이 무엇인지 물었을 때, 그는 "머리를 들면 별이 밝게 빛나는 하늘이 있고, 우리 마음속에는 도덕이 자리하는 것"이라고 대답했습니다. 인공조명으로 환하게 불을 밝히고 있는 도시에서 어떻게 별이 빛나는 광경을 보는 축복을 누릴 수 있겠습니까? 저는 가끔 '이 사람들이 불살라버리지 않고 남겨둔 게 무엇이 있을까' 하는 의아심을 갖습니다. 사람들은 어둠마저, 인간의 평화와 휴식, 그리고 고요한 명상을 위해 주어진 밤의 어둠마저 불살라버렸습니다. 어디를 둘러보아도 빛, 빛, 빛, 온통 불빛뿐입니다. 이보다 더 큰 약탈 행위가 달리 또 무엇이 있겠습니까?

머리 위의 하늘과 주변의 자연세계와 단절된 삶을 사는 사람에게는 진정한 기쁨이 없습니다. 이 말은 교육에 대해 왈가왈부하기 전에 먼저, 현재 도시에서 유행하고 있는 가치 체계와 삶의 방식을 바꿔야 한다는 것을 뜻합니다. 이 일을 어떻게 할 것인가 하는 것은 여러분 개개인이나 저 혼자만의 문제가 아니라 인류 전체의 문제입니다.

사람들이 도시에서는 어떤 종류의 교육을 계획하고 실행해야 하는가에 대해서 물어올 때, 저는 그 사람들이 무척 안쓰럽습니다. 이는 눈먼 사람을 어떻게 가르쳐야 하는가를 묻는 것이나 마찬가지이기 때문입니다. 안쓰럽지만, 도시 아이들을 가르칠 계획을 세우면서 기억해야 할 점은, 그들에게는 아주 귀중한 지식의 도구 하나가 없다는 것입니다. 정신적·신체적 장애를 가진 사람이나 부랑자의 경우와 마찬가지입니다. 순전히 안타까운 마음에라도 그들을 위한 계획은 세워져야 하겠지만, 우리가 어떻게 하든 그들에게 커다란 장애는 엄연히 남아 있을 것입니다. 도시 아이들도 자연과의 접촉이 거의 없다는 점에서는 커다란 장애로 고통을 받고 있다고 봐야 합니다. 그런 까닭에 우리가 도시 아이들을 위해서 계획을 세울 때는 반드시 그 사실을 고려해야 하고, 할 수 있는 한 교육과정에서 자연과 접할 수 있도록 해야 합니다.

《베다》에서는 인드라Indra, 고대 인도신화에 나오는 전쟁의 신를 '도시들을 무너뜨리고 부수는 사람'이라는 뜻으로 '푸란다라purandarah'라고 부릅니다. 도시에 살고 있는 수백만 명의 사람들이 똥 더미에 들어 있는 곡식 알갱이를 먹으려고 모여든 벌레처럼 돈을 벌기 위해 서로를 밀어내며 다투고 있습니다. 살 공간이 없어서 한 층 위에 한 층을 더 지어 올리고 삽니다. 언젠가 흐루시초프는 캘커타를 보고 고층 건물들이 원자력 시대에는 위험 요소가 될 것이라고 말했습니다. 참으로 가관이 아닐 수 없습니다. 단순하고 자연스러운 삶에 잘 연계되면 될수록 우리의 교육은 더 나아질 것입니다. 그것이 우리의 목표여야 합니다. 그리고 현재의 인위적인 생활 방식은 근절되어야 합니다.

우리가 '자연과 함께하는 삶'에 대해서 올바르게 알고 있다는 전제하에 그와 관련해서 하고 싶은 말이 하나 더 있습니다. 세계는 과학의 발전으로 새로운 문제에 맞닥뜨렸습니다. 이전 세대의 경우 세상에 태어난 아이들 중 상당수가 세 살이 되기 전에 죽었습니다. 이는 인류가 받는 자원 압박을 상당 부분 덜어주었습니다. 그러나 지금은 과학이 발전한 덕분에 어렸을 때 죽는 아이들이 많이 줄었습니다. 건강·보건에 대한 우리의 지식도 늘어나서 많은 아이들이 별 탈 없이 성년이 됩니다. 그 결과 세계는 아주 심각한 인구 문제를 떠안게 되었습니다.

이 문제에 대한 최선의 해결책은 자연과의 밀접한 접촉에서 찾을 수 있습니다. 인간이 자연과 함께하는 삶을 살게 되면 충분한 만족과 넘치는 기쁨을 누리게 되어서, 더는 다른 인공적인 쾌락을 추구하지 않게 됩니다. 성스러운 책을 읽고 현자들과 함께 지내는 것은 '자제하는 삶', 즉 브라마차리아 Brahmacharya, 힌두교에서 말하는 삶의 네 단계 중 첫 번째 단계로 학생기에 해당하며, 브라마차리아가 되려는 사람은 가장 먼저 금욕과 독신 생활을 서약해야 한다. 금욕 수행 생활을 실천하는 삶을 사는 데 말할 것도 없이 커다란 도움이 됩니다. 그러나 탁 트인 자연 속에서 살아가며 알몸으로 햇살을 받으며 일하는 것이 더욱더 큰 도움을 줍니다.

그 어떤 즐거움도 이처럼 자유롭게 사는 즐거움에 견줄 수 없습니다. 이와 같은 무한한 자유를 나타내는 산스크리트어가 있습니다. 바로 '수카 sukha'입니다. 모든 사람들이 이 수카를, 이와 같은 행복과 만족을 갈망합니다. '수카'의 원뜻은 '끝없이 넓고 넓은 하늘'입니다. '카 kha'는 하늘을 뜻하는 어근입니다. 행복은 넓은 하늘 아래에서 찾을 수 있습니다.

뭄바이에서는 창이 하나 나 있는 방의 경우 방세가 50루피이고, 창이 두 개 있는 방은 100루피입니다. 창이 두 개 있다는 것은 신선한 공기가 더 많음을 뜻하며, 이 경우에서 신선한 공기가 아주 귀하게 여겨지고 있다는 점을 분명히 알 수 있습니다. 그러니 집 밖, 자연의 세계로 걸어 나가서 창조의 세계와 하나가 되십시오. 그러면 하늘 아래에서 사는 행복을 누릴 수 있습니다. 진정한 축복을 말입니다. 자연과 조화를 이루는 소박한 삶이야말로 인간의 진정한 행복에 필수입니다. 사람들을 그러한 방향으로 이끌어가는 것, 그리고 우리가 잊거나 잃어버린 행복을 다시 찾을 수 있는 방법을 보여주는 것, 그것이 교육의 사명입니다.

교육의 근본을 생각하다

국가 차원의 대중교육에 대한 계획을 세울 때 우리는 근본을 무시하고 곁가지에만 관심을 기울이지 않도록 경계해야 합니다. 우리는 자주 '록식샨Lok-Shikshan, 국민 교육 혹은 민중 교육이라는 뜻'을 들먹이는데 이름이 그럴싸하기 때문입니다. 그러나 우리 모두가 알고 있듯이, 사실상 그 안에는 문해교육 말고는 알맹이라고 할 만한 것이 없습니다.

글 익히기를 생각하면 늘 제가 어렸을 때 경험한 일이 떠오릅니다. 모든 브라만 출신의 아이들처럼 저도 《베다》에 나오는 산드야sandhya 의식 기도문을 배웠는데, 일주일 만에 그것을 외워버렸습니다. 제 어머니는 그 사실을 무척 자랑스럽게 생각하셨고, 사람들을 만날 때마다 그것을 이야기하곤 했습니다. 그러던 어느 날 제가 어머니에게 말했습니다. "어머니, 어머니는 모두에게 제가 산드야를 얼마나 빨리 외웠는지 이야기하시는데요, 그것보다 훨씬 더 놀라운 사실이 있다는 것을 아세요?" "그게 뭔데?" "제가 산드야를 실제로 일주일 만에 외우긴 했지만 한 주도 안 지나서 다 잊어버렸다는 사실요!" 워즈워스가 말한 것처럼 우리는 "벌어 모으고 또 쓰느라 힘을 다 소진해버립니다."

만약 글을 쓰고 읽는 것이 해로운 것이 되지 않게 하려면 그것의 의미가 무엇인지를 파악하는 데 모든 관심을 쏟아야 합니다. 그리고 그렇게 하는 최고의 경제적인 방법은 귀 기울여 듣고, 들은 대로 행동하는 것입니다.

우리 선조들은 가장 고결한 인류의 사상들을 경청하고 또 끊임없이 되새겨야 한다는 것을 알고 있었습니다. '박티bhakti, 신애神愛'의 아홉 단계 길에서 처음 세 단계가 '슈라반shravan, 경청', '키르탄kirtan, 찬양', '스마란smaran, 알아차림'입니다. 우리는 등잔기름 살 돈을 들이지 않고도 그 길을 갈 수 있습니다. 그러나 애석하게도 우리는 물질적인 자산도 없고 상상력 또한 고갈되어 버렸습니다.

수천 년간 이어진 삶의 결실인 인도의 교육철학 전체가 '스루티shruti, 창조자의 뜻, 말씀', '슴리티smriti, 예언자가 스루티를 체험한 뒤 세우고 전승시키는 것', '크리티kriti, 창조'라는 말 속에 담겨 있습니다. 이 나라에서 모든 국민이 교육을 받아야 한다는 것이 새로운 일은 아닙니다. "짐의 나라에는 도둑과 구두쇠, 주정뱅이가 없고, 글을 모르는 사람도 할 일 없는 사람도 없으며, 평판이 좋지 않은 여인이나 오명을 드날리는 남자 또한 없도다." 《우파니샤드》에 나오는 아스와파티Aswapati 왕은 자기가 다스리는 왕국에 대해 이렇게 자랑했습니다.

이 자리에서 도둑이나 구두쇠들에 대해서는 말할 필요가 없습니다. 우리는 그들이 나름대로 얼마나 열심히 활동하는지 알고 있습니다. 술 중독에 대해서 말하자면, 영국 사람들은 만약 우리가 교육을 받을 생각이 있다면 술을 끊어서는 안 된다고 말하곤 했습니다. 이들처럼 노골적으로 말하는 것은 아니지만, 우리도 우리 식으로 같은 말을 하고 있습니다. 예를 들면, "만약 화폐가 유통되지 않으면 다른 모든 것들도 멈출 것이다. 말할 필요도 없이, 글을 배우는 것도 못하게 된다."는 식입니다. 그런데 술은 끊지 않은 채, 글을 배우자고 장광설을 늘어놓은들 무슨 의미가 있겠습니까? 저는 우리나라 사람들이 글을 모른다고 하더라도 크게 근심하지 않습니다. 그러나 저는 이 나라가 무절제한 삶에서 벗어나는 날을 보고 싶습니다.

아스와파티 왕이 자신의 왕국에 사는 사람은 누구나 글을 안다고 주장했을 때, 그 말뜻이 무엇이었겠습니까? 틀림없이 그는 백성들 모두가 도둑질과 인색함, 술주정, 게으름 그리고 악행은 저지르면 안 된다는 점을 잘 알고 있다는 것을 말하고 싶었을 것입니다. 그러한 점을 아는 것과 글을 쓰고 읽는 것이 무슨 상관이 있습니까? 때로 글공부 꽤나 했다는 사람들이 사악한 행동을 더 잘하지 않던가요? 지금 온 국민이 그런 사람이 되길 바라는 겁니까?

물론 모든 악행이 글을 읽고 쓸 줄 알기 때문에 생겨난 것이라고 말하는 것은 아닙니다. 저는 단지 우리가 글을 읽고 쓰는 것 자체에 지나친 중요성을 부여하지 말아야 한다는 점을 말하는 것입니다. 교육의 진짜 목적과 내실 있는 프로그램에 대해서 올바르게 생각하고 난 뒤에, 우리가 아이들에게 주고 싶은 것들을 주도록 합시다. 그와 더불어 어린이 기초 교양 교육을 가장 중요하게 고려해야 합니다.

문자의 함정에 빠지지 말자

어떤 사람의 집에 약병이 많으면 우리는 그 사람이 병자일 거라고 추측합니다. 그러나 책이 많은 경우 그 사람이 현명하다는 결론을 내립니다. 그것이 확실히 맞긴 맞나요? 건강의 첫째 비결은 꼭 필요한 경우에만 약을 먹는 것입니다. 이와 마찬가지로 지성의 첫째 규칙은 가능한 한 책을 보지 않는 것입니다. 약병을 몸이 아프다는 표시로 생각하는 것처럼, 세속적인 것이든 종교적인 것이든 책 또한 정신이 병들었다는 징표로 생각해야 합니다.

과거에 현자들(이분들의 삶의 향기는 아직까지도 우리가 살고 있는 세상을 향기롭게 하고 있습니다)은 문자를 써서 삶을 해명하려고 하지 않았습니다. 그보다는 삶 자체를 의미 있게 하는 일에 많은 신경을 썼습니다. 문자를 깨치고 사는 것이 의미 없는 삶일 수도 있다는 사실을 증명하기 위해서는 현대식 교육을 하고 있는 우리 사회를 조금만 들여다보면 됩니다. 반대로 역사는 글을 모르고 사는 삶이 얼마나 뜻있는 것이 될 수 있는지 보여주는 예들로 가득 차 있습니다. 실제로 우리가 '식자로서의 삶 lettered life'과 '문자를 잊어버리고 사는 삶 unlettered life' (사실 이는 '문자와 무관한 삶 a-lettered life'이라고 해야 옳습니다.)을 비교해보면, 결핍을 나타내는 접두사 'a'는 실제로 명예의 표시인 것 같습니다. 《기타》에서 크리슈나도 "알파벳 가운데 나는 'A'이니라."라고 말하지 않았던가요?

책이라고 하는 것은 문자만을 담고 있을 뿐이며, 책을 모으는 것만으로 삶을 의미 있게 하려는 시도는 쓸모가 없습니다. "카레라이스 이야기를 한다고 배가 부르지는 않는다." 이것이야말로 핵심입니다. "책 속에 있는 우물에는 아무도 빠져 죽지 않고, 책 속에 있는 배는 아무도 구하지 못한다."라고 시인은 노래했습니다. 사전에 보면 'steed 군마, 軍馬'는 'horse 말'라고 나와 있습니다. 그리고 아이들이 사전을 보고 군마에 대한 지식을 얻을 수 있다고 생각합니다. 그러나 그건 아닙니다. 군마는 사전에서 찾을 수 있는 것이 아닙니다. 말은 마구간에 있지요. 마구간에 있는 말이 사전 속에 들어갈 수는 없습니다. 사전이 보여주는 것은 'steed'라는 단어와 'horse'라는 단어가 뜻이 같다는 것뿐입니다. 그 단어가 무엇을 뜻하는지는 마구간에 가봐야 알 수 있습니다. 사전에는 동의어만 있을 뿐입니다. 뜻은 책 안에 있는 것이 아니며, 창조주가 만든 것들로 이뤄진 세계 안에 있습니다. 이 점을 이해하기 전에는 앎의 참맛을 볼 수 없습니다.

어떤 사람은 늘 약을 먹는데도 병세가 계속 악화되기만 합니다. 병과 약이 함께 넘쳐나고 있기 때문입니다. 마침내 그 사람이 어떤 사람의 충고대로 들판에서 일을 하기 시작했습니다. 며칠 지나지 않아 상당히 좋아졌고 힘이 나고 건강해진 것을 알았습니다. 이 체험을 한 뒤 그는 다른 사람들에게도 자기처럼 해보라고 충고하기 시작했습니다. 만약 약병을 손에 들고 있는 사람을 보면, 그 사람한테 진지하게 말해주곤 했습니다. "약은 아무 소용이 없습니다. 삽을 들고 일하면 금세 나아질 것입니다." 그러나 상대방의 반응은 고작 이 정도였습니다. "당신도 약을 먹을 만큼 먹지 않았소. 그런데 왜 우리에게는 약을 먹지 못하게 하는 거요?"

자, 세상 돌아가는 꼴이 이렇습니다. 사람들은 다른 사람의 경험을 보고 배우려 하지 않습니다. 자신이 몸소 체험하기만을 원합니다. 실수를 해도 본인만의 실수로 남을 뿐입니다. "책을 읽어봐야 아무런 이득도 없습니다. 책의 함정에 빠지지 않도록 주의하세요." 이렇게 제 자신의 경험에서 깨달은 것을 누군가에게 말해주려고 하면, 상대방은 이렇게 말합니다. "당신은 도대체 무엇 때문에 저한테 그런 말을 하는 겁니까? 당신은 모든 책을 다 읽지 않았나요?" "제가 읽어본 경험이 있기 때문에 책을 멀리 하라고 말할 수 있는 것 아니겠습니까." 그러면 그 사람은 이렇게 말합니다. "아니요. 제 눈으로 직접 책을 들여다봐야겠습니다." "좋습니다. 당신이 직접 읽어보세요. 당신도 스스로 실수를 저지를 권리를 갖고 태어났으니까요."

우리는 역사의 경험에서 아무것도 배우지 않습니다. 그리고 이야말로 역사가 스스로를 반복하는 까닭입니다. 우리가 역사에 합당한 주의와 관심을 기울였더라면, 우리는 나아가고 역사는 뒤로 남겨두었을 것입니다. 그러나 역사의 가치를 평가절하한 탓에 우리는 역사의 가치를 잃어버리고 말았습니다.

성장은 완전함에서 완전함으로 나아가는 것

경전에 "푸르낫 푸르남 우다치야테Purnat purnam udachyate"라는 구절이 나옵니다. 이 구절의 뜻은 '완전함에서 완전함이 생겨난다.'는 것으로, 이것이야말로 자연스러운 성장의 법칙입니다. 이를 두고 다음과 같은 의문이 제기될 법도 합니다. '어떤 것이 처음부터 완벽하고 이후에도 완벽하다면, 어떻게 성장하는 것이 가능하겠습니까?' 만약 이 구절이 "불완전함에서 완전함이 생겨난다."였다면 성장을 말하는 것을 이해할 수 있을 것입니다. 얼핏 보기에 "완전함에서 완전함이 생겨난다."고 말하는 것은 공허한 표현 같습니다.

그렇습니다. 의심의 여지없이 이 말은 공허한 것 같습니다. 그러나 이 말에는 매우 심오한 뜻이 들어 있습니다. "완전함에서 완전함이 생겨난다."는 말은, 작지만 완전한 것에서 위대하면서 동시에 완전한 것이 생겨난다는 말입니다. 갓 태어난 아이는 완전한 전체입니다. 스무 살 청년도 마찬가지입니다. 아이가 눈 한 개와 코 절반을 가지고 있다가 다 자라 청년이 되면 눈이 두 개가 되고 완전한 코를 가지게 되는 것은 아닙니다. 아이나 청년이나 완전한 코와 코 위 양쪽에 눈을 하나씩 가지고 있습니다. 둘 다 갖출 것을 다 갖추었고 완전합니다. 둘의 차이점은 하나는 작은 완전함이고 다른 하나는 큰 완전함이라는 것입니다.

5센티미터 길이의 직선도 완전한 것이며, 10센티미터의 직선도 마찬가지로 완전합니다. 단지 앞의 것은 짧고, 뒤의 것은 길다는 게 다릅니다. 지름이 5센티미터인 원도 완전한 원이며, 지름이 10센티미터인 원도 완전한 원입니다 앞의 것은 작고 뒤의 것은 클 뿐이지요. 칠판에 산딸기만 한 크기로 0자를 쓰고 현미경으로 보면 호박만 하게 보입니다. 현미경이 무슨 작용을 한 걸까요? 어떻게 현미경이 그 숫자를 '커지게' 했을까요? 현미경이 불완전한 0자를 완전한 0자로 만들었습니까? 아니면 작은 0자를 큰 0자로 만들었습니까? 현미경이 산딸기 크기의 완전한 0자를 호박 크기의 완전한 0자로 변화시킨 것 아닙니까? 자, 교육도 이 이상은 할 수 없다는 것을 중요한 사실로 받아들여야 합니다. 그렇다면 조그만 0자를 커다란 0자로 바꿔놓는다는 것도 교육에 대한 적절한 정의가 될 수 있을 것입니다.

이야기가 곁가지로 뻗어나갔는데요, 앞서 말한 내용의 본질을 파악한다면 "완전함에서 완전함이 생겨난다."는 말이 자연스러운 성장을 도모하기 위한 새로운 표어라는 것을 알게 될 것입니다. 새벽

다섯 시에 내 앞에 있는 나무는 희미한 형체로 보입니다. 나무의 전체적인 윤곽을 볼 수는 있지만 아직 뚜렷하게 보이지는 않습니다. 그러나 다섯 시 반쯤 되면 그 윤곽은 더욱 선명해집니다. 처음에 그랬던 것처럼 나무의 전체 윤곽이 보이는 것은 맞지만, 이번에는 훨씬 더 자세하게 보입니다. 해가 떠오른 뒤에도 여전히 나무 전체가 보입니다. 그러나 이제는 더할 나위 없이 분명하게 보입니다. 제가 다섯 시에는 나무를 사분의 일만큼만 보고, 다섯 시 반에는 절반을, 해가 뜬 뒤에 전체를 보는 것은 아닙니다. 매시간 저는 나무 전체를 봅니다. 나무 전체가 처음에는 희미하다가 점점 더 뚜렷해지고, 마침내 완전히 뚜렷하게 보이는 것입니다. 햇빛이 있어서 저의 시각이 희미한 상태에서 약간 뚜렷한 상태로, 약간 뚜렷한 상태에서 아주 뚜렷한 상태로 '밝아지는 것'이지요. 그러나 상황마다 나무 전체가 '밝아지는' 것입니다. 작은 전체에서 큰 전체로, 희미한 전체에서 뚜렷한 전체로 나아가는 것, 이것이 진정 자연스러운 성장입니다.

'완전함에서 완전함이 생겨난다.'와 '불완전함에서 완전함이 생겨난다.'는 두 구절의 의미를 분명하게 해줄 또 다른 예를 살펴봅시다. 우리가 바닷가에 서 있다고 생각해봅시다. 처음에는 배가 한 척도 보이지 않습니다. 그러다 잠시 뒤에 배가 보이기 시작합니다. 이때는 그러니까 배의 꼭대기 부분만 보입니다. 몇 분이 지나자 중간 부분이 보이다가 마침내 배 전체가 눈에 들어옵니다. 이렇게 배 전체의 모습을 보기는 하지만 거리가 멀어서 아직 뚜렷하게 보지는 못합니다. 배가 가까이 다가올수록 배의 전체 윤곽이 점점 더 뚜렷해집니다. 처음 배가 눈에 보일 때부터 배 전체의 모습이 보일 때까지,

배를 보는 우리의 시야는 '불완전한 것에서 완전한 것으로' 나아가며, 그 뒤에는 '완전한 것에서 완전한 것'이 됩니다.

한 선생님이 학생들과 함께 인도의 지리에 대해서 공부를 하려고 합니다. 우선 선생님은 아이들에게 인도 전체의 지도를 보여준 뒤 여러 주州들을 보여주고, 마지막으로 각 주에 있는 강에 대해 설명해줍니다. 그런 다음 각 주에 있는, 역사와 종교 그리고 상업적인 관점에서 중요한 지역들을 살펴봅니다. 이런 식으로 선생님은 점점 더 자세한 사항들을 설명해 들어갑니다. 이 선생님은 '완전한 상태에서 완전한 상태로' 아이들의 지식을 늘려가고 있는 것입니다.

다른 선생님 또한 인도의 지리를 가르칩니다. 그 선생님은 처음부터 학생들에게 한 지역의 특성과 함께 상세한 것들을 알려주고, 또 다음 지역을 설명합니다. 이런 식으로 한 주에 속해 있는 지역 모두를 설명해 나갑니다. 이렇게 하면 학생들은 한 주의 특성에 대해서 아주 상세한 지식을 갖게 됩니다. 그러나 그 밖의 다른 주에 대해서는 아무것도 모르는 것이지요. 그렇게 한 뒤 선생님은 똑같은 방식으로 다른 주들에 대해서도 이야기해 나갑니다. 이런 식으로 학생들은 인도 전체에 대한 지식을 갖게 됩니다. 인도의 지리에 관한 한 이 선생님은 학생들의 지식을 '불완전한 상태에서 완전한 상태로' 확장시킨 것입니다.

'완전함에서 완전함을 향해 간다는 것'이 영혼의 성장 법칙입니다. 이 법칙은 어떠한 종류의 정신적인 성장에도 적용되어야 합니다.

'찰흙 공예'에 관한 책이 있습니다. 이 책은 명시적으로 '불완전한 상태에서 완전한 상태로' 만들어가는 방식을 금하고 있습니다. 이 책의 저자는 자신이 몸소 경험한 것을 바탕으로 글을 썼습니다. 그는 처음에 진흙으로 어떤 모양을 만들 것인지 생각하지 않고, 어떻게 하든 마지막에는 원하는 형상을 만들게 될 것이라는 생각으로 작업을 시작하는 것은 아주 잘못된 태도라고 말합니다. 그렇게 하는 게 아니라, 처음부터 끝까지 모든 과정에서 계획을 세워서 해야 하고, 언제 보더라도 지금 무엇을 만들고 있는지 알아볼 수 있어야 한다는 것이 저자의 주장입니다. 이것이 소조塑造의 비밀이지요. 자기가 만들고 있는 작품이 완성될 때까지 자신의 작품을 내보이기 싫어하는 예술가들이 굉장히 많습니다. 그런 사람들은 '되는대로 먼저 일을 시작하고, 일을 하다가 문제가 생기면 고쳐나가면 되지.'라는 식으로 생각하는 것 같습니다. 그렇게 무모하게 일을 해서는 결코 진정한 예술작품이 만들어지지 않습니다. 예술이라는 것은 영원불멸하는 영혼의 일부이며, '완전함에서 완전함이 생겨난다.'는 정신의 성장 법칙이 잘 지켜질 때에만 진정한 예술작품이 태어날 수 있기 때문입니다.

한 나라의 틀을 만드는 일은 정말이지 아주 위대한 창조 작업입니다. 그리고 "푸르낫 푸르남Purnat purnam!", 즉 "완전함에서 완전함으로!"라는 우리의 표어를 깊이 새겨둘 때에만 이 일을 잘해낼 수 있습니다.

02

새로운 교육, 나이탈림의 기본이념

스스로를 살리는 노동과 새로운 사회

오늘날 세계에는 수많은 직업이 있고 그 모두가 우리 사회에 쓸모가 있습니다. 변호사, 상인, 교수, 공직자, 농부……. 이 가운데 어떤 일이든 그 일을 하는 사람은 그 사회의 선량한 일꾼입니다. 오늘날처럼 사회가 구성되어 있는 상태에서 이와 같은 노동 구분에 대해 가타부타할 필요는 없습니다. 그러나 나이탈림(신교육) 일을 함께하는 사람들은 앞으로 다가올 사회를 위해서 일하고 생각하고 또 봉사합니다. 그렇지 않다면 우리의 목표를 가장 부르기 쉬운 말로 '좋은 교육'이라 부르는 것으로 만족할 것입니다. 우리가 그것을 '새로운 교육'이라고 부른다는 사실이, 그것이 좋은 교육이라는 걸 보장하는 것은 아닙니다. 새로운 것도 오래된 것만큼이나 나쁜 것이 될 수 있습니다. 새로운 것이 반드시 좋기 때문에, 혹은 새로움이라는 것에는 어떤 특별한 힘이 있기 때문에 우리의 교육 방식에 '나이Nai', 즉 '새로운'이라는 말을 붙인 것은 아닙니다. 우리가 나이탈림이라고 부르는 까닭은 이를 기초로 해서 새로운 사회를 건설하고 싶기 때문입니다.

새로운 사회를 건설하기 위한 구상에는 한 가지 매우 중요한 원칙이 있습니다. 만약 우리가 그 원칙을 받아들이지 않는다면 나이탈림에 대해 그토록 열광하는 것은 의미가 없습니다. 그 원칙은 누구나 자기가 먹을 것을 기르기 위해 육체노동을 해야 한다는 것, 육신을 지탱하는 음식을 머리를 써서 얻는 것이 바람직한 일이 아니라는 것입니다. 물론 그렇게 할 수는 있지만 그래도 그것이 최선의 방법은 아닙니다. 육신은 육신을 부려서 먹여야 하며, 이것이 '생계노동'이라는 말의 뜻입니다. 《바가바드기타》에서는 이를 '희생'이라는 뜻의 '야그나yagna'라고 합니다. 그리고 성경에는 이를 '이마에 맺힌 땀방울로 마련한 양식'이라고 쓰고 있습니다.

이것이 나이탈림의 기본 원칙이며 이 원칙을 전적으로 수용하지 않는 사람들은 나이탈림 또한 완전하게 받아들이지 못합니다. 사람들은 제가 왜 육체노동에 대해서 그렇게 신경을 쓰는지를 묻고 또 묻습니다. 저는 지금 이 자리에서 그 점을 논할 뜻은 없습니다. 다만 나이탈림이 그저 이러저러한 활동을 통해서 배우는 것만은 아니라는 사실에 여러분이 관심을 갖기를 바랍니다. 다른 많은 교육철학자들도 실무를 통해 배울 때 지식을 가장 잘 습득할 수 있다는 점에 대해서는 동의합니다. 단지 추상적인 숫자만을 나열하는 방식으로 수학 공부를 할 경우 한 귀로 듣고 다른 귀로 흘려보내고 말 뿐입니다. 그러나 아주 구체적인 경험을 통해서 배우는 경우 아이들은 수학을 아주 쉽게 이해합니다. 굳이 나이탈림을 들먹이지 않더라도 이 점은 일반 교육에서도 흔히 확인할 수 있습니다.

육체노동을 통해서 생계를 꾸려나갈 때 우리는 비로소 올바르게 살 수 있습니다. 그렇게 하지 않으면 우리는 다른 사람들이 지고 가야 하는 짐이 되며 우리의 삶 또한 폭력을 벗어날 수 없습니다. 이것이 바로 나이탈림의 기초이념입니다. 많은 교육자들이 '신체단련' 차원에서 육체노동이 필요하다는 점은 인정할 것입니다. 또 어떤 사람들은 '노작 수업'이 지식을 얻는 훌륭한 수단이라는 데 동의할 것입니다. 그러나 이런 유형의 일들은 생계노동이라고 할 수 없습니다. 옳든 그르든 나이탈림은 생계노동을 해야 한다는 원칙을 믿고 있으며, 또 그것에 기반하고 있습니다.

이것은 또한 제 자신이 최근 30년간 제 인생의 지침으로 삼고 살아온 원칙이기도 합니다. 저는 하루에 보통 여덟 시간, 혹은 그 이상 일을 했습니다. 최근 30년간 저는 하루하루를 물 긷기, 곡식 찧고 빻기, 쓰레기 치우기, 실잣기, 천짜기, 면화 고르기, 목공일 등을 하면서 보냈습니다. 제가 강조하고 싶은 점은 이런 일을 함으로써 저의 지적 능력이 감퇴한 것이 아니라 오히려 엄청나게 나아졌다는 것입니다. 그렇다고 해서 제가 쉴 짬도 없이 혹독한 노동을 하면서 살아가는 사람들의 정신이 그 일을 하면서 예리해진다는 주장을 하는 것은 아닙니다. 어떤 것이든 지나침은 올바른 성장에 장애가 됩니다. 그러나 제 자신의 경험을 통해 볼 때 저는 상당히 목적의식적이고 합리적인 노동을 하는 삶을 실천함으로써 정신이 가장 원만하게 성장할 수 있었습니다.

어린 시절 저의 기억력은 좋았습니다. 평균보다 나았다는 이야기입니다. 그런데 예순둘이 된 지금 저의 기억력은 어린 시절보다 훨씬 더 좋습니다. 저는 가치 있는 것은 그 무엇도 잊지 않습니다. 글을 읽다가 기억해둘 만한 문구를 만나면, 책에 쓰인 말 그대로 제 마음속에 새겨둡니다. 이러한 능력이 생긴 데에는 한 가지 이상의 요인이 함께 작용할 것입니다. 그러나 확실한 것은 저의 삶에서 한 자리를 차지하고 있는 육체노동이 그중 한 요인이라는 것입니다. 나이탈림은 '일하면서 배운다'는 원칙에 근간을 두고 세워졌을 뿐만 아니라, 자신의 생계는 자신의 육체노동을 통해서 마련해야 한다는 숭고한 원칙에 기반하고 있습니다.

만약 저에게 나이탈림에서 일할 교사들을 훈련시키라고 한다면 강연은 단 한 차례만 할 것입니다. 그리고 그 자리에서 지금 제가 여러분에게 하는 말을 들려줄 것입니다. 그것으로 충분할 것입니다. 강연을 마치고 나면 "자, 이제부터 무슨 일이든 열심히 하십시오."라고 말할 것입니다. 그리고 매일 저녁이면 낮에 일을 하면서 부딪힌 어려움에 대해서 이야기를 나눌 것입니다. 이제껏 학사나 석사 학위를 받기 위해서 그들이 받은 교육이라곤 강의 말고는 아무것도 없습니다. 그런 사람들이 우리에게 와서도 마찬가지로 강의를 듣는다면 끝내 진짜 교육을 받지 못할 것입니다.

그 사람들에게 정부에서 받은 급여는 집에 있는 가족들에게 보내라고 할 것입니다. 그리고 그들이 손수 일을 해서 한 달 동안을 먹고 살 양식을 구할 수 있는지 확인할 것입니다. 그들에게 묻겠습니다. "하루에 얼마만큼의 천을 짤 수 있습니까?" 만약 그들이 천 짜는 일에 대해서는 아무런 실질적인 지식이 없지만 직조의 원리를 공부한 적은 있다고 대답한다면, 음식물 섭취의 원리에 대해 공부를 했기 때문에 날마다 밥을 먹는 건지 물을 것입니다. 우리의 교육은 단지 낱말로만 이뤄진 지식이어서는 안 됩니다. 그것은 실천을 담보한 것이어야 하며 그 근본은 생계를 위한 노동이 되어야 합니다.

나이탈림의 근본이념

어떤 사람에게 새로운 생각이 떠오르면 그 사람은 최선을 다해 그것을 실천에 옮깁니다. 비록 그 실천이 자신의 이상에는 미치지 못하더라도 말입니다. 올바른 이념을 지니기 위해서 다른 사람들이 만든 다양한 틀이 특별히 중요한 것은 아닙니다. 정작 중요한 것은 이념 그 자체입니다.

나이탈림에는 세 가지 근본이념이 있습니다.

나이탈림의 철학은 현 사회가 육체노동과 정신노동에 부여한 불평등한 가치를 받아들이지 않습니다. 이 철학은 인간이 하는 모든 종류의 봉사는 육체적인 것이든 정신적인 것이든 그 본질상 윤리적인 성격을 띠며, 봉사자에게 주는 급료는 그 본질상 경제적인 성격을 띤다는 입장을 견지하고 있습니다. 윤리적인 행동의 가치는 경제적인 가치로는 환산할 수 없습니다. 1마일은 몇 시간이냐고 물어본들 말이 통하지 않습니다. 마일은 시간이 아니라 거리로 측정되어야 합니다. 이 두 가지는 본질상 서로 다르며 맞바꿀 수 없는 것입니다.

어떤 사람이 물에 빠져 허우적대고 있을 때 다른 사람이 뛰어들어 구해주었습니다. 그렇게 하는 데 십 분이 걸렸고, 이 일은 정신노동이 아니라 육체노동이었습니다. 그렇다면 우리가 그 사람한테 십 분 동안 일한 대가로 천 원을 주어야 합니까? 여러분이 십만 원을 주려 해도 그 사람은 받지 않을 것입니다. 그 사람은 이런 일이 돈 문제는 아니라고 할 것입니다. 그 행동은 본질상 윤리적인 것입니다. 정신적이든 육체적이든 사회에 이로운 일이라면 무엇이든 본질상 윤리적인 것이며, 경제적인 가치와는 아무런 관련이 없습니다. 경제적인 가치와 관련이 있는 것은 개개인의 배고픔입니다. 배가 천 원어치 고픈 사람은 천 원어치 음식을 먹을 권리가 있고, 그 사람에게 천 원을 주는 것은 사회의 의무입니다. 그 사람이 목수나 농부 혹은 교사라는 사실과는 아무런 관련이 없습니다.

우리 정부는 나이탈림 활동에 동의한다고 하지만, 정작 정부의 교육제도에는 계급 차별적인 요소들을 남겨두고 있습니다. 저는 이 점을 매우 유감스럽게 생각합니다. 그러나 비난받아야 할 것은 사회이지 정부 당국이 아닙니다. 이와 같은 계급 차별을 인정하는 교육이, 수많은 종교인들이 그러하듯이 그 사회의 인문·사회적 환경과 타협해버렸습니다. 기독교인들은 일요일에 교회에 갑니다. 가서 "어떤 사람이 네 뺨을 때리거든 다른 쪽 뺨도 대줘라."라는 가르침을 받습니다. 그러나 그랬던 사람들이 월요일이 되면 핵폭탄과 수소폭탄을 만드느라 바쁩니다. 다른 게 아니라 그 사람들이 사회와 타협해버렸기 때문입니다. 그들이 개인의 삶에 이로운 기준과 공적인 삶의 세계와는 아무런 상관이 없다고 믿기 때문입니다. 무슬림들은 사람을 만나면 “살람Salaam! 평화를!”이라고 인사를 합니다. 그리고 그들이 내건 깃발에는 파괴의 신 시바Shiva의 상징인 해가 아니라 평화의 상징인 달과 별이 그려져 있습니다. 그들은 가장 자비롭고 자애로운 신을 경배합니다. 그러나 어떤 문제들에 대해서는 태연히 사람들의 목을 자를 준비가 되어 있습니다. 힌두교도들 또한 똑같은 방식으로 악과 타협합니다.

그러나 나이탈림은 타협하지 말아야 합니다. 왜냐하면 나이탈림의 사명은 사회의 양상 전체를 바꾸는 것이기 때문입니다. 타협하려고 하는 사람들은 혁명의 언어를 채택하고 그 언어에 자기들에게 적합한 의미를 부여합니다. 사회주의라는 단어도 예를 들면 히틀러에 의해서 이런 방식으로 오용되었습니다. 그리고 사르보다야 또한 비슷한 운명을 겪을 것입니다. 나이탈림의 이상을 진실로 이해하는 사람들은 그것의 독자성을 주장하고 그 이념이 타협의 대상이 되지 않도록 잘 지켜야 합니다. 나이탈림의 경제적인 측면은 육체노동과 정신노동의 차별이 철폐되어야만 한다는 점입니다.

나이탈림의 정신적인 측면은 지식과 노동이 둘이 아니라 하나라는 점입니다. 지식이 노동보다 귀하다거나 노동이 지식보다 주요하다고 말하는 것은 잘못입니다. 나이탈림은 지식과 노동의 통합에 기초하고 있습니다. 그러한 교육이 이루어지면 아무도 강제로 일한다는 느낌을 갖지 않습니다. 노동하며 배우고 맑고 탁 트인 자연에서 깨끗한 공기를 마시며 삽니다. 현대의 노동자들은 하루에 여덟 시간을 공장 안에 갇혀서 일합니다. 그곳에는 맑은 공기도 기쁨도 없습니다. 그들의 노동은 지식과 유리되어 있으며, 즐거움마저도 영화 등을 통해서 '제공받아야' 합니다. 그들의 노동에는 기쁨이 없기 때문입니다. 그러나 나이탈림은 여덟 시간 노동을 하고 나서 여덟 시간 동안 노는 식으로 구성되어 있지 않습니다. 나이탈림은 '삿 칫 아난드'입니다. '노동과 공부 그리고 즐거움이 하나'라는 말입니다. 지식은 가장 자연스러운 방식으로 저절로 얻어집니다. 우리가 하는 모든 것들이 배움의 수단이 되기 때문입니다. 우리는 아픈 사람들을 돌보면서 동시에 다양한 실험들을 수행합니다. 봉사와 공부가 함께 진행되는 것입니다. 연구를 하려고 하면서 환자는 돌보지 않는 의사가 있다면 그 사람을 어떻게 생각하겠습니까? 이렇게 진리 탐구와 노동을 분리할 수 없는 것처럼 노동에서 즐거움을 떼어낼 수 없습니다. 만약 이 둘이 별개가 된다면 즐거움을 만끽하지도 못할 것이며 노동 또한 단조로운 과정이 될 뿐입니다.

제가 학생이었을 때는 국왕의 생일 때도 국왕이 죽었을 때에도 학교를 쉬었습니다. 우리는 즐겁게 휴일을 보냈고, 베다 수행자가 되었습니다. 무슨 말인고 하니, 우리가 나고 죽는다는 것은 실체가 없는 것이지만 휴일만은 진짜라는 것을 알았다는 말입니다. 우리가 왜 태어남과 죽음을 똑같이 취급해야 하는지에 대해서 골머리를 썩지는 않았습니다. 우리에게는 휴일이 있다는 것만으로도 충분했습니다. 아이들이 휴일을 원하는 것은 대개의 경우 학교가 일종의 감옥 같기 때문입니다. 그러나 나이탈림에서 학생들은 일주일에 하루만 즐기는 것이 아니라 7일 모두를 즐기게 됩니다. 그러니까 나이탈림은 '삿 칫 아난드', 즉 일과 지식 그리고 즐거움이 별개가 아닌 하나의 전체로 체험될 때에만 제대로 실천됩니다.

나이탈림의 사회적 원칙은 모든 인간의 생명이 동등하게 존중받아야 한다는 것입니다. 모든 다양한 사회적·계급적 차별은 위선의 여러 가지 모습일 뿐입니다. 일단 이 점을 인정하면 현재 우리의 정치적 차별을 비롯한 여러 가지 차별은 곧바로 사라질 것입니다. 나이탈림의 원칙이 작동하는 곳에서 사회적인 간극은 있을 수 없습니다. 부단 운동의 기초는 땅은 만인을 위한 것이며, 어떤 개인도 땅에 대해서 소유권을 행사해서는 안 된다는 원칙이었습니다. 이 생각을 세계로 확장시켜보면 어떤 나라도 그 나라의 땅을 그 나라만의 재산으로 여길 수는 없다는 것을 뜻합니다. 이 세상의 대지는 모조리 인류 전체를 위한 것입니다.

나이탈림에는 인간과 인간 사이의 사회적 차별은 없습니다. 그러나 오늘날 인도 사회는 수많은 차별에 기반을 두고 구성되어 있기 때문에 나이탈림은 엄청난 파문을 일으킬 것이고 또 그래야만 합니다. 계급의 높고 낮음이나 출신 지역과 무관하게 어린이들은 함께 먹고, 함께 놀고 또 함께 배워야 합니다. 모든 종교 전통에 내재해 있는 좋은 요소들은 고이 간직되고, 나쁜 요소들은 버려질 것입니다. 종교에 담겨 있는 것은 무엇이든 좋은 것이라고 받아들여야 한다고 생각하는 사람들이 있습니다. 그들은 또한 '세속적인 태도'가 종교에 대해서는 그 무엇도 왈가왈부해서는 안 된다고 생각합니다. 그러나 나이탈림의 의무는 종교의 이름으로 행해지는 모든 잘못을 거부하는 것입니다. 이런 까닭에 전통적으로 보수적인 종단이나 종교인들은 아주 강력하게 나이탈림을 반대하는 것이 자신들의 의무라고 생각하는 것 같습니다. 그런데 만약 이들이 반대하지 않는다면 그건 그 사람들이 나이탈림을 이해하지 못했거나, 아니면 오늘날의 나이탈림이 진정한 나이탈림에 미치지 못하거나, 둘 중에 하나일 것입니다. 현상을 유지하고 싶은 사람들은 나이탈림에 반대할 수밖에 없습니다.

나이탈림의 세 가지 원칙

간디 어르신께서 나이탈림은 당신이 조국에 주는 마지막이자 최고의 선물이라고 말하곤 했습니다. 어르신은 과장된 언사를 쓰는 분이 아니었습니다. 그분처럼 어휘를 조심스럽게 따지고 고르는 분을 저는 보지 못했습니다. 그렇기 때문에 우리는 그분이 말씀하신 것에 부여된 모든 의미를 살려서 이해해야 합니다. 어르신은 천재의 통찰력을 지닌 분이었습니다. 차가운 논리가 아니라 당신의 직관적인 앎에 바탕을 두고 무엇이 필요한지를 알고 있었습니다. 어르신은 정치적인 자유를 얻은 뒤에 가장 필요하게 될 것이 무엇인지 예견했습니다. 어르신은 통치기구의 교체는 깃발을 바꿔 다는 것이 아니라 새로운 교육을 시행함으로써 이루어지는 것이라 생각했습니다.

어르신은 왜 나이탈림, '새로운 교육'을 이야기하셨을까요? 교육과 지식의 근본 진리들은 새롭지 않습니다. 이 진리들은 시작도 없으며 시대를 넘어섭니다. 그러나 사상에 먹구름이 끼는 시대가 있는 법이고, 새로운 시대에는 새로운 계시가 있어야 합니다. 그래야 새로운 것이 창조됩니다.

사람들은 '어떻게 교육을 무상 의무교육으로 할 수 있는가' 하고 의아해합니다. 저는 가끔 농담처럼 무상 의무교육과 관련해서 우리는 아무것도 할 게 없다는 말을 합니다. 신은 이미 모든 것을 마련해 놓았습니다. 그게 아니면 인간 족속은 결코 생겨날 수 없었을 것입니다. 만약 신이 어떤 정부가 만들어지고 그 다음에 그 정부가 무상 의무교육을 준비하는 것에 의존하는 상황을 기다리고만 있었다면 세상이 존재할 수 있었을까요? 다행히도 신은 인간의 정신에는 지성을, 위장에는 배고픔을, 그리고 마음에는 보편적인 동정심을 심어 놓았습니다. 이렇게 인간은 동정심 넘치는 가슴, 회의하는 지성, 그리고 배고픈 위장이라는, 지식을 얻기 위한 세 가지 도구를 갖고 있습니다. 배고픔을 달래기 위해서는 협동과 지성이라는 선물을 최대한 사용해야 합니다. 일을 하게 되면 그 순간부터 다양한 지식을 얻습니다. 만약 신에게서 배고픔이라는 성스러운 선물을 받지 않았다면 그 어떤 정부나 개인도 인간을 교육시킬 수 없을 것입니다. 이것이 제가 의무교육이라고 부르는 것입니다. 이것이 없다면 배고픔은 달래지지 않을 것이고, 우리의 동정심은 커가지 못할 것이며, 우리의 지적 능력은 예리해지지 않을 것입니다.

아이들은 엄마 뱃속에서 태어납니다. 그리고 모국어도 엄마한테 배웁니다. 정부는 단돈 1원도 안 들입니다. 이것이 제가 무상교육이라고 부르는 것입니다. 신은 그러한 무상교육이 가능하도록 수많은 다른 기회들을 제공해주었습니다. 가끔 어떤 사람이 스스로를 '교육을 베푸는 사람'이라고 생각하는 경우, 저는 그것은 그 사람이 아직 교육을 덜 받은 사람이라는 증거라고 말하곤 합니다.

인도 헌법이 공인하고 있는 14개의 언어 모두에 '가르치다'라는 동사는 없고 오로지 '배우다'라는 동사만 있다는 사실에서 인도의 교육관에 담긴 아주 흥미로운 사실을 찾아볼 수 있습니다. '시카나sikhana'에서 '시크나sikhna'를 만들어내듯이 우리는 작위적으로 사역형을 만들어냈습니다. 그러나 우리 말글에는 영어의 'teach'에 상응하는 어간이 없습니다.*

우리는 배울 수 있고, 다른 사람들이 배우도록 도와줄 수 있습니다. 그러나 '가르칠' 수는 없습니다. '가르친다'와 '배운다'가 두 개의 서로 다른 단어를 사용한다는 것은 이 두 과정을 별개의 것으로 생각할 수도 있다는 것을 암시합니다. 그러나 그런 생각은 순전히 '교사'의 직업적인 허영일 뿐입니다. 그리고 우리가 그러한 허영을 떨

---

* 여기서 비노바는 흥미로운 이야기를 하고 있다. '배운다'와 '가르친다'는 동사는 둘 다 고대 앵글로색슨Anglo-Saxon 어근에서 유래했고, 둘 다 수천 년이 넘도록 공통의 의미를 가진 말로 별 구분 없이 사용되었다. 그러나 여기서 말하고 있는 배우는 것과 가르치는 것의 차이점은 훨씬 더 현대적인 언어 현상이다. '배운다'는 단어는 수백 년 동안 '가르친다'와 '배운다'는 뜻을 둘 다 담고 있는 단어로 쓰여 왔다. 그리고 70여 년 전만 하더라도 "그 목수가 나에게 톱을 쓰는 법을 배워주었다. The carpenter learned me to use a saw."고 말하고 쓰는 것이 올바른 용법으로 여겨졌다. 비록 오늘날에는 이렇게 쓰면 '옳지 않다'는 말을 듣긴 하지만, 영국의 시골 아이들은 아직도 이처럼 옛날 습관을 갖고 있다. '가르친다'는 단어는 최초의 영어 용법에서는 '보여주다'라는 뜻으로 쓰였다. 그러다 점차로 현대적인 의미가 지배하게 되었고, 그런 의미에서 이 단어에서 '배운다'는 의미는 사라졌다.

쳐내지 못하는 한 교육의 본질을 끝내 이해하지 못할 것입니다. 우리가 맨 먼저 해야 할 일은 '배우지 못한' 사람은 없다는 사실을 깨닫는 것입니다.

그러나 오늘날에는 겨우 대학 입시를 통과한 평범한 학생도 일류 목수를 마치 무식한 사람 취급을 하는 경우가 허다합니다. 그 학생은 자기 집에 일하러 온 목수에게 이렇게 말합니다. "내가 자네한테 시킬 일이 있네. 자네는 얼마를 받나?" 마치 자기보다 못한 사람 대하듯 '자네'라는 말을 쓰면서 말입니다. 그런 학생이 "어르신, 돈은 얼마나 받으십니까?"라고는 말하지 않습니다. 그 목수가 경험이 많고 원숙한 인격을 지닌 동시에 현명하며 훌륭한 기술을 갖춘 일꾼으로서, 진정으로 조국에 보탬이 되는 사람일 수도 있습니다. 그런데도 단지 읽고 쓸 줄 모른다는 이유로 '공부 좀 한' 학생은 그 사람을 못난 사람 취급한다는 말입니다.

교육이라는 선물은 오만함과는 관계가 없으며 사실 교육을 받을 수 있는 핵심 조건은 아주 겸손해야 한다는 것입니다. 우리의 옛 글에서 교육을 뜻하는 '비디야vidya'는 겸손을 뜻하는 '비나야vinaya'와 같은 것으로 나타납니다. 산스크리트어로 '비나야'는 교육의 동의어이며, 해야 할 공부를 마친 학생은 겸손의 덕을 완전히 갖췄다는 의미로 '비니트vinit'라고 불렀습니다. 겸손이야말로 교육의 열매입니다. 교사는 언제나 자기가 가르치는 학생들을 겸허한 마음으로 섬길 준비가 되어 있어야 합니다. 그리고 학생들은 교사의 가르침을 겸손하게 받아들여야 합니다. 교사와 학생은 서로를 같이 일하는 사람으로 여겨야 합니다. 이전에는 "바라건대, 우리 모두의 공부가 왕성하게 이뤄지게 하소서."라는 아주 유서 깊은 기도문을 학교에서 교사와 학생이 한마음이 되어서 외웠습니다. 이 기도문의 원래 뜻을 살펴보면, 교사가 자기 자신이 '가르치지' 않고 오히려 '공부한다'고 생각한다는 말입니다. 학생이 공부한다는 것은 말할 필요도 없지요. 이 기도문은 둘 다 함께 생활하고 함께 공부해야 한다는 것을 나타내고 있습니다. 교사는 학생을 돕는 과정에서 자신의 진정한 선을 발견하고, 학생은 또 학생대로 교사를 도우면서 자기만의 진정한 선을 구하게 된다는 것을 학생과 교사 모두 잘 알고 있었습니다.

두 사람이 서로 도움을 주고받으면서 이러한 동지애를 나누며 사는 곳 어디에서나 진정한 교육이 이뤄집니다. 그러므로 나이탈림에서 책은 언제나 부차적인 위치에 있습니다. 이런 생각은, 책이 있는 장소가 줄어들면 학생들이 가장 귀중한 지식의 도구를 빼앗기게 될 것이라고 생각하는 사람들을 곤혹스럽게 합니다. 책이 지식의 도구로서 한 자리를 차지하고 있다는 것은 확실합니다. 그러나 그 비중은 아주 사소한 것입니다. 중요한 것은 교사와 학생이 '함께' 공부하는 것입니다. 그리고 이런 일은 '가르치는' 교사와 '배우는' 학생이라는 구분이 사라질 때에만 일어날 수 있습니다.

나이탈림의 두 번째 특성은 지식과 일 사이의 구분과 대립, 혹은 갈등이 사라진다는 것입니다. 저는 의도적으로 이 세 단어를 썼습니다. 왜냐하면 일과 지식이 단지 다를 뿐인가 아니면 적극적으로 대립하는 것인가, 하는 문제를 놓고 다양한 철학의 유파들이 만들어졌기 때문입니다.

나이탈림의 원칙은 지식(공부)과 노동(일)이 단일한 상황 혹은 사물의 두 양상이며, 그래서 지식을 배우는 과정과 일하는 과정을 구분하는 것은 근본적으로 불가능하다는 것입니다. 교육 활동은 한 관점에서 보면 '배우는 듯' 보이지만, 다른 관점에서 보면 '일하는' 것처럼 보이는 그런 것입니다. 지식을 배우는 과정만 따로 분리되어 있는 경우 진정한 교육 활동은 없고, 일하는 과정만 따로 있는 경우에도 진정한 교육은 없습니다. 지식과 일 가운데 어느 것이 우세한지를 구별할 수 없는 것이야말로 진정한 교육 활동입니다. 게다가 이러한 통합은 억지스럽지 않고 자연스러워야 합니다. 몇몇 학교에서는 '타클리 takli, 가락. 손으로 실을 자아 감는 데 쓰는 도구. 나무나 쇠를 이용해 만든다.'를 돌리면서 타클리 노래를 부릅니다. 그러나 그 속에 노동과 지식의 자연스러운 통합은 찾아볼 수 없습니다. 나이탈림은 일 속에서 지식이 생겨나고 일은 지식에 의해 인도받으며, 삶은 일과 지식을 하나로 경험함으로써 그 열매를 맺는다는 신념에 기반하고 있습니다.

우리는 온종일 배우고 온종일 일하며 온종일 즐기는 것이 가능하다고 믿습니다. 그렇게 하는 데는 3일 72시간이 아니라 하루 24시간만 있으면 됩니다. 지식과 일을 떠나서는 아무런 즐거움도 없습니다. 우리 교육의 표어는 '삿, 칫, 아난드'입니다. '삿'은 일입니다. 일하지 않으면 살아갈 수 없습니다. '칫'은 예지입니다. 예지가 없으면 삶은 자유롭지 못하게 됩니다. '아난드'는 은총입니다. 은총이 없다면 삶은 맛이 없어집니다. 올바른 교육은 '삿, 칫, 아난드'를 한 흐름으로 통합시킵니다.

한 가지 더 말씀드리겠습니다. 지식의 영역에서 강요와 지시는 있을 수 없습니다. 다른 삶의 영역에서는 강요가 들어설 자리가 있을 수도 있습니다. 그러나 어떤 물건이 둥글다면 제가 여러분한테 그것을 세모라고 생각하라고 강요할 수는 없습니다. 강요하는 것은 좋지 않습니다. 둥근 것은 둥글다고 알아야 합니다. 나이탈림은 학생들을 '훈련시키지' 않습니다. 오히려 학생들이 완전한 자유를 누리게 합니다. 언제 이 세상에 통치기구 없는 사회가 실현될지는 모르겠지만, 그런 사회를 학생들의 세계에서 볼 수 있어야 합니다. 학생들에게 가장 중요한 한 가지가 있다면, 그것은 이와 같은 자유입니다. "내가 좋은 일을 하면 그것을 온전히 받아들여라. 그러나 내가 좋지 않은 일을 할 때 너희들이 나를 따라서는 안 된다." 우리의 가장 위대한 스승은 제자들에게 이렇게 가르쳤습니다.

이러한 조건이 갖춰졌을 때 학생들에게 자치 정신을 심어줄 수 있을 것입니다. 하지만 그렇게 하는 과정에서 어떠한 억지와 꾸밈도 있어서는 안 됩니다. 현재 우리 사회의 구조는 지극히 작위적입니다. 이는 계급의식에 바탕을 두고 있는 것으로, 나이탈림에서 배우는 학생들은 사회의 이러한 모순에 저항하는 반항아가 되어야 합니다. 간디 어르신은 지금 우리가 살고 있는 사회에 반대하겠노라고 했습니다. 겸손한 마음으로 그러나 확신을 가지고 반대하겠노라고 했습니다. 그러한 겸손이야말로 노예근성과 구별되는 것이며, 지금 사회의 그릇된 가치들에 저항해 일어날 수 있는 강건한 마음가짐입니다.

사유의 씨앗을 심어주는 교육

이 나라가 나이탈림이라는 위대한 선물을 받은 지 대략 14년이 되었습니다. 나이탈림은 어떤 면에서는 전혀 새로운 것이 아닙니다. 진리의 삶에 새로운 것은 없기 때문입니다. 진리는 영원하며, 나이탈림이라는 사유의 씨앗은 수백 년 동안 존재해왔기 때문입니다. 그러나 우리 시대에 어떤 진리의 양상이 드러나면, 우리가 마치 새로운 생각을 해낸 것처럼 보이지요. 그리고 그 생각은 우리에게는 새로운 것이 됩니다. 새로움은 우리가 그것에서 새로운 영감을 얻어냈다는 사실에 있습니다. 나이탈림이라는 생각도 오랜 세월 동안 우리에게 영향을 미쳐왔습니다. 그것은 실험되고 또 검증받았습니다. 그리고 현실성 있고 권위 있으며 진리와 맞아떨어진다는 점이 의심할 여지없이 확인되었습니다. 이제 마침내 나이탈림이 우뚝 서서 우렁찬 나팔 소리로 이 민족을 일깨울 때가 된 것입니다.

저는 우리나라가 독립한 지 삼 년이나 지났는데 아직까지 이 새로운 교육에 대하여 중대한 결정을 내릴 용기를 내지 못한다는 것을 생각하면 당혹스럽기도 하고 슬프기도 합니다. 우리는 교육에 관한 가장 기본적인 점들조차도 제대로 이해하지 못하고 있습니다. 독립 전에 우리나라 사람들을 예속시키기 위한 수단으로 악용되었던 바로 그 교육 체제를 독립을 이룬 뒤에도 존속시키고 있다는 사실보다 이를 더 명백하게 증명하는 것이 또 무엇이 있겠습니까?

여러분은 우리의 새로운 교육이 아직까지는 실험 단계에 있을 뿐이라고, 다시 말해 아직 설익어서 먹을 수 없고 완전히 익어야만 먹을 수 있다는 식으로 생각하고 있는 것입니까? 그렇다면 저는 오히려 여러분에게 묻고 싶습니다. 그렇다면 그 음식이 익는 동안 우리는 벽돌과 자갈을 먹고 살아야 합니까? 도대체 그런 것들이 먹을 수나 있는 것들입니까, 아니면 내다 버려야 할 것들입니까? 여러분이 그런 것들은 하루라도 빨리 내다 버리고, "저희들은 새로운 교육 형태가 어떠해야 하는지 미처 생각하지 못했습니다. 적당한 방법을 생각해내는 데는 여러 달이 걸릴 것이고 그때까지는 모든 교육 활동을 중단할 것입니다. 당장은 생산을 증대하는 것이 너무나 시급하고 절실하므로 아이들도 모두 나가 일을 할 것입니다."라고 말하는 것이 더 이로웠을 것입니다. 그러나 우리는 국가 차원의 교육에 대해서는 국기에 대해서만큼 민감하게 굴지 않습니다. 우리가 가장 기본적인 사항들을 제대로 이해하지 못하고 있다는 말도 바로 이런 취지에서 한 것입니다.

우리는 나이탈림을 '기초교육'이라고 부르기는 하지만 '기초'라는 말의 뜻을 제대로 이해하지 못한 채 쓰고 있습니다. 우리는 그저 이 말이 어린이 교육의 첫 단계를 뜻하는 것으로 알고 있을 뿐입니다. 그러나 이 말에 담긴 뜻은 그보다 훨씬 더 심오합니다. 우리가 이것을 초등교육이라고 부르거나 중등교육 아니면 고등교육이라고 부르는 것과 무관하게, 기초교육이라는 말은 우리의 교육 전체를 처음부터 끝까지 떠받치고 있는 기반이자 초석이라는 뜻입니다. 농촌을 위한 교육과 도시를 위한 교육이 따로 있어서는 안 될 것입니다. 학교 교육의 첫 4년간을 위한 교육과 그것과 전혀 연관이 없는 그 이후의 학교 교육이 따로 있어서도 안 될 것입니다. 이 기초교육을 난민들을 대상으로 실시해야 할 실험으로 간주하고, 이 나라에 사는 다른 사람들을 위해서는 다른 종류의 교육을 마련하겠노라고 생각해서는 안 됩니다. 이 나라의 교육 전체가 나이탈림의 기초 위에 세워져야 한다는 것에 동의하는 경우에만, 우리는 '기초교육'이라는 말을 쓸 권리가 있습니다. 심지어 이 교육 실험에 관여하고 있는 이들조차도 도시민들을 위해서 어떤 교육 계획을 갖고 있는가 하는 질문을 하면, 상당수가 이 교육은 농촌을 위한 것이지 도시를 위한 것이 아니라는 이야기를 합니다. 제 생각에 이보다 더 큰 오판은 없습니다. 이 교육은 이 나라 전체를 위한 것이며, 도시와 농촌의 구별은 있을 수 없습니다.

만약 우리가 현재 도시에 팽배해 있는 분위기나 정신적 태도가 지속되는 것에 만족한다면 인도에 평화는 오지 않을 것입니다. 도시는 도시 자체를 존립할 수 있게 도와주는 농촌을 위해 할 수 있는 일을 스스로 알아서 찾아야 하고, 이 점을 염두에 두고 아이들을 교육시켜야 합니다. 도시 아이들이 나라를 약탈하는 사람으로 자라는데, 농촌 아이들에게 나라를 위해 일해야 한다고 교육을 할 수는 없는 노릇입니다! 그러한 일은 이 나라에서는 일어날 수 없습니다. 각성하여 완전히 깨어난 국민은 그런 종류의 차별이 일어나는 것을 용납하지 않을 것이기 때문입니다. 이것이 기초교육이 담고 있는 뜻입니다.

이제부터 우리가 맞닥뜨린 몇 가지 위험에 대해서 경계 차원에서 이야기하겠습니다. 요즘 많은 사람들이 기초교육을 과거에 유행했던 다양한 교수법들과 같은 격의 새로운 교육 체계나 방법 혹은 기술이라고 생각하고 있습니다. 이것은 잘못된 생각입니다. 저는 특히 교육 활동에서는 체계라는 것을 무척이나 꺼립니다. 하나의 체계가 교육 전체를 끝장낼 수도 있습니다. 세바그람Sevagram. 간디가 활동한 세바그람 아쉬람을 의미 같은 나이탈림 교육 현장에서 학생들에게 필요한 것은, 완수해야 할 체계가 아니라 방향을 알려줄 나침반입니다. 그 학생에게 마음에 새겨두거나 곰곰이 생각해볼 문제를 내줄 수도 있겠지요. 여기서 중요한 것은 그 학생이 자기가 있는 곳에서 스스로 결정해서 자신이 마음먹은 실험을 해야 한다는 것입니다. 나이탈림은 체계가 아니며 먼 앞날을 내다보고 실천하는 교육이념이자 생각의 씨앗입니다.

전에 제가 한 친구와 이야기를 나누면서 고전의 위대한 문장들을 암송하는 일을 너무나 가볍게 여기는 것이 서구식 교육 체계의 오류라는 점을 설명하고 있었습니다. 아이들은 엄선된 좋은 문장들을 되도록 많이 익혀야 함을, 제 자신을 그 예로 삼아서 이야기했습니다. 제 자신이 그렇게 함으로써 많은 이득을 얻었고, 제가 몇 차례 위기를 겪을 때마다 그 문구들이 저에게 힘이 되어주었다는 말도 했지요. 우리의 고전문학에 기록되어 있는 고양된 경험의 순간들이 우리 마음속에 저장되는 것은 정말 좋은 일입니다. 이 부분에서 우리의 전통은 서양의 전통과 다릅니다. 서구 학자들의 관점은 분석적입니다. 그들은 세상을 여러 개로 쪼개고, 연구를 위해서 그것들을 다양한 '부분'으로 나눕니다. 그러나 우리는 세상을 하나로 보고 그것을 통합된 전체로서 연구합니다. 이 점에서 우리의 접근법은 서구인들과는 다릅니다. 그리고 이 때문에 우리의 교육 전통에는 위대한 고전문학에 나오는 문장들을 배우고 익히는 자리가 있는 것입니다. 다른 교육 전통에서는 지성을 가장 높은 순위로 꼽습니다. 누구나 지성의 중요성은 인정합니다. 그러나 그렇다고 해서 감정과 느낌을 무시해서는 안 됩니다. 인간의 마음 또한 정신 못지않게 자양분이 필요하며, 그런 의미에서 우리의 기억을 진리에 관한 사유들로 채움으로써 마음을 키워나가는 것은 정당할 뿐만 아니라 꼭 필요합니다.

저와 대화를 나누던 친구도 같은 생각이었습니다. 하지만 이내 의문을 제기하더군요. "그 점은 나도 깊이 공감하는 바네. 하지만 어떻게 이것이 기술과 상호 연관될 수 있겠는가?" 제가 말을 받았습니다. "나도 자네한테 물어볼 게 있네. 자네 아이들은 매일 밤 침대에서 잠을 자며 보내는데, 그렇게 잠자는 것은 기술과 어떤 관계가 있는가? 정말 관계가 있는지 알고 싶네." "이런 관계가 있지. 말하자면, 아이들이 잠을 자고 나면 원기가 회복되고 일할 준비가 되는 셈이지. 그러면 아이들은 열망을 갖고서 기술을 배우려고 할 것이네." 저는 이렇게 말했습니다. "아주 좋은 지적이네. 그렇지만 문제를 이렇게 보도록 하세. 인간은 영혼이 있고, 인간의 영혼이 강건해야 한 나라가 강해질 수 있네. 힘은 단지 육체의 문제만은 아니네. 영혼이 없는 몸은 몸이 아니라 시체일 뿐이네. 결국 화장터 말고는 세상사와 아무런 관련이 없지. 육신에 영혼이 담길 때에야 비로소 육체가 행동할 수 있는 힘을 갖게 되는 것이지. 내 생각에는, 고전문학에 나오는 위대한 문장들을 배우는 것이야말로 영혼이 성장하는 데 꼭 필요한 도움이네."

제가 이 대화를 언급한 까닭은 너무나 많은 사람들이 나이탈림을 어떤 체계로 고정시키려고 하기 때문입니다. 나이탈림의 이상은 체계에 갇히면 고사하고 말 것입니다. 만약 그런 일이 일어난다면 일을 도모해 시작할 여지가 없게 되고, 사람들은 각기 나름대로 알고 있는 지식과 활동을 어떻게 연결시킬지 고안하느라고 많은 시간을 허비할 것입니다. 우리는 그러한 일이 벌어지지 않도록 해야 합니다. 나이탈림은 삶의 철학이자, 우리가 하는 일 모두에서 지니고 있어야 하는 삶에 대한 태도입니다.

사람들은 인도의 인구증가에 대해 말하곤 합니다. 인구증가가 아주 심각하며 관심을 기울여야 하는 문제라는 것에는 의심할 여지가 없습니다. 그러나 저는 인구증가보다는, 오히려 사람답지 못한 사람들이 늘어가는 것이 더 걱정스럽습니다. 만약 우리 국민이 진정 사람다우며 열심히 일하는, 재주 많은 사람들이라면 이 땅은 그들의 무게를 견뎌낼 수 있을 것입니다. 그러나 자기 기율과 수련이 부족한 까닭에 사람답지 못한, 영혼 없는 사람이 늘어가고 있습니다. 책이든 영화든 인도의 정신을 흐리게 하는 경향이 있습니다.

이런 상황에서 교육은 아이들이 어려서부터 자기 기율과 사람다움, 그리고 자제력을 갖도록 훈련시키는 사명을 떠맡아야 합니다. 붓다도 "신체를 잘 다스리고 말을 친절하게 하라."라고 했습니다. 모든 수단을 강구해서 손을 자유자재로 쓰도록 애씁시다. 그와 더불어 자제력을 기르는 일에도 힘을 기울입시다. 감각기관을 사용하는 힘은 그것들을 조절하는 힘과 함께 길러져야 합니다. 자기 통제력이 없는 기술은 사람을 재앙에 빠뜨립니다. 그것은 인간을 이롭게 하지 못합니다. 힘도 그 자체로는 헛된 것입니다. 기술도 그 자체로는 허망한 것입니다. 이 둘은 인간의 행복을 위해서 쓰일 때에야 비로소 가치를 갖는 것입니다. 교육의 이러한 측면에 대한 관심이 아직까지 충분히 기울여지지 않았습니다. 기초교육에 대해 논의할 때면 사람들은 그저 '수공 기술을 통한 교육'이라는 구호만을 반복해서 외칩니다. 그 한 구절에 교육이 완전하게 묘사되어 있는 듯이 말입니다. 이것은 완전히 그릇된 생각입니다.

우리가 교육에서 생각해야 할 것은 자기 수련입니다. 말하자면, 교육의 원천은 자기 탐닉이 아니라 자기 조절이라는 것입니다. 교육의 중심 목표는 아이들이 아주 어렸을 때부터 자신의 감각기관과 마음, 그리고 지적 능력을 잘 조절하는 방법을 배우도록 하는 것이어야 합니다. 아이들이 하는 말에는 진실이 담겨 있어야 합니다. 우리는 아이들이 자기의 생각을 명확하게 전달하고, 유행어가 아니라 경우에 적합한 어휘들을 골라 쓰도록 훈련시켜야 합니다. 저는 적합성과 유행의 간극에 대해 여러분이 관심을 가졌으면 하는 바람입니다.

한 가지 더 이야기하겠습니다. 만약 우리가 이와 같은 자기 기율 정신과 자기 조절 능력을 함양하게 하는 일을 해나가고자 한다면, 기초교육은 가능한 한 여성들에게 맡겨져야 합니다. 그리고 여성들이 이 일을 하도록 훈련받아야 합니다. 우리는 인도에 있는 모든 여성 관련 단체나 조직들과 연락을 주고받으면서, 여성들이 이 일을 자진해서 해나가도록 유도해야 합니다. 아주 나이 어린 아이들의 교육은 전적으로 여성들의 손에서 이뤄져야 합니다. 《우파니샤드》에도 나와 있듯이, 교육은 가장 먼저 어머니에게서, 그 다음에는 아버지에게서, 그리고 마지막으로 선생에게서 받아야 합니다. 이것이 올바른 교육 순서입니다.

자기 자신에 대한 앎과 일을 통한 배움

우리 아이들은 스리 크리슈나Sri Krishna 처럼 일을 하면서 배워야 합니다. 스리 크리슈나는 소에게 풀을 먹이고 젖을 짰으며, 외양간을 청소하는 등 아주 열심히 일을 했습니다. 그리고 스승의 집에서 쓸 장작을 팼습니다. 나중에는 아르주나의 전차를 조정하는 말을 몰았을 뿐만 아니라 그를 돌보는 일까지 했습니다. 라자수야Rajasuya 제삿날을 맞이하여 스리 크리슈나는 유디시티라Yudhishthira 왕에게 일을 청했습니다. 유디시티라는 그에게 줄 일이 아무것도 없다고 대답했지만 스리 크리슈나는 빈둥거리는 게 싫다면서 계속 청했습니다. 유디시티라는 그렇다면 알아서 할 일을 찾아보라고 했습니다. 스리 크리슈나는 사람들이 음식을 먹고 나서 버린 나뭇잎 접시들을 모으는 일을 합니다. 그리고 소똥을 발라 그 자리를 깨끗하게 합니다. 그는 이렇게 말합니다. "이거야말로 내가 잘 아는 일이지. 나는 이 일을 아이 때부터 했으니 전문가지, 박사라니까!" 수크데브Sukhdev 는 《바가바트*Bhagavat*》에, 그리고 브야사Vyasa는 《마하바라타*Mahabharata*》인도 고대의 산스크리트 대서사시에 이 장면을 묘사해 놓았습니다. 후에 기회가 생기자 스리 크리슈나는 아르주나에게 신에 대한 지식브라마비디야, Brahma-Vidya도 가르쳤습니다.

우리 아이들은 한편으로는 신에 대한 지식에 친숙해지고, 다른 한편으로는 마루를 쓸고 닦는 일과 논밭에서 하는 일을 잘하도록 키워야 합니다. 지금의 교육을 통해서는 신에 대한 지식도 일도 배울 수 없습니다. 아이들이 신에 대한 지식을 터득하지 못했다는 증거는 우리 대다수가 물질적인 쾌락을 좇고 있으며 감각의 노예라는 사실에서 찾을 수 있습니다. '학식 있는' 사람들은 쾌락을 추구하며 안락하고 호사스러운 삶을 영위하고 있습니다. 그런 사람이 받은 교육에는 노동이 포함되어 있지 않으며, 그래서 그의 두 손은 아무것도 할 줄 모릅니다. 자기 인식의 결여로 인해 그의 지성은 헛되이 쓰이고, 손을 쓸 줄 모르는 까닭에 그의 손도 무용지물로 남습니다. 열 개의 손가락 중 겨우 글을 쓰는 데 필요한 세 개만을 쓸 수 있을 뿐입니다. 만약 우리가 이러한 식의 교육이 널리 퍼지도록 방치한다면 이 나라 국민들은 무엇을 먹고 살겠습니까?

따라서 교육은 혁신되어야 합니다. 그리고 신에 대한 지식과 노동, 두 가지를 포함해야 합니다. 신에 대한 지식은 자기 자신에 대해 알게 해줄 것이고, 몸과 마음 그리고 감각기관들을 통제할 수 있게 해줄 것입니다. '내 집', '내 땅'을 외쳐대는 소유에 대한 개인적인 탐욕은 이타적인 사랑과 봉사 정신이 깊어지면서 극복될 것입니다. 신에 대한 지식을 추구하는 정신을 자기 것으로 받아들인 사람은 '내 것'이라고 말하는 대신에 자신의 땅과 집 그리고 재산을 모든 사람들을 위한 것으로 간주할 것입니다. 잘못 배운 사람들이 이런 것들을 자꾸 '내 것'이라고 하는 것입니다.

이와 같은 우리의 교육 계획을 따르면 모든 아이들은 몸소 일해서 자조적인 사람이 될 것입니다. 모든 아이들이 일류 요리사가 될 것이며 모두가 농업 분야에서 일을 할 것입니다. 오늘날 사람들이 너무나 게을러진 까닭에 우리가 손을 써서 할 수 있는 모든 기능들이 절멸할 위기에 처해 있습니다. 우리는 훌륭한 장인들, 즉 훌륭한 목수, 직공, 기계공, 대장장이, 갖바치를 원합니다. 우리에게는 사람들을 속여먹는 것이 아니라 사람들에게 도움이 되고자 장사를 하는 상인들도 필요합니다. 우리는 쓸모 있는 노동을 하는 것이 체면을 깎아 먹는다고 생각하지 않는 나라를 세워야 합니다.

삶과 배움, 일의 조화

간디 어르신은 '물레차르카, charkha'는 건설적인 노동세계의 별, 즉 태양이며, 당신의 사회개혁 프로그램에 들어있는 다른 항목들은 행성들이라고 말하곤 했습니다. 저는 이런 구도라면 나이탈림의 위치는 어디일까 고민하곤 했습니다. 제 자신이 나이탈림을 단순한 행성으로 치부하고 말 수가 없었기 때문입니다. 간디 어르신이 쓴 비유를 염두에 둔다면, 나이탈림은 행성들이 태양을 중심으로 공전하게 해주고, 또 태양 자체도 궤도를 따라 움직이게 해주는 만유인력이라고 이해해야 합니다. 나이탈림은 우리가 하는 다양한 활동들을 하나의 통합된 전체로 묶어주는 힘입니다.

이 힘은 푸라나Puranas, 힌두교 성전의 언어로는 세샤낙Sesha-Nag 혹은 Seshanaga. '용신들의 왕'이고, 《바가바타 푸라나*Bhagavata Purana*》에 따르면 최고신인 나라얀Narayan의 화신이다. 세샤낙은 수많은 뱀의 머리로 이뤄진 가리개로 우주의 모든 행성들을 지탱하고 있다. 세샤낙이 똬리를 풀면 우주가 펼쳐지고, 똬리를 틀면 우주는 사라진다.인데, 그것은 창조된 우주 전체를 지탱하는 힘을 의미합니다. 옛 사상가들은 우리말 중에 모든 창조의 바탕이 되는 것을 나타낼 수 있는 명칭은 무엇일까 고민했습니다. 물론 그분들은 언어 자체도 피조물이라는 것을 잘 알고 있었습니다. 그래서 이 근원적인 것을 '계속해서 존재하는 어떤 것', '영원히 남아 있는 것'이라는 뜻으로 '세샤sesha'라 이름 붙였습니다. 세샤낙이 수천 개의 입을 가졌다는 것도, 물질계 전체를 하나로 묶어주는 서로 끌어당기는 힘이 사방팔방으로 작용하고 있다는 사실을 상징하고 있는 것이지요. 나이탈림은 바로 우리의 세샤낙입니다. 그렇기 때문에 한 사람 한 사람의 노동자가 자신의 재주만 갈고닦는 데 그치지 않고 나이탈림의 정신으로 정진한다면, 그가 하는 일은 좋은 결실을 맺을 것이고 그의 영향력 또한 주변으로 퍼져나갈 것입니다.

제 말은 모든 노동자들이 교사가 되어야 한다거나, 그렇게 될 수 있다는 뜻은 아닙니다. 가르친다는 것은 특별한 자격이 필요한 일입니다. 그러나 모두가 나이탈림의 목표가 무엇인지는 알아야 합니다. 간단하게 말하자면 그 목표는 이렇습니다. 우리는 우리의 삶에서 주어지는 배움의 기회를 놓치지 말아야 합니다. 또한 우리의 삶과 관련 없는 지식에 매몰되지 말아야 합니다. 이것이 나이탈림이 우리에게 요구하고 또 금하는 한계입니다.

우리가 이러한 자연스러운 한계를 잘 지키고 또 무엇을 하고 무엇을 하지 말아야 하는지 제대로 안다면, 우리의 재능이 어떤 것이든 그것은 우리의 삶과 일을 온전하고 충만하게 할 것입니다. 우리가 이러한 한계를 지키지 못한다면 틀에 박힌 일만 하다가 그 일에 매몰되고 말거나, 아니면 목표의식도 없이 이리저리 헤매기만 할 것입니다. 우리는 한 가지 일에 고착되어서도 안 되고 지향 없이 헤매서도 안 됩니다. 우리는 우리가 선택한 방향으로 꾸준하게 걸어가야 합니다. 우리의 모든 활동을 서로 연결시켜주며, 또 그 모두가 우리의 삶과 연결되도록 하는 나이탈림은 우리가 이루려고 하는 평화와 조화를 이루도록 도와줄 것입니다.

사회의 평등과 진정한 공동체

나이탈림은 특별한 종류의 교육에 붙인 이름입니다. '새롭다'는 뜻의 단어 '나이Nai'는 우리가 '낡은' 교육 관행에 들어 있는 좋지 못한 특성을 '새롭고' 좋은 특성으로 바꾸길 원한다는 것을 뜻하기도 합니다. 하지만 실제로 이 말은 그보다 훨씬 더 많은 것을 의미합니다. 여기서 '낡은' 교육이란 유구한 교육 전통을 뜻하는 것이 아니라, 영국인들이 들어온 이후에 도입된 교육 관행을 말하는 것입니다. 그 교육에는 많은 문제점이 있습니다. 그러나 지금 이 자리에서 그 교육의 장단점을 일일이 주워섬기지는 않을 것입니다. 다만 여기서는 그 교육이 사실상 전혀 교육이라는 이름에 값하지 못한다는 점만 말하겠습니다. 교육의 틀 자체가 어떤 바람직한 사회 질서를 지향하고 만들어진 것이 아니기 때문입니다. 이러한 사회적 목표가 결여된 교육 체계는 특정 목적을 이루는 데는 쓸모가 있을지 모르지만, 교육이라는 이름을 내걸기에는 알맞지 않습니다.

영국인들이 인도에 들어와서 새로 그들만의 정권을 세웠을 때, 우리 사회는 전반에 걸쳐 질서가 없었습니다. 모든 마을에서 사회 질서가 무너지고 있었고, 산산조각 나는 중이었거나 이미 그렇게 된 상태였습니다. 가촉민과 불가촉천민 사이에 차별이 있는 한 촌락 사회가 발전할 수 없습니다. 카스트 제도가 사람들을 갈라놓고 있는 상황에서 통합된 사회는 형성될 수 없습니다. 사람들이 '고귀하다'든가 '천하다'는 개념을 인정하는 경우에도 사회는 통합될 수 없습니다.

우리가 조화로운 일체를 이루는 사회의 모습은 오직 그람단 운동에서만 볼 수 있습니다. 대체로 그람단은 하나 이상의 여러 계급이 공존하는 경우라 할지라도, 비슷한 사회적 전망을 갖고 있는 마을에서 가장 쉽게 받아들여집니다. 그람단의 기본이념이 마을 전체를 한 가족으로 여겨야 한다는 것이기 때문입니다. 만약 여러 개의 카스트가 모여 가족을 구성한다는 개념이 힌두 정신에 위배된다고 여기는 사람들이라면 어떻게 이 점을 받아들일 수 있을까요? 지금 저는 마을 전체를 하나의 연대 가족으로 볼 수 있지만 때로는 그 연대 가족도 분리하는 것이 필요한 때가 있다고 주장하는 사람들을 염두에 두고 이런 말을 하는 것은 아닙니다. 그런 사람들에게는 진정한 번영은 일치단결함으로써 생겨나며, 사적인 이익 때문에 일어난 분열은 그런 의미에서 잘못된 것이라고 설명해줌으로써 그런 논리에 반박할 수 있습니다. 그러나 그들이 '연대 가족 마을'이라는 개념 자체를 기본적으로 비힌두적이라고 여긴다면, 먼저 계급 장벽이 그릇된 것이라는 점을 확실히 인식시킨 뒤에야 그람단의 경제적인 측면에 대해서 말할 수 있을 것입니다.

그람단은 마을 자체의 사회 질서가 생기기 시작한 곳에서만 가능합니다. 서로 다른 계급으로 분열되어 있는 사람들을 단지 모아 놓는다고 해서 진정한 사회가 되는 것은 아닙니다. 단지 함께 산다고 해서 공동체가 되는 것은 아닙니다. 그리고 공동체 사회가 존재하지 않는 곳에서 그 말에 담긴 사회적 의의를 완전하게 실현하는 교육은 있을 수 없습니다. 몇몇 학교나 다른 곳에서 문법을 가르칠 수는 있겠지만, 그것은 또 다른 문제입니다. 진정으로 활기 넘치는 교육, 다시 말해서 삶의 온갖 다양한 관심사를 아우르는 민중 문화의 성장은 조화롭게 융화된 사회에서만 이루어질 수 있습니다.

지난 이삼백 년간 인도에서는 이러한 종류의 사회를 전혀 찾아볼 수 없었습니다. 그렇기 때문에 진정한 교육을 해보려는 어떤 시도도 '새로울' 수밖에 없습니다. 그것은 완전히 새로운 출발이어야 합니다. 나이탈림의 목표 가운데 하나는 나이탈림이 실시되는 마을에서 이와 같은 융화를 이끌어내는 것이며, 이러한 사회를 건설하는 데 있습니다. 오늘날 우리 마을은 가난한 자와 부자, 주인과 하인, 브라만과 브라만이 아닌 사람, 불가촉천민과 가촉민 등 생각할 수 있는 모든 유형으로 분열되어 있습니다. 이 모든 틈새와 장벽, 차별과 간극을 없애려는 것이 나이탈림의 의도입니다. 일을 하면서 자꾸자꾸 문제를 일으킵시다. 그리고 그렇게 해야만 합니다. 저로서는 사람들이 나이탈림이 좋다고 말하는 것을 들으면 놀라울 뿐입니다. 그러면서도 저는 그 사람들이 나이탈림이 무엇인지를 제대로 이해하지 못하고 있다는 생각을 합니다.

아이들에게 사람들의 임금이 그 사람이 가진 '자격증'에 의해서 결정되어서는 안 된다고 가르쳐야 합니다. 임금은 당사자 개인이 필요로 하는 음식이나 생필품의 양에 따라서 정해져야 합니다. 그리고 이러한 필요는 사람마다 그렇게 차이가 많이 나지 않기 때문에 임금에 큰 차이가 있어서도 안 됩니다. 그렇게 되면 학생들은 교장 선생님의 월급은 얼마이며 선생님들의 월급은 얼마인지 알려고 들 것입니다. 그렇다면 우리는 대답을 해줘야 합니다. 그렇게 해서 우리의 학교에서는 모든 임금이 엇비슷하게 되어야 합니다. 그러면 학생들은 국가 업무에 매겨져 있는 '등급'이 정당한가를 물어올 것이고, 우리는 "아니, 그건 옳지 않단다."라고 말해야 합니다. "그런데 왜 그렇게 되어 있나요?" "지금 당장에는 우리가 그것을 바꿀 수 없기 때문이란다."

그러나 우리가 어떤 식으로 설명하든 학생들은, 불평등을 받아들이는 사람들은 자신에 대한 도덕적인 권위가 없다고 느낄 것이 틀림없습니다. 불평등을 참고 견디는 것과 이것을 사회 구조의 일부분으로 간주하는 것은 다른 문제입니다. 불평등에 토대를 두고 있는 정부에 대해 학생들이 반항과 위협의 요인이 되는 것 말고 다른 길이 무엇이 있겠습니까? 그런데도 정부는 불평등이 존재하는 교육을 원하고 있습니다! 정부가 기존의 악을 바로잡도록, 우리가 말하는 불평등을 없애는 교육을 시작하는 경우에만 비로소 올바른 교육이 자리 잡을 수 있습니다. 그러나 이러한 공동체적 이상을 받아들이지 않는 사람들은 온 힘을 다해 나이탈림에 반대할 것입니다.

우리는 또한 일정 정도의 육체노동이나 농사일을 하지 않고 밥을 먹는 것은 잘못된 것이라는 점을 가르칠 것입니다. 이것을 비윤리적이라고 생각하는 사람들이 어떻게 손발을 움직여 일을 하고 이 생각을 받아들일 수 있겠습니까? 만약 그러한 계급이 존재한다면, 그들 또한 우리의 교육을 반대할 것입니다. 아이들은 모든 사람이 땅을 소유하고 또 그 땅을 경작할 권리가 있다고 배울 것입니다. 그러나 마을에는 땅 주인들이 있습니다. 이러한 사회적 서열은 나이탈림에 따르면 모두 옳지 않은 것입니다. 만약 현 사회가 나이탈림에 동의한다 하더라도, 그렇게 되면 지금의 사회가 마감될 것이라는 점을 명확하게 알고 동의해야 한다는 사실을 깨달아야 합니다.

학생들의 눈에 스승은 최고의 권위자인데, 그 스승이 마을 사람들 사이의 불평등은 그릇된 것이라고 말했다고 합시다. 학생들은 이렇게 대답할 것입니다. "잘 알겠습니다. 그런데 왜 스승님과 저희가 함께 불평등을 없애려고 애쓰지 않는 것입니까? 선생님께서는 저희한테 수학을 가르치시느라 시간을 허비하실 겁니까? 아니면 먼저 불평등이라는 문제를 풀고 나서 다른 일을 하시겠습니까?"

이 말은 나이탈림의 교사들은 마을에 있는 불평등한 요소들을 없애는 것을 자신의 업무 가운데 하나로 여겨야 한다는 뜻입니다. 세계 여러 나라에서 혁명을 이끈 사람들도 교사였습니다. 마을의 현실을 바꾸고 개혁하며 사회·경제적 평등을 확립하는 것은 나이탈림의 고유 업무입니다. 우리는 마을의 산업, 공평한 토지분배, 계급과 분파주의 장벽 철폐, 삶을 위한 교육을 포함하는 네 가지 프로그램을 갖고 있습니다. 이것이 바로 나이탈림입니다. 이 네 가지는 제각각의 항목이 아니라 하나의 통합된 프로그램입니다. 물론 명확하게 생각하고 설명하기 위해서 이 항목들을 구분할 수 있지만 실천 속에서 그것은 하나가 되어야 합니다.

카렐카Kaka Saheb Karelka, 간디의 철학과 방법론을 따랐던 인도 독립운동가이자 사회개혁가, 언론인 어른께서 정부기관을 무너뜨리는 것이 비노바의 임무이며 나이탈림이 그 도구라고 말씀하시곤 했습니다. 어른께서는 이 문제를 아주 참신하게 표현하셨을 뿐 아니라, 그 말에는 의미심장한 뜻이 담겨 있습니다. 벌레는 자기를 키워준 나무를 갉아먹습니다. 모름지기 생겨난 것은 그것을 생겨나게 해준 것을 먹어치웁니다. 그런 이치로 만약 현 정부기관이 나이탈림을 생겨나게 했다면 정부는 나이탈림에 의해 종식되어야 할 것입니다. 여러분을 낳아준 것을 없애는 것은 가벼운 문제가 아닙니다. 그렇지만 그렇게 해야만 사회가 평온합니다. 우리의 통치자들이 이 점을 이해하고 나아가 그것에 동의한다면 모두가 기뻐할 일입니다. 정부만이 아니라 국민의회에서도 사회 질서를 총체적으로 바꾸려는 계획에서 생겨난 나이탈림에 호의적인 결의를 내렸습니다. 이는 마치 그들이 의도적으로 우리한테 "우리는 우리를 무너뜨리려고 당신들이 생겨나게 했다."고 말하는 것 같습니다.

나이탈림은 적극적인 노작 활동을 통해서 지식을 주고자 애쓰려

하며 그렇게 구성되어 있습니다. 우리는 이것을 새로운 교육이라고 부릅니다. 진정 새로운 사회를 만들어가는 것을 목표로 하기 때문입니다. 새로운 사회가 만들어진 다음에도 나이탈림은 새로운 삶을 지향하고 개혁을 해나갈 것입니다. 자꾸 개혁되고 또 개선되어야만 나이탈림도 '좋은' 교육이라고 부를 수 있을 것입니다. 그렇게 나이탈림의 질은 꾸준히 개선될 것이고 계속해서 새로운 실험이 이뤄질 것입니다. 그러나 저는 이런 유형의 교육이 낡은 교육에 몇 가지 개혁을 도입하는 것만으로는 이뤄질 수 없다고 봅니다. 이것은 새로운 사회 질서를 만들기 위한 새로운 교육입니다. 그리고 그 속에는 개선의 여지가 무한히 있습니다.

나이탈림 학교들은 부단과 '삼파티단Sampatti-dan, 재산헌납 운동' 등의 이념들과 '사르보다야', 공산주의 원칙, 그리고 다른 사회·경제 철학에 대해서 철저하게 공부하고 토론해야 합니다. 우리는 마을공동체가 이뤄지길 바라는 교사와 학생들로 구성된 작은 사회를 만들어야 합니다. 학교 사회는 다가올 마을에 대한 모범이 되어야 합니다. 열에서 스무 명의 식솔들을 거느린 다섯에서 열 분의 좋은 선생님들이 있다고 가정해봅시다. 그렇게 되면 아이들은 오륙십, 혹은 팔십 명이 있을 것이고 모두 백여 명의 사람들이 있게 될 것입니다. 우리는 그 사람들에게 일할 연장과 작물을 기를 땅, 그리고 필요한 모든 책과 장비들을 주면서 "스스로의 힘으로 일해서 생계도 꾸리고 동시에 공부도 하십시오."라고 말합니다. 만약 그들이 생활비를 벌어야 하기 때문에 가르칠 수 없다고 말한다면 그 사람들은 나이탈림의 기본도 모르고 있는 것입니다.

이 모든 일이 무척 어렵다는 것은 의심할 필요가 없습니다. 이것이 어려운 까닭은 우리 스스로가 이와 같은 발상이 낯선 계층 출신이기 때문입니다. 그런데 실제 우리 계층은 얼마나 작습니까! 사회는 전체적으로 노동자들의 사회입니다. 그리고 결국 교사들은 이렇게 일하는 사람들의 사회에서 나와야 합니다. 우리는 그들이 좀 더 많은 학식과 교양을 갖게 해야 할 것입니다. 그러나 그와 같은 노동자들을 교사로 훈련시킬 수 있을 때까지 우리는 훌륭한 교육제도를 가질 수 없을 것입니다. 그때까지는 우리처럼 옛날 교육을 받았지만 새로운 것을 갈망하는 사람들을 통해서 교육이 행해져야 할 것입니다.

사람들이 우리한테 나이탈림의 모델을 보여달라고 요청하면, 우리가 진정한 나이탈림을 보여주기에는 부적합하다고 말해야 합니다. 우리는 신의 은총으로 그것이 어떤 것이어야 하는지를 상상할 수는 있지만, 그것을 세울 자격은 없습니다. 우리가 가르치는 학생들은 우리보다는 더 나은 일꾼이 되고, 실제 일을 하는 과정에서도 더 유능한 일꾼이 되고, 또 더욱 출중한 성품을 지니게 될 것입니다. 현재 우리가 받는 교육의 결과 중 하나는 우리가 우리의 것이 아니라 다른 사람의 눈으로 사물을 본다는 것입니다. 그처럼 보잘것없는 지식을 갖고 있으면서 '비드반Vidvan, 박사'이라고 불립니다. 그러나 지식은 직접적인 행동, 직접적인 경험을 의미합니다. 이러한 종류의 지식은 우리에게 없습니다. 우리는 건실한 삶을 살고 있지 못합니다. 그리고 그런 까닭에 우리의 배움은 우리에게 힘도 생기도 주지 못하는 것입니다. 이것이 우리가 나이탈림에 접근하고, 통합적인 방식으로 나이탈림을 위한 계획을 세우기 위해 가져야 하는 관점입니다.

03

거듭나는 교육

교육은 늘 거듭나야 한다

어린이 교육은 아주 상서로운 일입니다. 세바그람에서 하는 교육을 나이탈림, 즉 새로운 교육이라고 합니다만, 저는 '니트야 나이탈림Nitya Nai Talim'이라고 부르고 싶습니다. '늘 새로운 교육'이란 뜻입니다. 제 말은 교육은 강물과 같아야 한다는 뜻입니다. 오늘 흐르는 물은 어제의 물이 아니며 이 물은 내일이면 없을 것입니다. 강은 언제나 흐르지만 그 물은 결코 같은 물이 아닙니다. 마찬가지로 교육 또한 나날이 스쳐 지나가는 삶의 내용과 함께 끊임없이 변해야 합니다.

사람들은 교육을 하기 위해서 늘 고정된 틀을 만들어냅니다. 그러나 틀에 박힌 교육은 이미 못쓰게 된 것입니다. 저는 인생을 살아가면서 그 누구에게도 절대로 그러한 틀을 제시하지 않기로 마음먹었습니다. 새로운 경험은 날마다 생겨나므로, 우리는 우리의 삶을 언제나 새로운 조건들에 적응시켜갈 힘을 지니고 있어야 합니다.

또 마을마다 사정이 다르기 때문에 교육을 위한 계획을 세울 때도 그 차이점을 고려해야 합니다. 강마을에서 하는 교육과 산마을에서 하는 교육 그리고 숲속마을에서 하는 교육은 각기 형태가 달라야 합니다. 조건에 따라서 다른 모습을 지녀야 한다는 말입니다. 모든 곳에서 일괄적으로 똑같은 틀을 고수하면서 똑같은 교과서를 쓸 수는 없는 노릇입니다. 나라 전체가 단 한 권의 교과서로만 공부한다면 지역의 특색과 다양성에는 아무런 관심도 기울일 수 없고, 결과적으로 아이들의 흥미를 일깨우지 못할 것이며, 각 마을에 긴요한 필수 항목들을 담아내지도 못할 것입니다.

아이들 교육은 상황에 따라 적절하게 이뤄져야 합니다. 게으른 아이가 있다면 열심히 살아갈 생각이 들게 하는 문장을 가르쳐야 합니다. 사소한 일에도 놀라는 아이가 있다면, 그 아이는 두려움을 극복하는 데 도움이 될 만한 글을 배워야 합니다. 이런 식으로 아이들은 가르칠 수 있는 자연스러운 기회가 생기는 대로 가르쳐야지, 진공 상태에서 가르쳐서는 안 됩니다. 예를 들어 물레는 느릿느릿 돌리지만 올이 끊기지 않고 고운 실을 자아내는 아이가 있을 수 있습니다. 반면에 물레는 좀 빨리 돌리지만 실이 자꾸만 끊어지는 아이도 있을 것이고요. 이때 그 아이들에게 토끼와 거북이 이야기를 들려주면 참 좋을 것입니다. 그렇게 해서 인내의 미덕을 배우도록 도와주는 것이지요.

어떤 분들은 기초교육 학교에서는 읽기와 쓰기를 전혀 가르치지 않는다고 생각하는 것 같습니다. 저희 학교에서라면 처음부터 학생들에게 "사티얌 와다, 다르맘 차라satyam vada, dharmam chara", 즉 "진리만을 말하고 올바르게 실천하라."라는 글귀로 시작하는 《우파니샤드》를 가르치겠습니다. 듣기로는 산스크리트어 교재 가운데는 의자, 탁자, 시장市場에 대한 수업 내용이 있다고 하더군요. 이것들은 모두 무의미합니다. 수업 첫날부터 아이들이 《우파니샤드》에 나오는 이야기를 듣고 가장 아름다운 문장들을 암송하게 가르쳐야 합니다. 어떤 사람들은 아이들에게 무엇을 외우게 하는 것은 잘못이라고 합니다. 그러나 러스킨은 다섯 살 때 성경을 모두 외웠고, 그의 전 생애는 성경의 영향 아래 이루어진 것입니다. 우리의 현대 학교들에서 아이들은 까마귀나 참새 따위에 대한 이야기 말고는 아무것도 배우지 않습니다.

책을 통해서 가르치는 것이 쉽다고 생각하는 사람들은 잘못 알고 있는 것입니다. 한 가지 예로 수학 교육을 살펴봅시다. 아이들은 둘에 셋을 더하면 다섯이 된다는 것을 이해하지 못합니다. 그래야 하는 까닭이 무엇입니까? 둘은 둘이고 셋은 셋일 뿐입니다. 다릅니다. 섞이지 않지요. 그러나 아이들은 망고 두 개와 망고 세 개를 더하면 다섯 개가 된다는 것은 아주 쉽게 이해합니다. 그런데 사람들은 실제 일을 통해서 가르치는 것이 대단히 어렵다고 합니다. 사실을 말하자면 오늘날 유행하고 있는 방법으로 아이들을 가르치는 것이 훨씬 더 어렵습니다. 그러한 방법들은 말하자면 인간과 자연 사이에 장막을 쳐놓은 뒤 '군마steed'를 '말horse'이라고 설명하는 꼴입니다. 그런데 말을 본 적이 없는 아이들이 그 표현을 이해할 수 있을까요? 그렇게 가르쳐서는 아이들이 실체the thing를 아는 데 도움이 되지 않습니다. 단지 동의어만 알려줄 뿐이지요. 사람들이 단지 언어만을 보고 실상을 보지 않는다면 그들의 '지식'은 단지 환영일 뿐입니다.

여러분은 책을 통해서 배우는 것이 쉬운 방법이라고 느낄지도 모르겠습니다. 왜냐하면 여러분이 18년 혹은 20년을 그러한 방법으로 배웠고 전문가가 되어 있기 때문입니다. 그렇지만 그러한 방법으로 배운다는 건 정말이지 쉬운 일이 아닙니다.

나이탈림은 책을 거부하는 것이 아니라 그 용도에 따라 적절하게 이용하도록 합니다. 우리의 학교에도 책이 필요합니다. 그러나 우리가 갖고 있는 책들은 종류가 매우 다양해야 하며, 책을 고를 때는 각 마을의 특성이 잘 고려되어야 합니다. 우리의 책은 각 마을의 독특한 취향을 담아내야 합니다. 세바그람에 있는 학교에 알맞은 역사책은 그 학교가 있는 곳의 역사를 담고 있는 책입니다. 어떻게 해서 그곳에 마을이 들어섰는지에 대한 설명이 있어야 하며, 그 마을에 사는 어른들의 기억을 담고 있어야 합니다. 세바그람 마을이라면 지리 또한 세바그람에서 출발해야 할 것입니다. 우리가 살고 있는 마을은 우리 세계의 중심입니다. 우리가 그곳에 살고 있으며 또 세상은 우리 주변에 있기 때문이지요. 지리 교육은 그러한 바탕에서 이뤄져야 할 것입니다.

우리는 지속적으로 새로운 경험을 하고 또 새로운 실험을 할 것입니다. 우리는 새로운 경험을 접할 때마다, 이전의 경험을 바탕으로 세운 것이 무엇이든 그것을 해체하고 새로운 삶의 진실을 세워야 합니다. 이렇게 우리는 짓고 해체하는 과정을 계속해갈 것입니다.

누가 저한테 어린이 교육의 지도 원칙을 가장 간명하게 요약하라고 한다면 "가르치는 사람이 어린이가 되고 배우는 사람이 어른이 되어야 한다."고 말할 것입니다. 교사가 어린이가 되지 않는다면 그 사람은 가르치고 있는 것이 아니며, 어린이가 성장하지 않으면 그 아이는 배우는 것이 아닙니다. 우리는 이 원칙을 따라야 합니다.

우리가 아이들과 하는 일 모두가 일상생활과 긴밀하게 연결되어야 하고, 우리가 하는 모든 일에 대해서 그것을 왜 하는지 그 까닭을 설명해주어야 합니다. 어떤 사람이 아프면 우리는 그 원인이 무엇인지 알고 싶어 합니다. 어떤 사람은 병이 낫고 어떤 사람은 죽습니다. 또 아이가 태어납니다. 올바르게 이해되기만 하면 모든 일이 공부의 수단이 될 수 있습니다. 이런 식으로 세상을 보고, 사방천지가 깨달음으로 넘쳐나고 있다는 것을 자각하면 사람이 어떻게 무지할 수 있겠습니까? 밥을 짓고 야채를 써는 등 부엌에서 하는 일에서도 지식을 얻을 수 있습니다. 우리는 야채를 다듬고 썰기에 알맞은 방법, 그리고 일의 선후를 잘 알아야만 합니다. 또 요리를 할 때는 땔감이 적게 들고 연기가 나지 않도록 불을 지피는 방법도 배워야 합니다. 밥을 먹으려 할 때에도 무엇을 먹고 또 밥은 몇 차례 먹어야 하는지 배워야 합니다.

우리가 살아가면서 하는 모든 행위에는 배움의 재료들이 가득 차 있습니다. 예를 들어 우리는 날마다 기도를 합니다. 이때 그 기도문은 어린이가 알아들을 수 있는 말, 즉 모국어여야 합니다. 코란을 아랍어로 독송하면 특별한 힘이 생겨나는데 마라티어인도 마하라슈트라 주의 공용어로 읽는 경우 그 힘이 사라져버리기라도 하는 것처럼 행동해서는 안 됩니다. 이는 《베다》에 나오는 진언이나 다른 기도문에 대해서도 마찬가지입니다. 어머니가 쓰는 말로 독송하는 경우에만 아이들은 기도를 이해할 수 있습니다. 뜻도 모르는 채 형식만을 되풀이하는 기도는 아무런 가치가 없습니다.

아이들은 무엇을 배워야 하는가

나이탈림의 교과과정에 어떤 지식 항목들이 들어가야 하고 또 어떤 항목들이 제외되어야 하는가에 대한 규정은 없습니다. 모든 종류의 지식이 포함될 수 있습니다. 다만 한 가지 조건은 있습니다. 그 조건은 우리에게 매우 도전적인 것입니다. 우리가 오늘 음식을 먹는 것은 오늘의 배고픔을 달래기 위해서지, 열흘 앞을 대비하기 위한 것은 아닙니다. 이와 마찬가지로 아이들도 지금 당장에 필요한 삶의 욕구들을 만족시키는 데 필요한 지식을 배워야 합니다. 이것이 지식을 습득할 때 지켜야 할 원칙입니다. 이를 지키지 않으면 그것은 탐욕이라는 모습을 띠고 말 것이며, 아마 다음 둘 중 한 가지 일이 일어날 것입니다. 하나는 아이가 과도한 지식의 부담을 지기 거부하고 내팽개쳐버리는 것입니다. 또 하나는 억지로 그 부담을 떠안고 가는 상황으로, 설사 그렇더라도 아이의 지적 능력에 너무나 큰 압박이 가해져서 아이의 인격 성장이 멎어버리는 결과를 낳게 될 것입니다.

우리의 교과과정을 교과목 중심으로 살펴보자면 지리, 역사, 수학, 기하학 등 끝이 없을 것이고 그렇게 할 가치도 없습니다. 그렇게 하는 대신 언어능력과 이성, 지성과 신체, 감각기관의 발달과 개발이라는 관점에서 생각합시다.

고대 사상가들은 다섯 가지 원소를 알고 있었습니다. 기본 원소에 대한 현대의 발견도 이 다섯 원소가 근거 없는 것이라고 단언하지는 못했습니다. 우리가 다섯 가지 감각을 갖고 있는 한 세상에 대한 이해도 본질상 다섯 겹의 층위를 아우르는 이해일 수밖에 없습니다. 요점은 우리가 교과목이나 책을 중심에 놓는 것이 아니라 아이들과의 관계를 중심에 놓고 생각해야 한다는 것입니다. 우리가 할 일은 이런 식으로 아이들의 이성과 지성을 함양시키는 것입니다.

아이들은 먹고 마시며, 때로 아프기도 합니다. 그러니 아이들에게 필요한 것이 먹고 마시는 것, 아프고 건강한 것에 대한 과학 지식이라는 것은 분명합니다.

우리 아이들이 우유 가공 공장에서 일하거나 우유를 마시는 경우, 우유에 관한 모든 것을 배울 필요와 욕구를 갖게 됩니다. 또한 아이들은 말을 또렷또렷하게 잘하는 방법을 배워야 합니다. 실생활에 긴요한 산수 공부를 해야 한다는 것에 대해 의문을 가질 사람은 아무도 없을 것입니다. 사회에서 스스로 올바르게 행동하는 방법을 모르는 사람은 사람이라기보다 짐승으로 간주해야 합니다. 그래서 윤리도덕과 종교적 의무에 대해 가르쳐야 합니다.

역사에 대해 말한다면, 세바그람에 살고 있는 아이들은 적어도 키

소렐랄 마슈루왈라Kishorelal G. Mashruwala, 간디 사상의 권위자에 대해서는 어느 정도 알아야 합니다. 아이들이 로마의 황제들에 대해서 알 필요는 없습니다. 대신 와르다Wardha 지역의 경우 고푸리Gopuri에 있는 피혁 공장과 다타푸르Dattapur에서 나병환자들이 치료받고 있는 방식 등 사르보다야의 면면을 구성하는 기관들의 역사와 그 의의에 대해 알아야 합니다. 그렇다고 시간과 장소 면에서 나이탈림과 관계가 먼 지식들은 나이탈림에 포함되지 않는다는 뜻은 아닙니다. 물론 그런 것들 또한 포함될 수 있겠지만 어디까지나 꼭 필요할 때 그리고 상황에 따라 적절하게 포함될 것입니다.

우리는 '나이탈림', 즉 새로운 교육을 말하곤 하지만, 사실 새로운 것은 아무것도 없습니다. 정신의 가장 높은 단계에 도달한 사람들은 앎과 무지 둘 다를 귀중하게 여겼고 둘 다를 위한 자리를 남겨두었습니다. 그리고 그렇게 해서 '참나'에 이른 겁니다. 이것이 나이탈림의 주장입니다.

무덤에서 요람까지 계속해서 가르칠 필요도 없습니다. 오늘 필요한 지식을 가르치십시오. 또한 여러분의 학생이 장차 쓰일 지식을 스스로의 힘으로 배울 역량을 갖게 하고, 자신 안에 내재해 있는 힘을 잘 쓰게 하십시오.

이상이 우리의 세 가지 교육 계획입니다. 이 세 가지는 다음과 같습니다. 하나, 지역에 대한 지식, 둘, 지식을 얻는 힘, 셋, '참나'에 대한 깨달음. 이와 같은 총체적인 접근은 이주 새로운 시도입니다. 어떻게 이런 계획이 오늘날의 무기력한 교육 방법들과 함께할 수 있겠습니까?

아이들 삶에 필요한 세 가지

아주 어린 아이들의 경우 한 과목만으로는 충분하지 않습니다. 마찬가지로 여러 과목으로 부담을 주는 것도 쓸모없습니다. 사실 아이들에겐 오로지 하나의 목표, 즉 삶의 발현이 있을 뿐입니다. 여기에는 세 가지 측면이 있습니다. 말과 몸, 그리고 정신이 그것입니다.

하나, 말을 잘하도록 훈련시키기 위해서는 아름다운 찬가나 시를 아주 유창하고 또렷한 발음으로 암송하게 하십시오. 아이들이 그 글의 뜻에 대해서는 전반적으로만 알게 하십시오. 또렷하고 정확하며 진실한 말을 하는 연습을 하게 하십시오.

둘, 몸을 위해서는 탁 트인 곳에서 수공예 작업을 하게 하십시오. 하루를 통째로 쓸 수 있게 다양한 종류의 작업 계획을 짜십시오. 또한 놀이와 아주 좋은 음식, 규칙적인 일과표와 계절의 추이에 따른 시간표, 자연 요법에 대한 지식과 훈련이 포함되어야 할 것입니다.

셋, 정신을 위해서는 다른 사람들을 대하는 행동 방식, 모든 사람들에게 도움을 줄 수 있는 방법, 감각기관들을 통제하는 방식, 다시 말해 우리 자신이 우리가 지닌 몸뚱이 이상의 것이라는 진리에 대한 지식을 갖추도록 해야 합니다. 자연 환경과 사회 환경에 익숙해지고 친숙해지는 것도 꼭 필요합니다.

간단히 말하자면 이것이 교육의 틀입니다. 아이들에게 교육과 삶은 서로 긴밀하게 연계되어 있어야 합니다.

아이들이 제대로 갖춰야 하는 가장 중요한 세 가지 기능은, 한 가지 언어에 대한 진정으로 훌륭한 지식, 어떤 일을 하는 데 있어서 실제로 필요한 것들을 정확하게 계산해내는 능력, 그리고 한 가지 수공 기술을 제대로 익히는 것입니다.

수공 작업을 통해서 배운다는 것은 지식과 기술이 함께 어우러져야 한다는 뜻입니다. 사람들은 어떻게 이렇게 할 수 있는지 의아해하고 또 혼란스러워합니다. 그러나 걱정할 것 없습니다. 산더미처럼 책을 쌓아둘 필요도 없습니다. 그러나 어떤 책 한 권에 우리 사회 전체가 담겨 있다고 칠 때, 그 책이 수공 기술과 무슨 연관이 있는가 하고 묻는 것은 어머니가 아이와 무슨 상관이 있느냐고 묻는 것과 다를 바 없습니다. 지식은 결코 모호하고 불완전하거나 미숙한 것이어서는 안 됩니다. 그리고 실천과 하나 된 지식은 불완전할 수 없습니다.

인격 형성이 곧 교육이다

옛날 교육 방식은 지식을 가장 중요하게 생각하는데, 나이탈림은 일을 가장 중요하게 생각한다는 말을 가끔 듣습니다. 그러나 이것은 잘못된 분석입니다. 옛날 방식이 지식 중심이었다고 하는 것이나 나이탈림이 일 중심이라고 하는 것이나 모두 틀린 말입니다. 어떤 사람은 옛날 방식은 책 중심이고 나이탈림은 수공 기술 중심이라고 말합니다. 이 또한 불충분한 말입니다. 우리의 목표는 개인의 기술 역량을 발전시키는 것이 아니며, 교양 있는 노동자를 배출하는 것도 아닙니다. 우리가 목표로 하는 것은 한 인간의 잠재능력을 완전하게 성장시키는 것입니다. 만약 사람들이 '약간의 지식'이나 '약간의 손재주', 혹은 둘 다를 갖춘다 하더라도 이들이 받은 교육은 단편적인 것일 뿐입니다. 손재주나 지식은 단지 인간의 여러 가지 역량 중 두 가지일 뿐인 데 반해 우리가 교육에서 기대하는 것은 전인적全人的 성숙이기 때문입니다.

우리는 역사와 수학, 지리 등 학교에서 가르치는 과목을 정밀하게 검토해서 적절한 기술과 통합시켜야 한다고 말합니다. 수학이 생활에 유용하다는 것은 의심의 여지가 없습니다. 기술이 필요하다는 것 또한 명백합니다. 그러나 그것만으로는 충분하지 않습니다. 교육의 주요 목적은 인격 도야이고, 기술이나 다른 모든 것들은 그 목적을 달성하기 위해서 계획되어야 합니다.

학교 시간표를 교과 구분에 기초해서 짜는 것은 잘못입니다. 기술이 없다면 인성을 개발하는 것도 그것을 검증하는 것도 불가능합니다. 그렇기 때문에 기술은 필수적인 것이며 그것을 통해서 체화된 자립정신은 그 자체로 인격의 일부입니다. 생각을 정확하게 표현하는 능력이 없다면 진리가 온전하게 보존될 수 없습니다. 그렇기 때문에 언어 훈련은 인격 도야를 위한 훈련의 일부로 간주되어야 합니다. 그러나 교육적인 관점에서 보면 이런 것들은 그 자체만으로는 아무런 독자적인 가치를 갖지 못합니다.

우리는 아이들한테 실 잣는 법을 가르치고 그것을 통해서 지식을 전해준다는 말도 합니다. 그렇지만 그것은 우리가 하는 일 가운데 아주 작은 부분일 뿐입니다. 이 활동이 아이들의 인성에 내적인 성장을 가져왔는가를 따져봐야 합니다. 아이들이 게으름을 벗어나 부지런해졌는가, 아이들이 그 기술에 대해 어느 정도라도 감을 익혔는가, 아이들의 두려움이 많이 없어졌는가, 아이들이 좀 더 진실해지고 자신을 잘 조절하게 되었는가와 다른 사람을 잘 돌보는가를 살펴봐야 할 것입니다. 우리는 이 모든 것들을 관심을 갖고 지켜봐야 합니다.

제가 보기에 시험 시간이야말로 낡은 교육제도의 가장 빼놓을 수 없는 장면인 듯합니다. 시험을 칠 때면 아이들이 다른 학생의 답을 베껴 쓰는 일이 없도록 감시하기 위해서 감독관이 들어갑니다. 이것은 아주 가슴 아픈 광경입니다. 만약 다른 사람의 답안을 베껴 쓸 수도 있다는 의심을 받는다면 학생으로서 이미 낙제생이기 때문입니다. 그런 상황에서 시험을 보아 검증할 것이 무엇이 남아 있겠습니까?

애초에 일을 도모할 때부터 이 모든 것들에 대해 주의를 기울이지 않으면, 나이탈림은 옛 교육제도와 똑같은 실패를 겪을 것이며 인성개발에 적절한 역점을 두지도 못할 것입니다. 실을 몇 타래나 자았는지 묻는 데 그치지 말도록 합시다. 그보다 우리는 아이들이 어떤 식으로든 인간적 성숙을 보여주는가, 그렇지 않은가를 알아내야 합니다.

가르치는 방법에 대하여

흙과 항아리가 하나입니까, 둘입니까? 만약 '둘'이라고 대답한다면 저한테 흙을 주고 항아리는 가져가 보십시오. 만약 '하나'라고 한다면, 자, 여기 흙 한 무더기가 있으니 이걸 가져가서 물을 길어와 보십시오. 흙과 항아리의 이와 같은 관계를 '통합'이라는 뜻으로 '사마바야samavaya'라고 합니다. 저는 나이탈림의 교육 체계에 '통합의 원리'라는 뜻으로 사마바야라는 이름을 붙였습니다. 나이탈림의 교육 체계에는 일과 공부가 흙과 항아리처럼 아주 긴밀하게 통합되어 있기 때문입니다.

어린이 교육 전체가 몇 가지 기본적인 기술을 바탕으로 해서 이뤄지도록 합시다. 그 기술은 배움에 열기를 더해줄 것이고 배움 또한 그 기술을 빛나게 할 것입니다. 이것이 통합적인 교육 방법이라고 부르는 것의 요체입니다.

산업 기술 교육은 사뭇 다릅니다. 그것은 단지 기술만을 가르칠 뿐입니다. 그것은 흙더미에 지나지 않습니다. 책을 통한 교육 또한 사뭇 다릅니다. 그 속에는 단지 지식만이 있을 뿐입니다. 그것은 그림 속 항아리에 지나지 않습니다. 그림을 들여다볼 수는 있지만 그 안에 물을 담을 수는 없습니다.

현재 유행하고 있는 교육 체계는 인간의 수많은 능력 가운데 유독 한 가지, 즉 지적 능력만을 중요하게 생각합니다. 그러면서도 지적 능력을 계발시키기보다는 도리어 파괴하기 일쑤입니다. 저는 그것을 '어중간한 방법'이라고 부릅니다. 이러한 교육 체계는 기껏해야 지성을 파괴하거나, 아니면 그 방법에 얽매이는 사람들의 말대로 한다면 단지 '지식'만을 제공하기 때문입니다. 이 체계는 오류가 많습니다. 교육적인 원칙의 관점에서 볼 때 가장 중대한 오류는 그렇게 제공된 지식이 그것을 가르치는 지역의 환경과는 아무런 관련이 없고, 억지로 주입해야 하는 것들이라는 것입니다. 그래서 아무도 제대로 기억하지 못할 뿐만 아니라, 삶의 필요에 부응하기는커녕 엄청난 무용지물을 양산하는 결과를 낳습니다.

또 다른 체계가 있는데, 저는 그것을 '부록 법'이라고 부릅니다. 이 체계에서 기술이 차지하는 자리는 책에 붙어 있는 부록의 위치나 다를 바 없습니다. 사족에 지나지 않는 것으로, 그조차도 가벼운 취미나 시간 때우기 정도로 간주되며, 기껏 장식적 가치나 있을 뿐입니다. 여기서 기술은 단지 보이기 위해서나 배우는 수고를 덜어주기 위해 이용될 뿐입니다.

셋째로 '등분 법'이 있습니다. 기술과 지식에 똑같은 중요성을 부여하고, 또 같은 양의 시간을 할당하려는 노력이죠. 그러나 진흙과 물이 있다고 항아리가 되는 것은 아닙니다. 오직 옹기장이의 솜씨가 더해질 때에만 항아리가 만들어집니다. 이 '등분 법'에 따라 배운 학생은 아무런 만족도 느끼지 못합니다. 그렇게 되면 그 학생은 학문을 익히는 데 썼어야 할 시간을 기술을 익히느라고 낭비했다고 느낄 것이고, 기술을 배우는 시간이 되면 마지못해 하거나 아니면 강압에 못 이겨 일할 것입니다. 이 방법에서는 기술이 교육의 일부이자 하나의 장으로 여겨지지 않는 까닭에 단지 생계 수단으로만 여겨질 수 있으며 그 교육 가치는 아주 보잘것없습니다. 그래서 학생들이 기술을 배운다 할지라도 정작 별반 흥미를 느끼지 못합니다. 게다가 시간표상에서도 기술과 지식은 아무런 연관이 없이 진행됩니다. 시간표상에는 '샤쿤탈라Sakuntala, 《마하바라타》에 등장하는 바라타 왕의 어머니이자, 고대 인도의 시인 칼리다사Kalidasa가 지은 희곡 《아비즈나나샤쿤탈람*Abhijñānaśākuntalam*》의 여주인공' 이야기와 아프리카 지리가 포함되어 있습니다. 하지만 정작 목공작업장에 필요한 것은 목재산업과 관련된 지리입니다. 이런 식으로 하나의 수업이 다른 수업에 아무런 도움을 주지 못하고 있습니다.

교육학에는 이 세 가지 말고 또 다른 방법, 즉 '프로젝트 방법'이 있습니다. 이 방법은 통합교육, '일하며 배우기'의 원칙을 받아들입니다. 그렇지만 노작은 단지 제2의 위치를 차지하고 있을 뿐입니다. 배워야 할 것이 있으면 그것을 가르치기 위해 적절한 프로젝트가 세워집니다. 그러다 보니 결국 부자연스러워집니다.

통합적인 교육 방법은 삶에 아주 긴밀하게 연결되어 있으면서도 다양한 기술을 교육 매개체로 삼습니다. 이 기술은 교육을 위한 도구일 뿐만 아니라 그것의 보이지 않는 일부분이기도 합니다. 그러한 기술을 통해서 세 가지 목표를 이룰 수 있습니다. 하나, 아이들이 타고난 능력을 전면적으로 계발시킵니다. 둘, 삶에 유용한 다양한 지식을 가르칩니다. 셋, 아이들이 자신의 생계에 도움이 될 수 있는 기술을 습득합니다. 이러한 목표들이 성취되는가를 알아볼 수 있는 작지만 중요한 시금석은 이 기술을 이용해 교육비의 일부를 감당할 수 있는가 하는 것입니다.

이 통합적인 방법은 지금 유행하고 있는 다른 방법들과 다르며, 말하자면 지금까지 우리의 경험이 나은 최종 결실이기도 합니다.

앞에서 기초 수공 기술은 그 자체의 폭과 다면적인 특성을 보고 골라야 한다고 말했습니다. 제 생각에는, 오늘날 인도에서 실잣기는 전체 학교의 80퍼센트 정도에 아주 적절한 기술이 될 것입니다. 저는 지금 일곱 살짜리 아이들을 염두에 두고 말하는 것입니다.

일과 공부에 관한 몇 가지 오해

나이탈림이 불러일으킨 기대는 아직 충족되지 않았으며 학생과 교사 모두가 만족하지 못하고 있다는 점은 확실합니다. 이른바 '기초에만 매달리는' 학교들은 완전히 인간도 아니고 완전한 짐승도 아닌 나라심하Narasimha, 힌두교의 신 비슈누의 화신인 반인반수半人半獸와 같습니다. 하지만 그 전에 나이탈림이 무엇인지를 확실하게 알아야만 합니다.

사람들은 흔히 아이들이 어떤 기술을 배우거나 실잣기를 어느 정도 할 줄 알게 되면 나이탈림을 체현한 것처럼 생각합니다. 어떤 사람들은 나이탈림이 지식을 등한시한다고 생각합니다. 그도 아니면 일과 공부를 연결함으로써 나이탈림을 실현할 수 있지만 그것이 어떻게 연결되어야 하는지, 예를 들어 자연스럽게 해야 하는지 아니면 그러지 않아도 되는지 등의 문제는 중요하지 않다고 생각하는 것 같습니다. 실은 이 세 가지 생각 모두 나이탈림을 오해하고 있는 것입니다.

학생들에게 일을 좀 시킨다고 해서 나이탈림이 실현되는 것은 아닙니다. 아이들이 기술을 습득해서 마치 물고기가 물을 찾듯 자연스럽게 그것을 받아들여야 한다는 것은 맞습니다. 아이들은 자신이 배운 기술을 가지고 하루 네 시간을 일해서 날마다 먹을 양식을 마련할 수 있다는 자신감을 가져야 합니다. 그들한테 수박 겉핥기식으로 실을 잣고 천을 짜는 방법을 가르쳐주는 것만으로는 충분하지 않습니다. 어떤 교사의 경우 자기는 선생인데 꼭 이런 기술을 숙련할 필요가 있느냐고 반문합니다. 그러나 어머니가 아이에게 먹는 방법을 가르치고 나서, "이제 먹는 법을 알았는데, 더 이상 음식에 대해 알아야 할 필요가 어디 있겠니?"라는 식으로 말하지는 않습니다. 먹는 법을 배웠다고 해서 문제가 해결된 것은 아닙니다. 인간이라면 날마다 음식을 먹어야 합니다. 인간에게 먹을 음식이 날마다 필요한 것처럼, 하루 네 시간 일하기도 나이탈림 교사들과 학생들의 삶의 일부가 되어야 합니다. 심지어 마을 목수나 농사꾼들이 배우러 올 정도로 기술에 정통해 있어야 합니다. 자신들이 쓰는 연장을 늘 잘 손질해둘 수 있어야 합니다. 최고의 농사꾼이 되어야만 합니다. 지금 농촌산업은 쇠퇴하고 있습니다. 나이탈림을 통해서 활력을 되찾아야 합니다.

나이탈림에서 책이 가장 중요한 것은 아니라고 하니까 사람들이 나이탈림 학교의 학생들은 지식이 부족할 것이라고 생각하거나, 그게 아니면 필요한 지식은 무엇이나 그럭저럭 주워듣게 되리라고 추측합니다. 그것은 착각입니다. 나이탈림은 삶의 기반이 되는 모든 것에 대해서 완전한 지식을 줄 수 있어야 합니다. 무용지물일 뿐인 중대한 역사의 장면들이나 역대 왕들의 목록을 외울 필요는 전혀 없습니다. 그것은 아이들의 정신에 쓸모없는 짐을 얹어놓는 꼴이 될 것입니다. 그 대신에 근본 사상들은 반드시 알아야 합니다. 우리는 그것 때문에 살고 또 자라는 것입니다. 철학, 종교, 윤리에 대한 일정 정도의 지식은 필수입니다. 아이들은 또한 우리 고유의 사회와 다른 사회들을 구분 짓는 특징들에 대해서도 어느 정도 알아야 합니다. 그리고 학문의 기본 개념들도 알아야 합니다. 보건, 영양, 위생, 요리 등의 법칙들도 숙지하고 있어야 합니다. 나이탈림에서는 이와 같은 여러 가지 지식 분야와 적절한 방식으로 자신의 생각을 표현할 수 있는 능력, 즉 언어에 정통하게 해야 합니다. 글씨는 바르고 아름다워야 하며, 문학적 소양도 지니고 있어야 합니다. 이렇게 나이탈림에서 지식은 결코 불완전해서도 안 되고, 또한 부적절해서도 안 됩니다.

우리 대학생들의 머리는 엄청난 양의 공허하고 쓸모없는 정보들로 꽉 차 있습니다. 그리고 33퍼센트만 기억하면 시험에 통과할 수 있습니다. 그 말은 달리하면 나머지 67퍼센트는 잊어버려도 된다는 말이기도 합니다. 그러나 진정한 앎은 100퍼센트를 기억해야 합니다. 제대로 된 차파티를 30퍼센트만 만들 수 있는 요리사를 누가 고용하겠습니까? 어중간하게 알아서는 안 됩니다. 완전하게 아는 것이 아니라면 아무것도 모르는 것이나 마찬가지입니다. 진정한 앎이라면 그러해야 합니다. 사람이 80퍼센트는 살고, 20퍼센트는 죽을 수 없습니다. 살아 있는 사람이라면 전부가 살아 있는 것이고, 죽었다면 전부가 죽은 것이지요. 온전한 앎에 '어쩌면'이나 '혹시나' 하는 애매함이 들어설 여지는 없습니다. 그것은 완전하고 확실해야 하며, 아무런 의구심도 없어야 합니다. 대학교수들은 67퍼센트는 잊어버려도 된다고 인정합니다. 그것은 그들이 가르치는 것이 쓸모없는 것이라는 것을 알고 있기 때문입니다. 나이탈림에 그러한 종류의 무절제가 끼어들 자리는 없습니다. 가르치는 것은 무엇이나 온전하게 기억할 만한 것일 겁니다. 그리고 학생들은 그것을 기억할 것입니다. 그것이 삶에 유용하기 때문입니다. 인간은 한 번 온전히 알면 잊어버리지 않습니다. 잊힌 것들은 온전한 앎이 아닙니다. 나이탈림에서 우리는 잊히지 않을 것들을 가르치고 있으며, 나이탈림의 열매는 '교양 있고 현명한 사람'입니다.

자, 이제 지식 혹은 공부와 일을 연계시키는 문제를 생각해봅시다. 이 둘은 아주 밀접하게 융합되어 있어서 분리할 수 없지만, 그렇다고 해서 이 둘이 똑같다고 말할 수는 없습니다. 각각의 요소들을 떼어낼 수도 없고 동일하지도 않습니다. 우리의 교육 방법에서는 지식과 기능이 이런 종류의 관계를 맺고 있기 때문에 "지식이 제공되었다."라거나 "일이 끝났다."라고 말할 수 없습니다. 우리는 일과 공부를 구분하지 않습니다. 무엇을 배우고 있는 중이라면 일하는 과정 또한 진행되고 있는 것이지요. 일과 공부는 너무나 긴밀하게 연결되어 있어서, 이 둘을 연결하는 문제는 애초에 존재하지 않으며, 이질적인 것에서 지식을 가지고 들어오는 문제도 생겨나지 않습니다. 지식은 수공 기술을 통해 진전되고 또 그 기술은 지식을 통해서 진전됩니다. 나이탈림은 지식의 조각을 일의 조각에 땜질해 붙이는 일은 하지 않습니다. 나이탈림에서 공부와 일은 유기적인 통일체입니다.

작업장 학교

우리는 몇 가지 유용한 수공 기술을 나이탈림의 핵심으로 삼고, 또 그것들을 교육 매개체로 활용하려고 노력하는 중입니다. 이렇게 하려는 시도를 여러 번 보았지만 저는 솔직히 어느 것에도 별반 만족하지 못했습니다. 그렇다고 해서 일하는 사람들을 나무라지는 말아야 합니다. 이념 자체가 아주 생소하고 또 모두가 자신이 할 수 있는 만큼은 하고 있기 때문입니다. 뛰어난 재능이 있는 사람이 그 일을 맡는다면 쓸모 있는 작업이 이뤄지고 또 그에 상응하는 결과도 얻을 수 있게 됩니다. 새로운 이념은 그런 식으로 진전해가는 것입니다.

지금 저는 어린이 교육에 대해 말하는 것이 아닙니다. 청소년들을 가르치는 새로운 방법에 대해 생각하고 있는 중입니다. 저는 또 청소년들을 '교육시키는' 것이 아니라, 그들에게 일급日給을 주는 것과 관련해서 이야기를 해보고 싶습니다. 저는 일자리가 없는 아이들에게 일을 제공하고, 일을 시작한 첫날부터 급료를 줄 것입니다. 그렇지만 그들이 일을 하는 시간 중 한 시간을 따로 내서 그들에게 삶의 조건이나 환경에 대해서 이야기할 것입니다. 저는 아이들이 자신들이 하는 일에서 보이는 진전을 주시하게 할 것이고, 그들의 건강을 돌볼 것입니다. 제가 작업장을 열었다고 말할 수도 있을 것입니다. 그렇지만 이렇게 함으로써 저는 지금 행해지고 있는 것보다 나은 방식으로 나이탈림을 증명할 수 있습니다.

제가 그저 이론만 늘어놓고 있는 것은 아닙니다. 파우나Pauna, 비노바 바베가 살았던 마을에서 저는 열넷에서 열여덟 살 사이의 학생들과 같이 있었는데, 그들은 돈을 벌기 위해서 하루 여덟 시간 동안 일을 했습니다. 그곳에는 방직 공장이 있었습니다. 저는 그곳에 가서 그 아이들과 한두 시간 정도 함께 보내곤 했습니다. 저는 무엇보다도 먼저 그 아이들의 수입을 늘릴 방법을 고민했습니다. 학생들은 오른손으로 물레를 돌려 실을 잣고 있었습니다. 저는 그 아이들에게 왼손으로 물레를 돌리는 연습을 석 달 동안 시켰고, 그 다음에는 양손으로 번갈아가며 일하게 했습니다.

학생들이 자아낸 실타래는 고르지 않았습니다. 어떤 것은 거칠고 어떤 것은 고르고 가지런했습니다. 그러면 감정사는 일부러 가장 거친 실타래를 택해서 전체 분량에 대한 급료를 산정하곤 했습니다. 저는 아이들에게 이런 식으로 했을 때 손해보는 돈의 액수가 얼마나 되는지를 셈하는 법을 가르쳐주었습니다. 아이들은 실 한 타래를 잣는 데 필요한 640바퀴를 정확하게 세지 않았고, 그 결과 한 타래당

40에서 50바퀴 분량의 실에 대한 돈을 손해보고 있었습니다. 저는 그들에게 제대로 세는 법을 가르쳤습니다. 그들은 또 꾸준하게 일하지 않았고, 실을 잣는 동안에 얘기를 하는 버릇이 있었습니다. 저는 실험을 해보임으로써 그런 식으로 일할 때 작업 효율이 얼마나 떨어지는지를 보여주었습니다. 저는 그들에게 일정 시간 동안 조용히 일해야 한다는 말도 해주었습니다. 그 결과 실타래의 양도 늘었고 급료도 늘어났습니다.

이 일이 있은 뒤에 저는 아이들이 일곱 시간은 일하고 한 시간은 토론을 하게 했습니다. 그 다음에 수영과 놀이, 산책, 《바가바드기타》 수업을 시작했고, 축제와 휴일의 의미에 대해서 이야기해주었습니다. 이런 방식으로 그들은 급료도 늘리고 교육도 받았습니다.

당시 그들은 단지 청소년에 지나지 않았지만 지금은 책임감 있는 시민이 되었습니다. 그들은 자기가 입을 옷을 만들기 위해서 스스로 실을 잣고 있습니다. 그리고 마을 단위의 조직인 '판차야트panchayat'에서 책임을 다해 일을 합니다. 또 파우나의 공동체 사업에도 참여하고 있습니다. 마을 청소 프로그램도 계획하고 있습니다. 이 모든 것이 그 작업장에서 생겨났습니다.

하지만 그 작업장은 오래가지 못했습니다. 제가 감옥에 갔기 때문입니다. 그 뒤에 작업장은 문을 닫았습니다. 비록 '작업장'이라는 이름을 갖고 있었지만, 지속되었다면 그것은 아주 성공적인 나이탈림의 예가 되었을 것입니다.

수공 기술을 교육 프로그램으로 선택한 학교들에서 쓸 만한 성과가 많이 이뤄진 것 같지는 않습니다. 그 학교들은 노동과 지식을 조금씩 연계해 놓습니다. 하지만 그것은 단지 유희에 지나지 않으며 전혀 진지하지 못합니다. 그보다는 작업장이 훨씬 낫지 않습니까? 돈을 벌기 위해서 일하는 것은 아주 신중해야 할 문제입니다. 일하는 사람은 자신이 일을 배우지 않으면 자신에게 아무런 이익도 없다는 것을 알고 있습니다. 그러나 학교의 교육 분위기는 단지 시늉에 지나지 않는 것 같습니다.

먼저 작업장을 마련하여 그곳에서 청소년들에게 나이탈림을 행하는 것이 훨씬 나을 것입니다. 단, 작업장의 통솔자는 일급 교사, 그러니까 뼛속까지 교사여야 한다는 것이 유일한 조건이 될 것입니다. 그런 사람이라면 자연스러운 조건 속에서 일을 할 것이고 또 그러면서 자신의 작업장을 교육의 장으로 만들어갈 것입니다.

기초 수공예 교육의 교육 원리

상호 연관된, 혹은 통합적인 교육 방법의 목적은 수공 기술을 익히면서 지식을 전수하는 것입니다. 학생들은 또한 신체 발달도 도모해야 합니다. 하나의 기술을 집중적으로 꾸준히 익히거나 활용하면서 하는 신체의 움직임은, 적절하게 운용한다면 신체생리학적인 관점에서 보더라도 10분 동안 격렬한 '근력 운동'을 하는 것만큼 가치가 있을 것입니다.

이렇게 한다는 것은 교사가 늘 깨어 있어야 함을 뜻합니다. 그 일에 적절한 관심을 쏟지 않으면 신체를 발달시킬 수 있는 기술이라 할지라도 쓸모없거나 심지어 해로운 것이 되고 마는 수가 있습니다. 《리그베다 *Rig-Veda*》에 나오는 '목수의 등'을 예로 들어봅시다. 상당히 많은 목수들의 등은 젊어서부터 활처럼 굽어 있습니다. 그리고 수천 년을 살아오면서도 우리는 아직 그 병폐를 극복하지 못했습니다. 목수 일은 아주 소중한 신체 운동이지만 하루 종일 일을 하느라고 허리를 굽히는 습관 때문에 그 가치가 제대로 실현되지 못합니다. 목수가 하는 일의 상당량이 몸을 굽히지 않고도 할 수 있는 것이지만, 그러한 측면에 대해서는 아무런 관심도 기울이지 않았던 것입니다.

앉은 자세로 일정 시간 동안 일한 뒤에는 서서 일을 해야 합니다. 앉는 자세도 때때로 바꿔줘야 합니다. 양손을 번갈아 쓰는 기술도 익혀야 합니다. 학생들이 얼마 동안 교실에서 공부나 일을 한 뒤에는 밖으로 나가서 들이나 텃밭에서 일하게 해야 합니다. 눈을 아주 가까이 대고 해야 하는 일과 먼 곳을 보며 하는 일을 번갈아가며 해야 합니다. 잠시 노래를 불렀다면 그 다음에는 일정한 시간 동안 완전히 침묵하게 해야 합니다. 간단히 말하자면, 하고 있는 일을 망치는 게 아니라면 어떤 것이든 다양한 시도를 해봐야 합니다. 예를 들어, 아이들이라면 타클리 앞에 앉아서 30분 정도 실을 잣고, 그 뒤 6~10분 정도는 선 자세로 실을 감으면 됩니다. 모든 기술들에 대체로 같은 원칙이 적용됩니다. 물론 일 혹은 기술이 신체 발달을 저해하지 않고 도와준다는 사실을 확실히 알아야 하겠지요. 교사는 아이들의 자세에 세심한 관심을 기울이면서, 일을 하는 각각의 과정에서 그리고 다른 모든 활동을 하면서 아이들이 올바른 자세를 갖도록 해야 합니다.

어린 학생들이 이따금씩 자세를 바꾸게 하는 것이 담당 교사의 역할이듯, 그 아이들이 일을 하는 동안에 연습을 통해서 일정 시간 동안 한 자세를 유지하는 능력을 갖게 하는 것 또한 담당 교사가 할 일입니다. 그 시간은 조금씩 늘려가야 합니다. 아주 어린 아이가 타클리 앞에 앉을 때면 대략 15분마다 손을 바꾸거나 자세를 바꾸게 해도 됩니다. 그러나 그렇다 할지라도 일주일에 하루는 30분 혹은 40분 동안 한쪽 손만으로 물레질을 하거나 똑같은 자세로 일을 하는 연습을 시켜야 합니다. 이와 같은 지속적인 적용 능력이 없다면 노작에 대한 우리의 믿음은 공허한 것이 될 것입니다. 오늘날 교육을 받았다고 하는 사람들에게는 어떤 일에 자신을 적용시키는 역량, 일을 꾸준히 잘해내는 능력이 거의 없는 것 같습니다. 우리는 이러한 결점을 보완해야 합니다. 마지막에는 여러 주에 걸쳐서 하루 여덟 시간을 꾸준히 일할 수 있게 하는 것입니다. 학생들이 한 걸음 한 걸음씩 이 수준에 이르도록 훈련을 시켜야 합니다.

산 속에서 시작되어 흐르는 강물은 상류에서는 요란스럽게 요동치며 흘러내립니다. 그러나 바다에 가까이 가면서 점차 고요해집니다. 이와 마찬가지로 기술 교육은 타클리 사용법을 가르치는 초기 단계에 제시되었던 다양한 방법들로 시작해야 합니다. 그러나 시간이 지날수록 배운 기술을 꾸준하게 적용시키는 능력을 갖추어야 하겠지요.

될 수 있는 한 원자재 손실을 적게 하는 것도 중요합니다. 비록 자투리에 지나지 않을지라도 쓸모 있게 쓸 방도를 찾아야 합니다. 우리는 세계에서 아주 가난한 나라 중 하나인데도 절약할 줄 모르고, 낭비를 근심하지도 않습니다. 예를 들어 우리는 사람의 똥과 같은 아주 귀중한 거름을 아무 생각 없이 내버리고 그렇게 해서 질병을 퍼뜨립니다. 죽은 동물들을 처리하는 일에 대해서도 마찬가지로 별 생각이 없습니다. 라임을 먹고 난 뒤에 귀한 껍질을 버립니다. 이런 식으로 낭비를 하는 예는 헤아릴 수 없이 많습니다. 우리는 이 문제를 똑바로 마주하고 다양한 측면에서 풀어내야 합니다. 목화에서 빼낸 씨앗을 버리지 마십시오. 소면기 아래에 깐 멍석에 떨어진 실보무라지를 모아서는 거친 실을 자아낼 수 있습니다. 초보자들이 물레 일을 하면서 떨어져 나온 실로는 바늘겨레나 다른 것들을 만들 수 있습니다.

어떤 사람들은 어린아이들이 어떻게 아름답고 쓸모 있는 물건을 만들 수 있겠느냐고 묻습니다. 그러나 제대로만 가르친다면 충분히 가능합니다. 아이들이 아주 깨끗한 일급 실을 자아낼 능력이 있다는 사실이 실제로도 확인되었습니다. 아이들은 타고난 모방 충동이 있으며, 아름다움도 쉽게 모방합니다. 아버지의 접시에 있는 온전한 빵을 보고 자신의 접시에 있는 부스러기 빵에 만족할 아이는 없습니다. 비록 작은 것이라 할지라도, 어린아이는 온전한 빵을 원합니다. 아이들이 공리적으로 유용하다는 관념을 파악하는 것이 어렵지 않듯이, 아름다움이라는 관념을 이해하는 것도 그다지 어렵지 않습니다. 오히려 아이들이 만들어낸 물건의 아름다움을 10퍼센트 정도만 인정하고, 품질 차이가 좀 있다고 나머지 90퍼센트를 추한 물건으로 치부해버리는 우리 교사들의 나쁜 습관부터 뜯어고쳐야 할 것입니다. 아름답지 않은 것은 아무런 교육적 가치도 없습니다.

섬유의 올 길이가 똑같아야 한다는 점은 어른들보다 아이들이 훨씬 더 쉽게 이해합니다. 어른들은 올이 좀 길거나 짧거나 그게 무슨 문제가 되냐고 묻습니다. 어른들은 올의 길이를 모두 똑같이 하는 데 신경을 쓰다 보면 시간만 더 걸리고 아무런 득이 없을 것이라고 나름대로 논리를 내세웁니다. 어린이들을 가르치면서 태만하거나 부정확하게 해서는 안 됩니다. 차라리 일을 좀 더디 하더라도 아름답게 해야 합니다. 일을 잘해보려고 노력하다가 오히려 소출이 줄어들게 된다 한들 그건 손실이 아닙니다. 만약 게을러서 소출이 줄어들었다고 한다면, 그것은 말할 것도 없이 전혀 다른 문제입니다.

아이들이 함께 일하는 습관을 갖지 못한다면 교사들은 아무것도 이루지 못한 것입니다. 우리 사회에는 공동체 정신이 아주 빈약합니다. 위급한 상황을 제외하고, 우리는 가정이라는 울타리 바깥에서 진행되는 일에는 별다른 관심을 기울이지 않습니다. 일의 가장 중요한 역할은 바로 이 협동 정신을 일깨우는 것입니다. 한 아이가 소면梳綿을 할 수 없다면 다른 아이가 기꺼이 그 아이를 도와줄 수 있어야 합니다. 자신의 소면기에서 작업한 것보다 친구를 위해서 작업한 결과물이 훨씬 더 나은 것이 되게 해야 합니다.

아이들 모두가 자기가 일하면서 만들어낸 자투리들을 모으게 해야 합니다. 그런데 한두 아이가 그렇게 하지 못했다면 다른 아이들이 대신 그 일을 해줄 수 있어야 하지요. 모든 아이들이 물레에 쓸 동력 전달용 끈을 어떻게 만드는지 알아야 하고, 자신의 것은 스스로 만들어 써야 합니다. 그러나 만약 반 전체를 위해서, 혹은 다른 학생들을 위해서 여러 개의 끈이 필요하다면 기꺼이 그리고 아주 신경을 써서 그 끈을 만들 수 있어야 합니다.

학생들은 자신의 일하는 속도가 늘어가는 것뿐만이 아니라 학급 전체의 평균 작업 속도 증가에 흡족해하는 마음을 배워야 합니다. 개인의 성과만이 아니라 학급 전체의 성과도 기록되어야 하며, 학생들도 이 점에 관심을 갖도록 격려해야 합니다. 정상적으로 한다면, 각각의 아이가 만든 실의 품질을 제대로 시험하기 위해서는 따로따로 직조기에 들어가야 합니다. 그렇지만 때로는 한 반 아이들이 자아낸 실을 모두 모아서 일정한 길이의 천을 짜야 하는 경우가 있습니다. 그렇게 짠 천을 학교 전시회에 내걸면, 아이들은 "이 천은 우리 반 아이들이 자아낸 실로 만들었다."라고 하면서 자부심을 느낄 수 있을 것입니다. 그렇게 되면 아이들은 이 천의 품질의 좋고 나쁨이 반 전체의 자랑이거나 흠이라는 것을 깨닫게 될 것이고, 그로 인해 협동 정신이 강화될 것입니다.

교사는 학생이 실수를 하는 경우에도 한 아이만의 잘못으로 그렇게 되었다는 느낌을 갖지 않게 해야 합니다. "뭐? 아직도 실을 잣지 못하다니! 노력을 하지 않아서 그런 거야. 다른 아이들은 다들 잘하는데 부끄럽지도 않아?"라고 말하는 대신에, "네가 실을 잣는 일을 열심히 하지 않으면 어떻게 너희 반 아이들의 일이 잘 되어갈 수 있겠니? 반 전체가 일을 잘하려면 그 반 학생 모두가 최선을 다해야 하는 거란다."라고 말해야 합니다. 학생들에게 공동체 정신을 일깨우기 위해서는 이런저런 묘안들을 써야 합니다.

우리가 지식을 다양한 공정과 도구 혹은 다른 측면들과 통합시키는 문제만을 놓고 보면, 우리는 그 일의 자연스러운 경계 안에 머물러야 합니다. 하지만 우리 스스로가 그 경계 안에 갇혀서는 안 됩니다. 산꼭대기의 단단한 땅 위에 앉아 있으면 사방으로 펼쳐진 세상을 조망할 수 있는 것처럼, 하나의 기능을 확고한 발판으로 삼아 광대한 우주를 바라볼 수 있습니다. 이처럼 한 인간의 지식은 그가 갖고 있는 기능에 굳건히 뿌리박고 있지만 그것에만 제한되어 있지는 않습니다.

우리가 아이들에게 물레는 시계 방향으로 돌려야 한다는 것을 설명해야 하는 상황을 가정해봅시다. 아이들한테 바퀴를 돌리게 하고 그것이 도는 방향을 잘 살피게 하면 그것을 알게 됩니다. 그러나 아이들에게 이것 말고도 시계 방향 혹은 반시계 방향으로 회전하는 다른 많은 사물들의 예를 생각하게 해야 합니다. 여기 몇 가지 예가 있습니다.

(시계 방향)

1. 시계 바늘은 어느 쪽으로 도는가?
2. 우물의 양동이를 내릴 때 도르래는 어느 쪽으로 도는가?
3. 나사못을 박을 때는 어느 쪽으로 돌리는가?
4. 자물쇠를 잠글 때 열쇠는 어느 쪽으로 돌려야 하는가?
5. '아라티arati, 빛 공양' 의식을 행할 때 어느 쪽으로 도는가?
6. 사람들은 신전 주위를 돌 때 어느 쪽으로 도는가?
7. 목화씨를 뽑아낼 때 봉은 어느 쪽으로 도는가?
8. 수동 씨아목화의 씨를 빼는 기구의 손잡이는 어느 쪽으로 돌리는가?
9. 착유기는 어느 쪽으로 도는가?
10. 라두인도 전통 단과자의 모양을 낼 때 손을 어느 쪽으로 움직여 가는가?

(반시계 방향)

1. 우물의 양동이를 끌어올릴 때 도르래는 어느 쪽으로 도는가?

2. 나사못을 빼낼 때는 어느 쪽으로 돌리는가?

3. 자물쇠를 열 때는 어느 쪽으로 돌리는가?

4. 밀을 빻을 때 분쇄기는 어느 쪽으로 돌아가는가?

5. 북두칠성은 북극성을 중심으로 어느 쪽으로 도는가?

이 모든 의문들은 실제로 일을 하는 과정에서 증명되어야 하며, 이것들을 설명하려고 따로 시간을 내거나 해서는 안 됩니다. 이러한 가르침은 과학적이면서 동시에 시적인 목적을 갖고 있습니다. 말하자면, 이렇게 함으로써 일이나 기능 속에 담겨 있는 어떤 숨겨진 의의가 밝혀질 것이고, 이는 다시 우리의 지식을 넓고 깊게 해줄 뿐만 아니라 우리를 둘러싸고 있는 경이로운 우주 속에 사는 즐거움을 일깨워줍니다.

방적일은 잘하면서도 방적 공정을 말로 표현하지는 못하는 사람들도 있습니다. 어떤 관점에서 보면, 이는 일이 이뤄지는 공정 자체에 대한 이해가 불완전하기 때문이라고 말할 수 있습니다. 확실한 것은 그 사람들이 말하는 능력이 부족한 것은 아니라는 점입니다. 그보다는 그들의 정신이 일하는 손의 섬세하고 미묘한 움직임들을 완전히 파악하지 못했다고 봐야겠지요. 달리 말하면 그 사람들은 일을 할 수는 있지만 그것을 분석할 수는 없다는 것입니다. 대부분의 기능공이나 직공들이 이 부류에 속합니다. 그들한테 일이 진행되는 공정을 좀 가르쳐 달라고 요청하면 그들은 “나 하는 것을 잘 보세요.

그냥 이렇게 하면 됩니다."라고 말할 것이고, 당신은 '그냥 그렇게' 능력껏 무언가를 얻어내야 할 것입니다.

이런 문제는 바뀌어야 합니다. 머리와 손발이 하나가 되어서 말이 나오는 것입니다. 그렇기 때문에 일은 잘해내지만 그 일의 전 과정을 말로 잘 설명해내지 못하는 사람은 그 기능을 완전히 꿰고 있다고 할 수 없습니다. 여기서 '말'이라는 것은 '정확하고 뚜렷한 말'을 뜻합니다. 예를 들어서 많은 사람들이 곧추 세워져 있는 연필이 '곧다'고 하고, 다른 각도에서 보아 비스듬히 있는 것은 '기울었다'고 말할 것입니다. 실제 연필은 두 위치 모두에서 곧습니다. 아주 최근에 우리 교육부에서 교사들을 대상으로 발행한 책에는 "어떤 학년의 아이들에게 덧셈을 가르칠 때 숫자는 50을 넘어서는 안 된다."는 문장이 나와 있습니다. 이 말은 "덧셈을 가르칠 때 이용하는 숫자들은 그 합이 50 이상이어서는 안 된다."라고 썼어야 옳았을 겁니다. 글을 쓰거나 말을 했는데 어떤 식으로든 모호한 구석이 있으면, 그것은 '바른말'이라고 할 수 없습니다.

모든 교과는 모국어 공부의 일환이며 그렇기 때문에 언어 수업에는 아주 특별한 관심을 기울여야 합니다. 제 생각에 언어는 완전한 기능 훈련에 없어서는 안 될 부분이며, 심지어 학교가 기술만을 가르친다 하더라도 결코 제외시켜서는 안 됩니다.

학생의 논리력과 추리력 계발 또한 기술 교육의 필수 부분을 이룹니다. 이들 능력에는 다음과 같은 것들이 포함됩니다.

1. 분석 : 주제나 사물을 그것의 구성 요소들로 나누어서 다양한 양상들을 구별하는 능력
2. 종합 : 분석의 반대. 한 주제나 사물의 다양한 부분들을 종합하는 능력
3. 적절한 단위나 덩어리로 분류·조직하는 능력
4. 다양한 사유 대상이나 주제들과 그 특질들을 비교하는 능력
5. 원인과 결과의 관계에 대한 평가
6. 감각적 지각 범주와 감각상의 착각의 범주를 인식하는 능력
7. 판단력, 불확실성 따져보기, 결론 도출

이와 같은 여러 가지 능력들을 사용하는 예를 들자면 많은 시간이 들 겁니다. 문제의 핵심은 탐구하고 연구하는 정신능력은 기술교육을 통해 발전의 기회를 찾아야 한다는 것입니다. 한 기술이 지닌 모든 잠재능력과 활기는 단지 "이것은 하고 저것은 하지 말라."는 식의 어수룩한 가르침으로는 실현될 수 없습니다. 왜 어떤 일은 하고 어떤 일은 하지 말아야 하는지를 모른다면, 그 사람은 눈을 감고 단순히 다른 사람의 지시만을 따라야 합니다. 그러한 방법은 아무런 진전도 이뤄낼 수 없습니다.

해야 할 일들과 하지 말아야 할 일들에 대해 그 까닭을 언제나 당장 그 자리에서 설명해야 하는 것은 아닙니다. 그 까닭은 편리한 대로 미리 혹은 일이 끝난 뒤, 아니면 중간중간에 밝혀도 됩니다. 저는 단지 까닭을 밝혀야 한다는 사실을 강조하고 싶을 뿐입니다. 가르치는 방법에 대해 말하자면, 학생들이 스스로 질문을 만들어 그것을 교사에게 가져오게 하는 것이어야 합니다. 그러나 필요한 경우 교

사 또한 질문을 하고, 그것을 학생들과 함께 토론해야 합니다. 우리는 심지어 아주 당연히 여겨지는 것들에 대해서도 질문을 해야 합니다. 예를 들어 "물레의 바퀴는 왜 네모가 아닌가?"라고 질문할 수 있습니다. 일반적으로 누군가가 그런 질문을 하면 사람들은 그 사람을 바보라고 할 것입니다. 그렇지만 저라면 그 사람을 매우 똑똑한 사람이라고 하겠습니다. 우리들 자신도 이와 같은 질문을 할 줄 알아야 하고, 학생들이 아주 이성적인 방식으로 토론을 거쳐 해답을 얻어내게 해야 합니다.

일을 하는 것과, 일에 대한 신념·경외감·애정은 전혀 별개의 것입니다. 인류의 대부분이 육체노동을 합니다. 그리고 많은 사람들이 기회만 된다면 힘든 일은 하지 않으려고 할 것입니다. 어떤 사람들은 일을 기피하는 데 성공했습니다. 달리 말하면, 그 사람들은 자기의 짐을 다른 사람들 어깨에 지워놓고 존경받는 대상이 되었습니다. 이것이 제국주의, 자본주의, 전쟁, 그리고 고귀한 사람과 비천한 사람들 간의 사회적 분열의 근원입니다. 이에 대한 유일한 치유책은 몸을 써서 일하지 않고 밥을 먹는 것은 사회와 자기 자신에게 죄악임을 느끼게 하는 것입니다.

현재의 사회 분위기는 아이가 학교에 다니기 시작하자마자 소똥 줍는 일을 못하게 하는 지경이 되었습니다. 바로 그런 아이들이 우유는 잘 마십니다. 아이들이 우리 식으로 교육을 받으면 소똥 줍는 일을 즐거워할 뿐만 아니라, 소똥을 줍지 않으면서 우유 마시는 것을 꺼림칙하게 여길 것입니다. 이런 일이 일어나게 해야 합니다.

이는 교사가 학생들과 어울려서 육체노동을 같이 해야 한다는 말입니다. 학교에서 한 일의 성과는 그 학교의 것이어야 합니다. 그러나 이와 더불어 제자들은 자기들의 선생님과 가족이, 마을에 사는 여느 노동자들과 같이 여가 시간이나 휴일에도 열심히 일하는 것을 보고 자라야 합니다. 선생님과 제자들은 도움이 필요한 경우 마을 청소를 비롯하여 다른 공익 봉사에도 참여해야 합니다. 그 밖에도 선생님들은 일상적으로 학생들과 함께 학교를 쓸고 청소하며, 소똥으로 안뜰 벽을 바르는 일 등을 해야 합니다. 이른바 '천한' 일들을 아이들한테 떠맡겨서는 안 됩니다. 선생님들이 솔선해서 그런 일들을 하고, 또 아이들도 참여하게 해야 합니다. 이렇게 하지 않으면 아이들은 육체노동을 영예롭게 생각하거나 즐기지 못할 것입니다.

차르카힌디어로 '물레'라는 말는 육체노동을 뜻하며, 육체노동은 '아힘사ahimsa, 불살생不殺生, 비폭력을 뜻함'의 실천입니다.

교육의 수단과 목적엔 거짓이 없어야

가금류나 물고기를 기르는 일을 학교에 도입할 수 있는가, 하는 문제를 생각해볼까요? 이는 인도가 아닌 세상 어느 나라에서도 생겨나지 않을 문제제기입니다. 물론 그것은 나쁜 운명 탓이 아니라 우리 문화의 역사 때문이지요.

비폭력을 지지하는 사람들은 이 문제를 두 가지 다른 방식으로 받아들입니다. 둘 다 비폭력을 따르지만 결론은 다릅니다. 제가 한 가지 사례를 말해보겠습니다. 카카사헵Kakasaheb은 저만큼이나 전적으로 비폭력을 추종합니다. 제가 그러는 것처럼 그분이 고기를 먹는 것은 생각할 수도 없습니다. 그분이 물고기 양식에 대한 글을 하나 썼는데 다음과 같습니다. "고기잡이는 굉장한 교육적 가치를 지녔으며, 기초 기술로 선정하고 배워도 좋을 일이다." 고기잡이가 우리가 정한 기초 기술의 기준에 부합하고, 또 다른 기능들과 마찬가지로 일반적인 지식의 기초가 될 수 있다는 점에서는 저도 생각이 같습니다. 어떤 사람들은 현재는 아주 잔인한 방법으로 고기잡이를 하지만, 장차 생물들이 고통을 되도록 적게 받도록 과학적인 방법을 써서 고기잡이를 할 수 있다고 말할 수도 있을 겁니다. 그러한 조건들이 마련되어 있다면 아이들에게 그 일을 가르치는 데 무슨 해가 있겠습니까?

그런데 제 입장에서 보면 고기잡이를 아이들을 가르치는 교육 수단으로 삼는 것은 마땅치 않습니다. 그렇게 하려면, 먼저 아이들에게 낚싯바늘 만드는 법을 가르치고, 그 다음에 어떤 고기를 써서 어떻게 미끼를 마련하며 그것으로 어떻게 물고기를 유인하는지 등을 가르쳐야 하겠지요. 사실 저는 아이들한테 어떻게 하면 물고기를 속일 수 있는지를 보여줘야 합니다. 우리는 물고기한테 '자, 여기 너희들이 먹을 것이 있다.'고 보여준 다음, 그 가련한 것들이 먹이를 먹으려 다가오면 낚싯대를 잡아챈 뒤 손으로 잡아서 가져갑니다. 이 일에는 상당한 거짓과 폭력이 담겨 있습니다.

저는 이 일을 할 수 없습니다. 그리고 아이들을 가르치기 위한 목적으로 이 일을 이용할 엄두를 내지 못합니다. 제가 어떻게 참된 인간성에 이런 속임수와 기만이 들어 있다고 아이들에게 가르칠 수 있겠습니까? 그게 아니면, 인간에 해당하는 진리와 다른 생명체들에 해당하는 진리에 차별을 두어야 한다는 말입니까? 물론 저는 어떤 상황에서는 폭력을 용인할 수밖에 없다는 생각을 하기도 합니다. 그렇지만 절대로 거짓을 받아들일 수는 없습니다. 혹 속임수를 쓰지 않고 또 고통을 주지도 않으면서 물고기를 잡는 방법을 가르쳐줄 사람도 있을 겁니다. 그러나 그렇다손 치더라도 이런 종류의 일을 아이들 교육에 포함시키는 게 옳다는 것에는 동의할 수 없습니다. 물고기들의 느낌은 아주 확실하게 볼 수 있습니다. 제가 무엇을 주면 물고기들은 그것을 먹으려고 순식간에 몰려듭니다. 제가 겁을 주면 물고기들은 금세 달아납니다. 사실 물고기들은 제가 자기들에게 갖는 호의나 악의를 알고 있습니다. 저는 이런 상황에서 이처럼 저와 감정을 공유할 수 있는 생명체들을 죽이는 방법을 아이들에게 어떻게 가르쳐야 할지 모르겠습니다.

어떤 사람이 저한테 통합교육이 무엇을 의미하는지 물었습니다. 저는 그것이 일과 공부를 함께 하는 것이라고 말해주었습니다. 그가 이렇게 말하더군요. "정말이지 그게 다라면 학생들을 핵폭탄 공장에서 일하게 할 수도 있겠군요. 학생들은 일을 할 것이고 일을 하면서 교육을 받을 것입니다. 일과 교육이 통합되어 있으니까요. 동의하십니까?" 제가 대답했지요. "전혀 그렇지 않습니다. 핵폭탄 제조 공장에서도 일과 공부를 함께 할 수 있을 것입니다. 그러나 저라면 아이들을 그곳에 보내지 않겠습니다. 왜냐하면 사르보다야 원칙이 무시되고 있기 때문입니다. 그런 종류의 일은 나이탈림에는 맞지 않습니다." 그가 말을 이었습니다. "그렇다면 사마바야의 뜻은 일과 공부가 분리된 상황은 극복되어야 하며, 목적과 수단 모두가 순수한 것이어야 한다는 것이군요." 이 말을 듣고 저는 아주 기뻤습니다. 제가 전적으로 동의하는 말이었으니까요. 통합교육을 해가면서 우리는 수단과 목적 모두에 거짓이 없도록 주의를 기울여야 합니다.

어떤 사람들은 우리가 쓰는 것 같은 작고 단순한 연장들로 무슨 쓸 만한 물건을 만들어낼 수 있겠느냐고 묻습니다. 저는 이렇게 말해줍니다. "먼저 인도의 현실을 보십시오. 우리가 얼마나 가난한지요. 그런 다음에 그런 질문을 하세요. 우리가 하는 모든 일은 이 땅의 가난한 사람들을 위한 것입니다. 시골 사람들은 너무나 가난해서 자식들을 학교에 보내지도 못합니다. 그 아이들이 집에 있으면 가족의 짐을 약간은 덜어줄 수 있는데 학교에 다니면 아무것도 벌지 못합니다. 그러니까 우리는 그 아이들이 집에서 일을 하면서 학교에 다닐 수 있게 해주는 그런 방법을 찾아야 합니다."

우리의 학교는 가난한 사람들을 위해 헌신해야 합니다. 우리 모두 이 점을 명확하게 합시다. 우리가 그렇게 한다면, 우리가 다섯 시간을 가르쳐야 하는지 아니면 여섯 시간을 가르쳐야 하는지, 또 한 학기를 해야 하는지 두 학기를 해야 하는지 등의 문제들이 자연스럽게 풀릴 것입니다. 만약 가난한 사람들을 돕는 방식이 있다면 나이탈림 학교는 그 방법을 채택해야 합니다. 학교가 그 원칙에 따라 운영될 때에만 교육은 널리 퍼져나갈 수 있습니다.

04

공부할 내용들

진정성

우리 사회의 윤리적 가치는 바뀌어야 합니다. 우리에게 필요한 것은 세상에서 가장 비열한 죄악이 바로 '거짓됨'이라는 점에 대한 흔들림 없는 확신입니다. 다른 모든 악들은 부족함이라든가 도덕적인 병폐로 간주될 수 있습니다. 인도에서는 전통적으로 '돈을 훔치는 것', '주벽' 그리고 '브라만 살해'를 아주 위중한 죄악으로 꼽습니다. 그러나 '거짓'은 이들 가운데 그 어떤 것보다도 더 큰 죄악입니다. 현재 우리의 가치 기준은 사람들이 자기의 단점을 감추게 합니다. 오늘날에는 어떤 사람이 너무 많이 먹어 위에 탈이 나서 결국 죽는 경우 그 사람을 비난하지 않고 불쌍히 여깁니다. 윤리적인 행동을 하지 못하는 경우도 불쌍히 여겨야지 나무라서는 안 됩니다. 만약 사회가 이런 태도를 견지한다면 자신의 잘못을 감추려는 충동은 사라지기 시작할 것입니다. 그렇기 때문에 우리는 가장 치명적인 죄악은 거짓이라는 믿음을 갖게 해야 합니다.

우리는 학교에서 늘 진실하게 살 수 있는 기초를 다지는 데 최선을 다해야 합니다. 이 말은 우리가 늘 학생들을 믿고 학생들이 한 말은 무엇이나 진실로 받아들여야 함을 뜻합니다. 자신의 진실함을 사랑하는 사람은 늘 다른 사람도 믿습니다.

저는 30년 전에 바라나시에 머물 때 있었던 일을 지금까지도 기억하고 있습니다. 저는 자물쇠를 사려고 한 가게에 갔습니다. 저는 꼭 물건을 사지 않더라도 물건 값을 묻는 버릇이 있었기 때문에 자물쇠의 적당한 가격이 얼마인지 알고 있었지요. 가게 주인은 10안나라고 했지만 저는 그 물건이 실제로는 3안나인 것을 알고 있었습니다. 저는 그 사람한테 조용히 말해주었습니다. "저는 이 자물쇠가 3안나라는 것을 확실히 알고 있습니다. 그래도 당신이 10안나라고 했으니 10안나를 드리지요." 저는 10안나를 지불하고 자물쇠를 받았습니다. 저는 날마다 그 가게 앞을 지나치곤 했습니다. 2, 3주가 지난 어느 날 그 가게 주인이 제가 지나가는 것을 보았습니다. 마침 주변에는 손님이 없었습니다. 그가 절 부르더군요. "당신 말대로 그 자물쇠의 가격은 3안나입니다. 제발 나머지 7안나를 가져가십시오." 그런 일이 일어나리라곤 상상도 못했던 저는 감동의 눈물을 흘렸습니다. 그건 마치 신께서 제게 진실함에 대한 교훈을 내리시는 것 같았습니다. 물론 신께서 언제나 이렇게 하지 않으실 수도 있습니다. 신께서는 당신을 숭앙하는 이들에게 더 가혹한 시련을 주실 수도 있습니다. 그러나 우리는 설령 진실되게 사는 것이 다른 사람들의 마음에 아무런 영향을 주지 않을 것처럼 보일지라도 언제나 진실해야 합니다.

좋은 품성을 갖기 위하여

1. 까닭 없이 두려워하지 말라. 두려움이 엄습하면 신을 찾아라. 신의 이름 앞에 두려움은 설 자리가 없다.
2. 날마다 자신의 잘못을 고쳐라. 어제의 잘못을 오늘 되풀이하지 말고, 오늘 저지른 잘못을 내일은 하지 않게 하라.
3. 이념을 올바르게 이해하라. 그리고 실천하지 않는 이념은 쓸모없다는 것을 기억하라.
4. 우리가 다른 사람들에게서 얼마나 많은 도움을 받고 사는지 잊지 말고, 최선을 다해 어려움에 처한 사람을 도와라.
5. 나서지 말고 자제하라.
6. 조금이라도 생산적인 일을 하기 전에는 먹지 말라.
7. 날마다 일정한 시간 동안 규칙적으로 공부하라.
8. 몸을 써서 스승을 공양하라.
9. 몸가짐을 바르게 하고 올바른 말을 쓰며, 올바르게 사유하라.
10. 싸움에 말려들지 말고, 다른 사람을 슬프게 하지 말라.

11. 말과 행동을 늘 진실하게 하라.
12. 화내지 말라. 그것은 나약함의 증거다.
13. 나만의 이익을 좇지 말라. 세상이 우리에게 즐거움을 주기 위해서만 만들어진 것은 아니며, 우리가 세상을 위해 봉사해야 함을 기억하라.
14. 혼돈과 소란, 갈등을 일으키지 말라.
15. 다른 사람의 단점을 보지 말고 늘 그들이 지닌 장점을 생각하라.
16. 다른 사람들의 슬픔을 보고 슬퍼할 줄 알고, 그들의 슬픔을 없애는 일에 힘써라.
17. 탐식과 탐욕에 빠져들지 말고, 조금씩 먹고 만족할 줄 알아라.
18. 오만하지 말라. 누구와도 자연스럽게 어울리고 말은 정중하게 하라.
19. 악행을 저지르는 것을 부끄러워할 줄 알라. 늘 절제하라.
20. 눈으로는 사물을 자세히 들여다보고, 늘 손발을 놀려 일하라.
21. 힘자랑 하지 말라.
22. 약자들의 잘못을 너그럽게 용서하라.
23. 불평하지 말고 육체의 고통을 감내하라.
24. 생각을 늘 정갈하고 순수하게 하라.
25. 아무도 부러워하지 말라. 나를 돋보이려고 다른 사람을 헐뜯지 말라.
26. 내가 잘났다는 생각을 버려라. 그것이야말로 진정한 위대함이다.

위에 열거한 것들은 제가 《기타》의 귀중한 가르침에 담긴 뜻을 아이들에게 알맞도록 기본적인 수준에서 간단명료하게 풀어본 것입니다. 이것은 《나네스와리*Gnaneswari*》시인이자 철학자인 나네스와리가 1290년경 쓴 《바가바드기타》에 대한 해설서에 보면 아주 자세히 설명되어 있습니다.

언어 교육에 대하여

모국어

우리에게 필요한 지식은 두 가지가 있습니다. 하나는 우리 주변에 있는 사물들의 본질과 가치를 판단하는 능력, 그러니까 과학적 지식입니다. 또 하나는 '참나'에 대한 깨달음, 혹은 영지靈智입니다. 이 두 가지 목적을 달성하기 위한 수단으로서 언어 기술이 어느 정도 필요합니다. 언어는 말하자면 집배원입니다. 만약 제가 편지에 아무것도 쓰지 않는다면 집배원은 백지를 전달할 것입니다. 언어는 지식을 실어 나르는 수레입니다. 과학적·영적 지식만이 진정한 지식입니다. 우리가 집중해야 할 것도 이것입니다. 이것은 제가 학교에 부과하는 일종의 시험입니다. 저는 언어에 관한 논문을 쓰라는 식의 일은 하지 않을 것입니다. 그보다는 아이들에게 말을 하게 해봄으로써 그들의 언어능력을 평가할 것입니다.

산스크리트어

우리 모두는 우리가 왜 산스크리트어를 가르쳐야 하는지 그 까닭을 알아야 합니다. 비베카난다Vivekananda, 인도의 성자 라마크리슈나의 제자. 베단타와 요가 철학을 서구에 소개한 주요 인물이다.는 이렇게 말했습니다. "만약 자네가 《베단타》를 가르치고 싶다면 사람들한테 산스크리트어를 가르치게. 그러면 자네의 뜻을 이룰 수 있을 것이네." 그분의 생각에 따르면 산스크리트어는 《베단타》를 뜻합니다.

《기타》《우파니샤드》《라마야나》《마하바라타》 등은 살아 있는 산스크리트어 문헌들입니다. 그 안에 연극, 소설 등이 들어 있습니다. 그러나 이러한 점이 산스크리트어만의 특징은 아닙니다. 현대어에도 그러한 예는 무수히 많습니다. 이러한 것들이 산스크리트어가 줄 수 있는 전부라면 산스크리트어를 배울 특별한 까닭이 없을 것입니다. 산스크리트어에 대한 간절한 욕구는 그것이 정신적인 필요를 만족시켜주는 데서 생겨납니다. 만약 그러한 면이 없다면 언어사학자들이나 산스크리트어를 배울 것입니다.

스스로에 대한 앎과 과학

사람들은 자기 스스로를 제대로 아는 것과 과학이 서로 대치하는 것처럼 생각합니다. 그들은 과학을 물질주의와 연관시킵니다. 이것은 잘못입니다. 과학은 '참나'에 대한 앎을 크게 확장시키는 데 도움을 줍니다. 과학의 진보에 대해 두려워할 필요는 전혀 없습니다. 과학의 진보는 우리에게 커다란 혜택을 가져다줄 것입니다. 과학은 자비의 힘을 길러왔습니다. 오늘날 아픈 사람들은 과거 시대보다 훨씬 더 잘 치료를 받을 수 있습니다. 과학은 '나'에 대한 인식을 확장하고 또 강화시키는 힘을 갖고 있습니다. 결코 그것을 파괴하지 않을 것입니다.

옛날에 우리의 정신적 스승들은 '나'와 '내 것'이라는 소유 욕구를 없애려고 무던히 애를 썼지만 성공하지 못했습니다. 그러나 지금에 이르러 성공할 기회가 마련되었습니다. 이제 '나'와 '내 것'이라는 이

편협하고 옹졸한 전망은 과학의 힘으로 사라질 것입니다.

우리는 우리가 살고 있는 시대의 현실을 인정해야 합니다. 과거에는 250킬로미터 밖에서 일어나는 일을 아무도 몰랐지만, 오늘날에는 전 세계가 이웃입니다. 결과적으로, 가족 단위로 고립된 삶을 살아가던 옛날의 생활 방식은 더는 우리의 필요에 부응하지 못할 것입니다. 고립된 가족과 마찬가지로 고립된 국가도 오늘날의 현실 조건에서 살아남지 못할 것입니다.

우리는 우리 사회가 진정한 자기 인식에 바탕을 두고 세워지기를 염원합니다. 과학은 우리의 윤리·종교적 전통에 남아 있는 오류들을 바로잡아 줄 것이고, '자기 알기'는 우리의 분열을 치유해줄 것입니다. 그리고 사르보다야 원칙 위에 세워진 사회는 '나'와 '내 것'이라는 소유 욕구를 없애줄 것입니다. 과학, 자기 알기, 그리고 사르보다야. 우리에겐 이 세 가지가 모두 필요합니다. 과학적 인식은 훨씬 더 확장되어 활용되어야 합니다. 우리 모두는 자기 알기에 투철해야 하고, 또 모두의 행복을 위한 계획을 세우고 실천하는 데 힘을 합쳐야 합니다. 제가 이해할 수 있는 범위 내에서 이것이야말로 모든 종교의 본질입니다. 저는 과학의 진보를 통해서 종교가 더욱더 큰 진리의 빛을 드러내리라고 믿습니다.

과학 교육

우리에게 특히 중요한 과목 한 가지를 대라고 한다면 저는 그 무엇보다 과학을 꼽겠습니다. 인도가 농업 국가라는 점은 의심의 여지가 없으나, 인도 구원의 길을 농업에서만 찾을 수는 없을 것입니다. 흔히 유럽 국가들이 산업화되었다고 하지만, 산업 국가로 간주되는 프랑스 국민들은 1인당 3.5에이커의 농지를 갖고 있습니다. 반면에 농업 경제국인 인도는 1인당 1.25에이커의 땅만을 갖고 있습니다. 이건 아주 심각한 상황입니다. 농업과 관련된 일을 제외하면 실질적으로 인도에서 하고 있는 일은 없습니다. 우리의 상황이 바뀌려면 우리 학생들과 선생님들로부터 시작해 모든 국민이 한두 가지 정도의 기술을 익혀야 하고, 그렇게 하기 위해서는 우리 모두 과학 공부를 해야 합니다.

부엌을 우리의 실험실로 여겨야 합니다. 부엌에서 일하는 사람은 다양한 음식에서 얼마나 많은 열량과 단백질, 지방을 얻어낼 수 있는지 알아야 합니다. 또한 연령층과 하는 일의 종류에 따라 그에 필요한 맞춤 식단을 마련할 수 있어야 합니다.

누구나 아침에 일어나면 볼일을 보러 화장실에 가지만, 학교에서는 특별히 공중위생에 대해 공부를 해야 합니다. 똥오줌을 어떻게 이용할 수 있을까? 햇빛은 똥오줌에 어떤 영향을 미치는가? 똥오줌을 방치할 경우 어떤 피해가 따르며 어떤 질병들이 퍼지는가? 만약 그것을 논밭에 쓰는 거름으로 바꾸면 생산이 얼마나 증대하는가? 이런 식으로 계속되겠지요. 우리는 이러한 문제들에 대한 과학 지식이 공중위생을 실천하면서 얻어지도록 해야 합니다. 이렇게 아침에 분뇨 수거를 하는 일이 일상의 한 부분이 되어야 하며, 이를 통해서 우리는 보건학과 몸 안에 숙변이 쌓이면 힘을 잃는다는 것을 배울 수 있습니다.

어떤 학생들은 병이 납니다. 왜 병이 나는 걸까요? 아무런 까닭 없이 질병이 그 아이에게 찾아들었을까요? 아니면 질병을 초대하려고 돈을 좀 써야 했을까요? 어떤 경우든 여러분은 질병을 손님처럼 대우해야 합니다. 그리고 그것이 왜 찾아왔는지, 어떻게 들어올 수 있었는지 등을 알아내야 합니다.

학교에서 여러분은 물레질로 실을 자아서 그것을 가지고 '카디khadi, 물레로 직접 지어 만든 옷'를 만듭니다. 이건 아주 좋은 일입니다. 만약 여러분이 카디를 만드는 과학 원리에 대한 질문에 대답하지 못한다면 학교가 공장이나 농장과 다를 게 무엇이 있습니까? 사실 저는 이런 종류의 과학 지식을 공장에서도 가르쳤으면 좋겠습니다.

여느 사람들처럼 학생들도 먹어야 합니다. 그러나 음식을 먹는 방법은 아주 달라야 합니다. 학생들에게 음식은 지식과 앎의 원천이 되어야 합니다. 곡식을 빻거나 체질을 하면서 학생은 얼마나 많은 겨가 나오는지 알게 될 것입니다. 약 10킬로그램당 1킬로그램, 그러니까 겨가 10퍼센트 정도 나온다고 가정해봅시다. 그것은 상당한 양입니다. 이튿날 그 학생이 이웃집에 겨를 가져가서 무게를 재어봅니다. 재어보니 겨우 350그램밖에 되지 않습니다. 이 경험을 한 학생은 다음과 같은 질문을 하게 될 것입니다. 겨가 1킬로그램이나 나왔는데 우리가 얼마나 많은 양을 버린 거지? 우리가 이것을 먹으면 해로울까? 등의 질문이죠. 그는 이러한 질문들에 대해 올바르고 완전한 해답을 구해야만 합니다. 《기타》에도 적혀 있듯이 이런 식으로 모든 일은 그 종류를 불문하고 배움의 도구가 될 수 있습니다.

일 하나하나를 모두 실험 정신을 가지고 하고 그것을 지식의 도구로서 활용하는 데는 두 말할 필요도 없이 일정한 경비가 들겠지만, 적어도 그에 상응해서 생산량이 증대할 것입니다. 학교의 물레는 늘 잘 작동되는 상태에 있어야 하며 어떤 식으로든 방치해서는 안 됩니다. 학교에서 해내는 일의 양이 그리 많지 않을 수도 있습니다. 그러나 품질은 아주 좋아야 합니다. 학생들은 면화를 가져가면서 무게를 달아볼 것이고, 거기서 뽑아내는 씨앗의 무게도 잴 것입니다. 서로 다른 종의 식물들은 그 씨앗의 무게도 서로 다른 것은 어떤 까닭에서일까? 말하자면 이런 종류의 질문과 대답을 주고받아야 합니다. 예를 들어, 목화의 씨앗은 그 크기와 모양이 완두콩과 아주 비슷한데 어째서 무게는 그렇게 차이가 나는 것일까요? 학생들은 목화씨가 가벼운 이유는 그것이 기름을 함유하고 있기 때문이라는 것을 눈으로 봐야 합니다. 그 다음 질문은 목화씨와 특성이 비슷한 종류의 다른 씨앗이 있는가 하는 것이겠지요.

이 모든 일을 해내는 데 양팔저울 한 개가 필요할 것입니다. 저울은 시장에서 살 것이 아니라 학교에서 만들어야 합니다. 만약 모든 일을 이렇게 풀어나간다면 과학 공부가 시작되는 것입니다. 과학 교육이 이런 계획에 기초해서 이루어진다면 얼마나 재미나겠습니까? 그렇게 익힌 과학 지식은 결코 잊어버리지 않을 것입니다.

실생활에서 배우는 단위 환산

학교에서 수학 공부를 하는 동안 학생들은 여러 가지 도량형 표를 배웁니다. 제가 어렸을 때는 이런 표들을 반복 암기와 선생님의 매로 머릿속에 억지로 집어넣었습니다. 그러나 그것들 중 대부분은 이해할 수 없었습니다. 그것을 소화시킬 수 없었던 한 가지 까닭은 앞서 말한 두 가지의 교육 수단 때문이고, 또 다른 까닭은 몇몇 표들은 전혀 쓸모가 없었다는 데 있습니다. 만약 그 표가 진정으로 삶에 유익하다면 그것은 삶에 흥미를 갖고 있는 사람들에게 기쁨을 선사할 것입니다. 또한 그것들을 배울 때에는 즐거운 방법으로 배울 수 있어야 합니다. 제가 지표로 삼을 만한 예를 한번 들어보겠습니다.

삶의 중요한 기초는 땅이며 그 땅은 에이커 단위로 측정됩니다. 그래서 아이들은 땅 측정과 관련된 환산표를 알 필요가 있고, 또 에이커는 무엇으로 이루어져 있는지 알아야 합니다. 자, 이것을 어떻게 가르쳐야 할지 생각해봅시다.

첫 단계는 학생들에게 이 에이커라는 말은 원래 영어이고, 그것이 우리 인도인들 사이에 공통으로 쓰이게 되었기 때문에 인도어가 되었다는 점을 말해주는 것입니다. 에이커는 땅 넓이를 측정하는 단위입니다. 인도인 모두에게는 약 1에이커의 땅이 있는 셈인데, 따라서 1에이커는 한 사람의 땅이라고 말할 수도 있습니다. 여기서 에이커라는 단어의 말소리를 힌디어로 '하나'를 뜻하는 '에크ake' 라는 단어의 말소리와 연결시켜주면 아이들이 이 단어를 쉽게 기억하게 할 수 있습니다.

환산표에는 1에이커가 4,840평방야드와 같다고 나와 있습니다. 하지만 어떻게 그렇게 큰 수를 외울 수 있겠습니까? 이 숫자는 두 개의 인수, 즉 121과 40으로 이루어져 있습니다. 121평방야드는 1'카타kattha' 라고 합니다. 그러면 1에이커는 40카타가 됩니다. 이쯤에서 야드는 그만하고 피트에 대해서 이야기를 해봅시다. 그렇게 하면 카타를 더 작은 단위로 나눌 수 있습니다. 121평방야드의 땅은 11×11야드인데, 이는 11×11평방피트 넓이의 땅이 아홉 덩어리가 있는 셈이지요. 다시 말해, 11×11평방피트의 땅 아홉 개면 1카타이며, 이것이 9×40, 그러니까 360개가 되면 1에이커가 되는 것입니다.

일 년은 대략 360일가량입니다. 만약 우리가 날마다 121평방피트를 파기로 결정한다면 1에이커의 땅을 다 파려면 일 년이 걸릴 것입니다. 우기에는 땅을 팔 수 없다는 사실은 잠시 제쳐두기로 합시다. 이렇게 이 정도의 땅을 날마다 파야 한다면 얼마만큼의 시간을 들여야 할까요? 대답은 땅 파는 사람의 기술, 땅의 상태, 계절 그리고 도구의 효율성에 따라 달라질 것입니다. 그러나 경험을 통해서 우리는 이 일을 하는 데 40분에서 80분 정도, 그러니까 평균 잡아서 한 시간 정도가 걸린다는 것을 알았습니다. 편의상 한 시간에 팔 수 있는 땅의 넓이에 시간이라는 뜻을 지닌 말인 '간타 ghanta'를 붙이기로 합시다. 그러면 1간타는 11×11 혹은 121평방피트를 뜻한다는 것을 기억하는 것이 어렵지는 않을 것입니다. 그렇다면 우리가 11피트 길이의 막대로 자를 만들어 정사각형의 땅뙈기에 표시를 해서, 학생들이 실제 1간타를 눈으로 직접 실감할 수 있도록 할 것입니다. 그러한 간타가 360개가 되면 1에이커가 되는 것이지요. 이렇게 환산표는 아주 단순하고 또 쉬운 것이 되었습니다.

이 단계에서 학생들에게 1간타가 가로 11피트, 세로 11피트인 정사각형의 땅 넓이를 뜻하는 것이 아니라, 121평방피트의 땅이라는 점과, 아주 다양한 형태일 수 있다는 점을 말해주어야 합니다. 우리가 단지 편의상 예를 들어서 정사각형의 땅을 상정했을 뿐이니까요. 농사를 짓기 위해서 학생들에게 땅을 나눠주려고 하는 경우에는 간타를 단위로 해야 할 것입니다. 그러면 학생들은 자기들이 실제로 거둬들인 수확량을 보고 1에이커당 생산량이 얼마나 되는지를 계산해낼 수 있게 될 것입니다.

지금까지는 총계가 1에이커 미만인 경우에 대한 계산을 해보았습니다. 가로 세로 길이가 1펄롱 furlong인 정사각형의 땅은 48,400평방야드, 그러니까 10에이커와 같습니다. 이것은 토지 측량의 공통 단위입니다. 마드야프라데시 Madhya Pradesh 주 정부는 10에이커 이하의 토지를 갖고 있는 사람들에게 루피화로 토지세 2안나를 감면해 주었습니다. 교사들은 학생들에게 이 사실을 알려줘야 합니다. 그리고 표준적인 토지 소유 규모가 10에이커가 되어야 한다는 점을 주지시켜야 합니다.

앞에서 인도에서는 개인당 1에이커의 토지를 소유하고 있다는 말을 했습니다. 다시 말하자면, 평균 가족 수를 다섯 명으로 계산했을 때 한 가족이 약 5에이커의 토지를 소유한다는 말입니다. 오늘날 우리나라 국민의 75퍼센트가 농업 인구입니다. 그런데 40년 전에 그 비율은 70퍼센트였습니다. 가내 수공업과 산업의 퇴조 때문에 지난 40년 사이에 땅에 의존하는 인구가 70퍼센트에서 75퍼센트로 증가했습니다. 그러나 우리나라 전체 인구의 50퍼센트 미만이 농업에 의지할 경우에만 그래도 좀 만족스러운 상황을 그려볼 수 있습니다. 만약 상황이 그러하다면 한 농가의 평균 토지 소유 면적은 10에이커가 될 것입니다. 우리는 보통 황소 두 마리가 끄는 쟁기로 20에이커의 땅을 경작할 수 있는 것으로 계산합니다. 그러나 땅의 일부가 채소나 과일을 기르는 텃밭으로 이용된다손 치더라도 10에이커는 두 마리의 황소에게 만만치 않은 면적입니다. 이 모든 것을 감안했을 때, 10에이커가 표준 소유 면적이라고 봐야 할 것입니다. 이것을 '아가arga'라고 부르고, 학생들에게 10에이커는 1아가라고 가르칠 수 있겠지요.

만약 우리가 말한 1아가가 정사각형이라면 그것은 길이와 폭이 각각 1펄롱이 될 것입니다. 여기에 펄롱이 가지는 근본적인 중요성이 있습니다. 1평방마일은 몇 아가로 이뤄질까요? 64아가입니다.

10에이커는 1아가입니다. 그리고 64아가는 1평방마일입니다. 그러므로 640에이커가 1평방마일이지요. 640은 실을 잣는 학생들이라면 아주 익숙한 숫자입니다. 그러므로 이 환산표는 전혀 어렵지 않습니다. 1에이커는 360간타 혹은 640분의 1평방마일입니다. 이것은 아래의 대조표를 보면 확인할 수 있습니다.

121평방피트	= 1간타
9간타	= 1카타 혹은 '군타gunta'
40카타 혹은 360간타	= 1에이커
10에이커	= 1아가
60아가 혹은 640에이커	= 1평방마일

1평방마일을 에이커로 환산했을 때 나오는 640이라는 숫자는 실 한 타래에 실이 감기는 수와 같습니다. 그러나 이 같은 우연이 에이커의 환산표가 실 잣는 기술과 '반드시 연관되어야' 함을 뜻하지는 않습니다. 실제로 일을 하는 과정에서 토지 도량형 표의 필요가 생겨나는 경우에만 진정한 연관성이 있습니다. 쉽게 배우도록 하기 위해 쓰이는 비교는 단지 일반적인 교수 방법의 일부일 뿐입니다. 이것이 상관관계에서 벗어나지는 않으나, 그 자체로는 연관성이 없습니다.

사회 공부 하는 법

학교를 방문할 때마다 저는 대체로 수공 기술을 교육적으로 활용하는 방식이 불만스럽습니다. 이것이 선생님들만의 잘못은 아닙니다. 모든 방법이 다 새로운 것이니까요.

어느 수업 시간에 선생님이 이야기를 해주고 있었습니다. 이야기를 끝냈을 때 그 교사는 이야기를 타클리와 연결시키면서 타클리 노래를 가르치기 시작했습니다. 그것이 저에게는 부자연스러워 보였습니다. 타클리에 대한 노래와 타클리를 매개로 해서 가르치는 것은 다릅니다. 방적일을 통해서 산수를 가르치는 것이 학생들에게 15개 혹은 20개의 섬유 뭉치를 주고 그것을 가지고 더하고 빼기를 시키는 것을 뜻하지는 않습니다. 그렇게 해본들 섬유 뭉치만 망칠 뿐입니다. 덧셈 뺄셈은 돌멩이를 가지고 하는 것이 훨씬 낫습니다. 우리는 실제로 수공일을 하면서 생겨나는 기회들을 잘 활용해서 산수를 가르쳐야 합니다. 모든 종류의 수공 기술은 산수를 가득 담고 있습니다.

또 다른 교사는 기술을 통해서 자신이 가르쳤던 것들을 주제별로 기록해두었습니다. 그러나 그 기록 자체로 일이 다 된 것은 아닙니다. 기록은 어떤 주제가 어떤 관계 속에서 선택되었으며, 그 기회가 어떻게 생겨났는지도 보여줘야 합니다. 사회 공부 시간에 이런저런 주제들이 채택되었다고 말하는 것만으로는 부족합니다. 어떻게 해서 그 주제들을 생각하게 되었는가를 밝혀야 합니다. 그 어떤 것도 눈앞에서 벌어지는 상황과 무관하게 진공 상태에서 가르쳐서는 안 됩니다. 우리는 늘 우리가 가르치는 내용이 당면한 현실과 어떤 관련이 있는지 확실하게 짚고 넘어가야 합니다.

모든 사회 공부를 반드시 수공 기술을 통해 가르쳐야 하는 것으로 생각하고 있는 듯합니다. 이러한 경직된 안목이 문제입니다. 수공 기술은 삶으로 들어가는 문을 열어주는 열쇠와 같습니다.

자, 비 오는 날이라고 가정해봅시다. 아이들이 학교에 도착했을 때 제가 맨 먼저 묻고 싶은 것은 아이들이 화장실에는 들렀는지, 이는 닦았는지 등일 겁니다. 그러한 질문을 왜 특별히 이날을 골라서 하냐고요? 비가 오면 아이들은 화장실에 가는 것이 어렵기 때문입니다.

문과 창에 대해서 가르치고 싶다면 저는 학생들에게 왜 창을 내는지를 묻겠습니다. 아이들은 창을 통해서 빛과 공기가 들어오게 하기 위해서라고 말할 것입니다. 그러면 또 묻지요. "그렇다면 지붕에 창을 내면 안 될까? 지붕에 창을 만들어도 빛과 공기가 들어오잖아."라고요. 아이들은 "아니요, 저희는 바깥세상도 보고 싶어요."라고 말할 것입니다. 저는 또 이렇게 말하지요. "좋아. 바로 그것을 위해서 우리가 창을 낸다고 생각해보자. 그런데 너희들은 창을 통해서 드나들 수가 없어. 그래도 만족하겠니?" 아이들은 대답할 것입니다. "아니요. 우리는 안팎으로 드나들 수 있는 통로도 있어야 해요. 문도 필요해요."

학생들이 문과 창이 왜 필요한지를 확실히 알고 난 뒤에는 이렇게 물을 것입니다. "자, 그럼 너희 몸에 있는 문과 창은 무엇인지 말해주겠니?" 눈, 귀, 입, 코 등을 산스크리트어로는 모두 '문'이라고 합니다. 《기타》에서는 이렇게 말합니다. "모든 문을 잘 통제하라. 모든 문과 창에 파수꾼을 배치하라. 이 영혼은 아홉 개의 문이 있는 도시에 머물고 있다." 사람들은 자신들의 눈에서 창의 개념을 이해해야 합니다. 그러나 인간의 눈은 아주 작습니다. 소의 눈은 아주 큽니다. 그래서 인간들은 소의 눈만 한 창을 만들기 시작했습니다. 산스크리트어로 창은 '소의 눈'이라는 뜻입니다.

그 다음에는 학생들에게 창과 눈을 그려보게 할 것입니다. 이때는 실제로 그리기를 합니다. 미술 시간이지요. 그렇게 하고 나서 저는 아이들에게 사람들이 만들었던 다양한 종류의 창에 대해서 말해줄 것입니다. 이것은 역사 공부에 해당합니다. 오늘날 이렇게 오래된 창들을 세계의 다른 지역에서도 볼 수 있을까요? 저는 아이들을 라플란드Lapland, 유럽 최북단 지역로 데려가서, 그곳 사람들의 삶에 대해서도 말해줄 것입니다. 간단히 말하자면 교사는 이와 같이 자연스럽게 생겨나는 관심사를 통해서 다른 나라 사람들의 생활 방식에 대해서도 이야기해주어야 합니다.

중국도 인도처럼 인구가 많고 집약적인 토지 이용을 하고 있는 아주 유서 깊은 나라입니다. 그런데 왜 중국은 그토록 생산력이 뛰어날까요? 중국 사람들은 어떻게 땅을 비옥하게 유지할까요? 이와 관련해서 저는 학생들에게 거름에 대해서 말해줄 것입니다. 우리는 중국에서 특히 인간의 똥과 오줌을 이용하는 방법을 배워야 합니다. 똥오줌은 중국에서는 아주 널리 이용되고 있으며 그 덕분에 중국 땅은 오랜 세월 경작했는데도 그 생산성을 유지하는 것입니다.

한 미국인이 중국의 농업을 묘사하는 《40세기의 농부들*Farmers of the Forty Centuries*》이라는 책을 썼습니다. 이 책에서 그는 이렇게 말합니다. "우리 미국인들은 얼마나 헤픈가! 우리는 개인당 15 내지 20에이커의 땅을 소유하고 있고, 기껏해야 4세기 동안을 경작했을 뿐이다. 그런데도 우리는 땅의 생산성을 늘리기 위해 온갖 종류의 화학비료를 쓰고 있다. 화학비료는 땅을 파괴한다. 게다가 사람의 똥오줌 같은 아주 귀중한 거름들이 버려지게 한다." 교사들은 이 책을 읽어봐야 합니다.

비가 아주 심하게 오면 학생들이 빗속에서 놀면서 즐기도록 학교를 쉬어야 합니다. 교사 또한 옷을 벗어 던지고 아이들과 함께 놀아야 합니다. 그리고 아이들에게 비는 신의 축복이라고 말해줘야 합니다. 우리 인도에서는 비가 오면 수업을 하지 않습니다. 그러나 영국에서는 해가 날 때 학교를 쉽니다. 왜냐고요? 그곳에서는 대체로 하늘이 흐리고 구름이 끼어 있어서 해가 나는 날에는 휴무를 하는 것입니다. 이런 식으로 놀고 즐기면서 아이들에게 영국의 기후에 대해서 일정한 개념을 알려줄 수 있습니다.

사회 공부는 역사와 지리 그리고 공민으로서의 삶을 포함합니다. 역사와 지리를 가르친다는 것은 학생들에게 머나먼 시간이나 장소를 소개해주는 것을 뜻합니다. 시간과 장소는 너무나 밀접하게 연결되어 있어서 모든 언어에서 시간을 가리키는 말이 아무렇지도 않게 장소를 가리키는 말로 쓰입니다. "I will answer your question after a little while.네 질문에 대해서는 나중에 대답해줄게." 이 문장에서 'after'는 '나중에'라는 시간을 나타냅니다. "They followed after him.그들은 그 사람을 쫓아갔다." 이 문장에서 'after'는 따라가는 대상이 있는 곳을 나타냅니다.

우리가 역사와 지리를 가르쳐야 한다고 말할 때, 그것은 아이들에게 고대의, 그리고 멀리 떨어진 나라에 살고 있는 사람들을 알게 해줘야 한다는 것을 뜻합니다. 우리가 학생들에게 아주 오래 전에 우리나라에 살던 사람들에 대해서 이야기해주면 그것은 '국사'가 됩니다. 만약 우리 시대의 먼 나라에 사는 사람들에 관한 것이라면 그것은 '지리'가 됩니다.

교육자들 가운데는 어린 학생들도 고대와 먼 나라에 대한 이야기를 들어야 한다고 말하는 학파가 있습니다. 또 다른 학파는 우리 시대에서 이야기를 시작해야 하며, 학생들을 단계별로 역사 속으로 끌어들여야 한다고 말합니다. 이 두 가지 견해는 서로 반대되는 것처럼 보이지만 실제로는 그렇지 않습니다. 하나는 아주 오래된 것을 가르치라고 하고, 다른 하나는 아주 최근의 것을 가르치라고 합니다. 그러나 아무도 중간에서 시작해야 한다고 말하지 않습니다. 이 경우 중간에서 시작하는 것이 전적으로 옳습니다. 비교와 대조는 지식을 배우는 데 있어 매우 중요한 도우미이고 그렇게 하기 위해서는 아주 가까운 것이나 아주 먼 것이 필요합니다. 예를 들어, 간디 어르신의 아힘사는 사회주의와 비교될 수 있고, 반대로 제국주의와 대조해볼 수 있습니다.

그러나 이러한 종류의 폭넓은 지식은 결코 관심과 흥미라는 자연스러운 맥락을 벗어나서는 안 됩니다. 자연스럽게 기회가 생겨나게 해야 합니다. 그 기회를 잡아채서 학생들의 지식을 폭넓게 하는 것이 교사가 할 일이며, 그러한 기회들을 만드는 것은 전혀 어렵지 않습니다.

역사는 위험하다

사고의 자유는 반드시 필요합니다. 그러나 사고는 과학적이어야 합니다. 사고는 감각이나 느낌에서 나오지 않습니다. 코와 눈, 귀에서 나오는 것이 아니라 이성에서 생겨납니다. 감각과 느낌을 억제하고 이성에 귀 기울일 때, 우리는 사유하는 법을 알게 되고 과학적인 사유를 하게 됩니다. 이 점은 시민과 학생 모두가 염두에 두어야 할 것입니다.

하지만 우리 교육의 아주 큰 오류 중 하나이자, 올바른 사유에 가장 위험스러운 것 가운데 하나가 오늘날 역사라는 이름을 걸고 진행되고 있는 것입니다. 숱한 역사의 왜곡은 동화에 나오는 거짓보다 훨씬 더 심각합니다. 이야기꾼은 적어도 이야기가 가공으로 지어낸 것이라는 공언을 하고 시작합니다. 그가 쓴 글에는 딱 그만큼의 진실만이 담겨 있는 것이지요. 반대로 역사가는 자신이 구성해낸 이야기가 진리의 이름에 값하는 유일한 것이라고 주장하기 쉽습니다!

여러분 가운데 오늘날 역사라는 이름으로 가르치고 있는 것이 진실이라고 생각하는 분이 있습니까? 20세기에 두 차례의 세계 대전이 있었습니다. 그들의 '역사'에 대한 하나의 주장이 독일에서 저술되었습니다. 그리고 전혀 다른 주장들이 미국과 러시아 그리고 영국에서 저술되었습니다. 저는 최근에 신문에 난 기사를 읽고 기뻤습니다. 그것은 러시아의 역사가 올바르게 다시 고쳐 쓰여야 한다는 것이었습니다. 스탈린 시대에는 영예로웠던 것이 이제 명백한 오류로 밝혀졌습니다. 스탈린 집권 시절에 마하트마 간디 어르신은 반동으로 묘사되었습니다. 하지만 지금은 위인으로 되어 있을 것입니다. 어쩌면 우리는 그들이 그분이 실존한 적이 없다고 주장하지 않은 것을 신께 감사해야 할 것입니다.

역사는 권력을 가진 자의 입장에 따라서 기술됩니다. 그들은 과거의 사건들을 사람들의 정신을 호도하기 위한 도구로 이용합니다. 이것이 학생들이 배우고 있는 이른바 '역사'라는 것입니다. 역사를 만든 사람들은 죽어 사라졌지만, 학생들의 두뇌는 그들이 저지른 행위에 시달립니다. 어느 시기에 어떤 일이 일어났는지를 알고, 죽은 왕들의 목록을 외는 것이 무슨 쓸모가 있겠습니까? 이 세상에는 울창한 나뭇잎처럼 헤아릴 수 없이 많은 왕들이 등장했다 사라졌습니다. 실상은 이렇습니다. 역사라는 미명하에 모든 사람들의 사고가 강제로 특정 형태를 취하게 되었고, 그 결과 온 국민이 선입견으로 가득 차게 되어서 그 힘과 장부다움을 잃고 있습니다.

부단 운동이 시작되었을 때 사람들은 맥없이 묻곤 했습니다. "이렇게 구걸한다고 해서 무슨 일이 되겠습니까? 이 일은 결코 성취되지 않을 것입니다. 유사 이래 이런 종류의 일이 일어난 적이 있기나 했나요?" 제가 대답했습니다. "그런 일이 일어난 적은 없습니다. 그러나 비노바 또한 역사에는 없었습니다! 비노바는 새로운 생명입니다. 그래서 새 역사를 만들고 있는 것입니다." 여러분은 새로운 역사를 만들겠습니까, 아니면 그저 낡은 역사책이나 읽겠습니까? 낡은 역사를 수동적으로 공부하느라고 창조적인 정신을 질식시키면서, '태양 아래 새로운 것은 아무것도 없다.'는 생각을 하는 것은 인간으로서 할 일이 아닙니다. 왜 사람들은 아직 한 번도 일어나지 않은 일은, 그렇기 때문에 결코 일어나지 않는다고 합니까? 우리가 이미 행해졌던 일들만 한다면 도대체 무엇 때문에 태어났겠습니까? 신이 우리를 이 세상에 나게 하신 까닭은 우리가 우리 자신의 힘으로 무언가를 이루게 하고자 하심입니다. 우리는 우리의 지성이 낡은 역사의 무게에 짓눌리게 해서는 안 됩니다. 우리는 역사 재현이 한 방면으로 치우칠 수 있다는 것과, 그것이 얼마만큼의 진실을 담고 있는지 확신할 수 없다는 것을 알고 있습니다. 설령 그것이 진실이라고 한들, 그것으로 인해 우리의 정신이 부담스러워지도록 해서는 안 됩니다. 우리는 새로운 실험을 행하고 새로운 진리를 시험하기 위해서 태어난 것입니다. 다시 말해서 우리의 학생과 국민들은 이러한 역사의 무게에서 벗어나야 합니다.

시사적인 문제를 하나 예로 들어봅시다. 벨라리Bellary, 현재 인도 카르나타카 주에 있는 도시는 카르나타카Karnataka 주에 있습니까, 아니면 안드라

Andhra 주에 있습니까? 역사가 이에 대해 뭐라고 말할 수 있겠습니까? 안드라 주 사람들은 역사를 검토하고 나서 벨라리가 안드라에 속한다고 합니다. 카르나타카 주 사람들은 역사를 검토하고 나서 벨라리가 카르나타카에 속한다고 합니다. 그러나 지리학에서는 벨라리는 늘 있던 자리에 있다고 증언합니다! 역사는 아무것도 증명할 수 없습니다.

몇몇 카르나타카 사람들은 자기들의 주가 고다바리Godavari 강과 카베리Kaveri 강을 경계로 하고 있고, 타밀나두Tamil Nadu와 안드라 그리고 마하라슈트라Maharashtra의 일부가 자기 주에 편입되어야 만족스러울 것이라고 말합니다. 그러면 몇몇 마하라슈트라 사람들은 자기들의 주가 나르마다Narmada 강과 퉁가바드라Tungabhadra 강을 경계로 하고 있고, 구제라트Gujerat와 카르나타카, 그리고 힌디Hindi 지역의 일부가 자기들의 주에 편입되어야 한다고 대꾸할 것입니다. 모든 주가 자기 주의 경계를 다른 주 너머까지 밀고 나가려고 애쓰는 것 같습니다.

이는 마치 한 농부가 다른 농부의 논밭을 경작하려는 것과 같습니다. 아주 어리석은 짓이며 악마에 홀린 것과 같은 일입니다. 이 모든 것이 '역사' 탓입니다. 누구나 자기 나라와 정파를 정당화하기 위해 쓴 옛 역사책들을 읽어보면 자기만의 허영으로 채워져 있습니다. 파키스탄과 인도는 각자 자기 나라의 신문들을 통해서 상대편이 폭력과 도발을 일삼고 있다고 비난합니다. 이 둘을 심판할 수 있는 권위를 어디서 찾을 수 있습니까? 역사의 탐욕과 허영이 사라지기 전에 진보와 선의는 있을 수 없습니다.

안드라 주와 카르나타카 주를 통합시키기 위한 회담이 몇 차례 있었습니다. 여러분이 두 주를 하나의 주로 확대 통합하고자 한다면 먼저 마음을 하나로 통일해야 그렇게 할 수 있습니다. 그러나 텔루구어Telugu와 카난다어Kannanda 글씨체 통합과 같은 단순한 문제를 한 번 살펴봅시다. 이 두 글씨체 사이에는 몇 가지 근소한 차이가 있을 뿐이고, 각각의 글씨체가 약간만 바뀐다면 하나로 묶일 수 있습니다. 적절한 위원회가 꾸려진다면 이 문제를 쉽게 해결할 수 있습니다. 그러려면 양측 모두가 조금씩 양보를 해야만 합니다. 그러나 역사의 망령이 개입하면 아무것도 이뤄지지 않을 것입니다. 텔루구 사람들은 글자의 어깨가 둥그스름하게 위로 구부러져야 한다고 할 것이고, 카난다 사람들은 그렇게 쓰면 볼품이 없으니까 어깨를 수평으로 반듯하게 써야 한다고 할 것입니다. 이러면서 획의 어깨 부분이 얼마나 높이 솟아 있는지 확인하려고 고서들을 들여다볼 것입니다. 이것이 모든 것을 역사에 귀결시킨 결과입니다.

우리가 진정으로 진보를 원한다면 역사의 고갱이만을 추려내고 그 나머지는 버려야 합니다. 그렇다고 역사가 전적으로 쓸모없다는 말을 하는 것은 아닙니다. 《마하바라타》는 브야사가 인간의 본성에 대한 이해를 형상화해놓은 웅대한 역사적 저술입니다. 이런 종류의 역사는 대단히 쓸모가 많습니다. 그러나 역사가 악령처럼 출몰하는 사회는 결코 진보할 수 없습니다. 과거의 영광스러운 행적들을 읽는 것은 대단히 고무적인 경험이라는 것은 맞습니다. 그러나 옛날 사람들도 선행을 하기도 하고 악행을 저지르기도 했습니다. 그런데 왜 우리가 그들의 행동 전부를 우리의 기억 속에 담아두어야 합니까? 우리는 선한 행동은 기억하고 악행은 내버려야 합니다. 우리가 고대의 역사에 집착하고 매달린다면 이러한 취사선택 능력이 약해질 것입니다.

학생들은 역사의 '행간을 읽고' 인쇄된 글자는 버리는 방법을 알아야 합니다. 문자들 사이의 여백의 의미를 독파할 줄 알아야 한다는 말입니다. 문자로 기록된 것보다는 기록되지 않은 역사가 더욱 뜻깊습니다. 어머니가 자식들을 돌보고 사랑하며 먹이는 일을 잘한다고 해서 누구도 신문사에 제보를 하지는 않습니다. 그러나 누군가 피를 흘리면 곧바로 제보를 합니다. 그리고 그 사건은 역사에 기록됩니다. 우리의 삶에서 그토록 귀중한 사실인 어머니의 사랑은 결코 역사에 나오지 않습니다. 조그만 사건에 지나지 않는 유혈 사태는 역사에 남지요. 인간은 자기 자신의 인간성에 대한 역사는 결코 쓰지 않았습니다. 단지 자신의 인간성에 위배되는 역사만을 씁니다. 그래서 인간의 진정한 본성에 대한 지식을 역사에서는 배울 수 없습니다. 기록된 것들이라고 해봐야 모두 인간성에 거스르는 것들뿐이고, 이러한 기록들을 기반으로 해서 오로지 폭력으로 점철된 역사가 짜 맞춰집니다. 요컨대 오늘날의 역사는 우리에게 악영향을 끼치고 있습니다. 그것은 우리로 하여금 연민의 정을 품지 못하게 하고 인간의 기개를 펼치지 못하게 합니다.

그림 그리기의 소재와 재료

그리기는 기초 수공 기술 교과의 일부, 그것도 아주 중요한 일부입니다. 그리기와 수공 기술은 대단히 밀접한 관계에 있기 때문입니다. 그런데 그리기에 필요한 재료가 적힌 목록을 건네받았을 때 저는 큰 충격을 받았습니다. 누가 모든 학생들에게 필요한 물감과 붓, 도화지 등의 값비싼 물건들을 사줄 겁니까? 만약 학생들이 그것들을 사야 하는 경우 촌락에 사는 가난한 아이들은 살 수가 없습니다. 만약 정부가 그것들을 사줘야 하는 경우 그 계획에는 굉장히 많은 예산이 소요됩니다. 어떻게 해야 할까요? 저는 이 자리에서 분명하게 말해야겠습니다. 정부도 학생도 이런 것들을 사서는 안 됩니다. 그렇다면 그리기 교육을 어떻게 구성해야 할까요?

그리기에는 두 가지 양상이 있습니다. 하나는 아름다움을 목적으로 합니다. 다른 하나는 유용성을 목적으로 합니다. 아주 고귀한 언어로 표현하자면, 하나는 '박티요가 bhaktiyog'에 속합니다. '헌신의 길'이지요. 다른 하나는 '카르마요가 karmayog'에 속합니다. '실천의 길'입니다. 그것은 수행이자 노동입니다. 우리는 삶과 교육에서 카르마요가, 그러니까 실천의 길이 우선해야 한다는 점을 절대로 잊어서는 안 됩니다. '박티 bhakti', 즉 애정 어린 헌신은 실천의 길을 아름답게 하는 은총입니다. '즈나나 jnana', 지혜는 그것을 비추는 빛입니다. 이와 같은 사고 체계는 그리기뿐만 아니라 기초 수공 기술 전반에도 유효합니다.

실잣기, 직조, 목공일, 글쓰기 같은 기술에 특히 유용한 그림 그리기의 유형이 공예회화입니다. 어떤 모형을 보거나 기억을 되살려서 새로운 유형의 방추 지지대 밑그림 그리기, 다양한 종류의 도면과 도표 준비하기, 주어진 축적대로 설계도나 지도 그리기, 도구를 개선하기 위한 새로운 아이디어를 종이에 옮겨 그리기가 이에 속합니다. 이런 식으로 '자유롭게 그리기', '도형 그리기', '정물 그리기', 그리고 기억과 상상의 세계 그리기를 모두 포함하게 됩니다.

이러한 실무적이고 업무 중심적인 그리기에는 특별한 장비가 필요하지 않습니다. 흔히 쓰는 석판과 연필만으로 많은 것을 할 수 있습니다. 종이는 되도록 적게 써야 하고, 실제로 이른바 도화지라고 하는 것은 전혀 필요하지 않습니다. 지우개를 사용하는 것 같은 불결한 습관이 들어설 여지가 없습니다. 그림은 지우개를 쓰지 않고도 깨끗하게 닦을 수 있어야 합니다. 학생들은 석판을 이용함으로써 손재주를 익히고 그것에 자신감을 가져야 하며 진짜로 필요한 경우에만 종이를 써야 합니다. 그래프를 그릴 때 줄이 처진 종이를 살 필요는 없습니다. 아이들 스스로 줄을 긋게 하십시오. 그것 자체가 이미 그리기 기술의 일부입니다. 이 관점에서 보면 손기술, 예술, 지식, 즐거움, 자신감, 이 모든 것이 하나로 수렴됩니다. 그리고 도구 문제로 골머리를 앓을 필요도 없습니다.

우리가 실용적인 기술로서의 그리기를 최우선 순위로 둔다고 해도 아름다움에 대한 경배로서의 그림 그리기 또한 여전히 필요합니다. 그 까닭은 기술을 아름답게 하기 위함이며, 이를 위해서는 일정한 도구가 필요합니다. 이것과 관련해서는 무엇을 할 수 있을까요? 이 글을 쓰는 진짜 목적은 바로 이 질문에 답하기 위해서입니다. 그 전에 먼저 몇 가지 관련된 문제들을 이야기한 것입니다.

'랑판차미Rang-panchami' 축제는 다른 곳에서도 그러하듯이 파우나에서도 아주 성대하게 치러집니다. 우리 작업장에서 일하던 학생들도 다른 마을 사람들이 했던 것처럼 행동했습니다. 학생들은 시장에서 물감을 사서 서로의 옷에 묻혔습니다. 나중에 그 옷은 (마찬가지로 시장에서 산) 비누로 빨아야 했습니다. 그렇게 한 뒤에도 물이 빠지지 않았습니다. 다른 마을 사람들은 아예 옷을 빨 생각도 하지 않았습니다. 그들은 작업장에 다니는 학생들이 습득하고 있던 청결 개념이 없었기 때문입니다. 제가 아이들에게 말했습니다. "나는 너희들이 '홀리holi, 축제 때 하는 색감놀이'를 하면서 시간을 보내는 것에는 반대하지 않는다. 그러나 물감과 비누를 사는 데 돈을 쓰면 무엇이 좋겠니? 그렇게까지 하면서 정작 즐기지도 못하잖아. 그러지 말고, 대신 일이 끝나고 나서 저녁 무렵에 1~2마일 정도 강둑을 따라 걸으면서 '숲의 불꽃'인 활짝 핀 '팔라시palash' 나무의 꽃을 따서 물감을 만들면 인조물감보다 훨씬 부드럽고 예쁘며 잘 지워지는 물감을 얻을 것이다. 자, 내 방식과 너희 방식 중에 어떤 것이 더 재미있겠니?" 그 자리에 있던 아이들 모두가 내 방식이 더 좋겠다고 말했습니다.

이 랑판차미 축제 일화가 아름다움을 창조하기 위해 필요한 재료에 대해 우리가 제기했던 의문에 대한 답입니다. 우리는 자연에 둘러싸여 있습니다. 자연은 학생들이 다가오기를 기다리고 있습니다. 아름다움의 측면과 관련하여 그림을 그리는 목적은 학생들을 자연에 가깝게 다가가게 하고, 그렇게 해서 아이들이 순수한 즐거움의 경험 속으로 들어가게 하는 것입니다. 언제나 우리 아이들을 둘러싸고 있고, 또 아이들에게 이토록 풍부한 미술 주제를 제공하는 이 자연이 아이들에게 그것을 할 수 있는 수단을 주지 않는다면, 창조주는 정말이지 가난하고 재주 없는 예술가가 되고 말 것입니다. 아이가 배고픈 것을 느끼자마자 어머니의 젖가슴에 젖이 가득 차게 해놓은 것이야말로 신神의 뜻이 아닌가요? 가장 섬세한 붓, 가장 아름다운 색깔은 우리 주변에 있는 나무와 풀들에서 제공되며, 그 자체가 풍부한 그림 그리기의 소재입니다. 자연이야말로 진정한 카마데누Kamadhenu, 소원을 이루어준다는 신성한 소, 즉 소원을 이루어주는 존재입니다. 자연은 우리에게 젖을 주고 그 젖을 마실 그릇도 줍니다. 우리는 그냥 요구하면 됩니다.

즐거움, 그리고 즐거움의 정화라는 이 두 가지를 늘 마음에 지니는 것이 옳습니다. 살아 있는 것들만이 즐거움을 압니다. 게다가 즐거움은 영혼의 본질입니다. 중요한 것은 이 즐거움을 정화하고 또 깨끗하고 성스럽게 유지하는 것입니다.

저는 어린 시절을 콩칸Konkan에 있는 야트막한 산에 둘러싸인 마을에서 보냈습니다. 저는 매년 시기가 되돌아올 때마다 디왈리Diwali, 빛의 축제 등불을 밝힐 준비를 어떻게 했던가를 기억합니다. 우리는 숲으로 가서 부드럽고 둥그런 코란티Koranti 열매를 모아 둘로 쪼갠 다음 속에 들어 있는 부드러운 과육을 파냈습니다. 그렇게 해서 만든 조그만 등잔은 얼마나 아름다웠던지! 거기에다 우리는 모래를 조금 넣고 심지를 만들어 박았습니다. 그러고 나서 손수 만든 토산물인 순수한 콩칸 코코넛 기름을 그 안에 부어 넣었습니다. 등을 다 만들고 나서는 삼각형, 사각형, 원 등의 문양에 따라 배열했습니다. 그것이 우리의 디왈리였습니다.

4개월의 우기가 끝난 다음 처음 맞는, 맑고 달이 없는 밤을 디왈리라고 합니다. 밤의 여신이 그 신성한 풍요를 마음껏 펼쳐내는 시간입니다. 달의 제국이 지고 나면 크고 작은 별들이 찬란하고 아름다운 조화를 이루며 각자의 성단에서 빛을 발합니다. 우리가 만든 등과 함께 우리 마음의 등 또한 밝혔다면, 달 없는 밤의 고요한 나라는 훨씬 더 큰 광채를 발했을 것입니다. 그러나 그 당시에는 그런 것까지는 생각하지 못했습니다. 그래서 우리의 축제는 그만큼 불완전했지요.

교사는 아마 이렇게 말할 것입니다. "물론 그 방법은 삶 속에서 순수한 즐거움이 샘솟게 하는 방법으로는 아주 좋습니다. 그러나 꽃과 나뭇잎을 가지고 우리가 쓸 붓과 물감을 만들려면 많은 힘을 들여야 합니다. 그러면 교육에서 지식을 채우기 위한 시간을 어떻게 낼 수 있겠습니까?" 이러한 반대는 상호 연관되고 통합적인 교육의 본질을 제대로 이해하지 못했기 때문에 제기되는 것입니다. 이것은 마치 곡물을 기르고 있으면서도 "배가 고프면 어떻게 허기를 채워야 하나요?"라고 묻는 것과 같습니다. 이 질문은 너무나 단순해서 대답할 필요도 없으나, 다른 한편으로는 너무나 복잡한 것이어서 오직 실제로 학교를 운영하는 과정에서만 해답을 제시할 수 있는 것이기도 합니다.

기초 수공 기술 시간은 두 가지 목적을 갖고 있습니다. 바로 기술에 정통하는 것과 순수한 즐거움을 누리는 것입니다.

교육에서 예술의 위치

누군가 물었습니다. “교육에서 음악과 예술의 목적은 무엇입니까?” 제가 대답했습니다. “신은 이름과 형상을 통해 현실 세계에 드러납니다. 신성 속에서 다른 모든 것들은 형체를 갖고 있지 않은 채로 존재합니다. 음악으로 신의 이름이 찬양되고, 예술로 신의 형상이 아름답게 꾸며지게 합시다.”

우리의 학교 시간표에는 1학년부터 예술 시간이 있습니다. 예술 없이는 수공 기술을 통해서 이루고자 하는 교육의 이상을 실현할 수 없기 때문입니다. 그러나 예술의 기교와, 예술의 이상 혹은 정신은 서로 다릅니다. 진정한 예술 정신을 목도한 사람은 일상의 삶에서 그 어떤 추레한 습관도 용인하지 않을 것입니다. 바로 그것이 학생들이 배워야 할 것입니다.

학생들이 어느 정도 손재주를 익히는 것만으로는 충분하지 않습니다. 그들의 가치관이 온전히 아름다움으로 채색되어야 합니다. 앉는 것, 몸을 곧추세운 자세로 있는 것, 똑바로 정연하게 서 있는 것, 식사를 하기 위해서 나란히 줄지어 서 있는 것 등, 이 모든 것이 다 예술입니다. 라임을 잘라서 벗기는 데에도 올바른 방법과 잘못된 방법이 있습니다. 라임을 자를 때에는 정확히 절반으로 잘라야 합니다. 그래야 씨와 과즙을 쉽게 뽑아낼 수 있습니다. 오렌지를 먹을 때 껍질은 두 개의 사발 모양이 되도록 벗겨야 합니다. 그래야 먹으면서 씨와 다른 부스러기들을 그 안에 넣을 수 있으니까요. 그리고 파파야는 긴 방향으로 두 개의 사발 모양이 되도록 잘라야 합니다. 바나나 껍질은 한꺼번에 벗기지 말고 먹어가면서 조금씩 벗겨야 합니다. 그렇게 하지 않으면 과육을 잡느라고 손이 더러워집니다. 이러한 예는 수없이 들 수 있습니다. 삶을 정돈되게 영위하는 데서 생겨나는 아름다움은 미에 대한 안목을 갖게 하는 데 도움을 줍니다.

요즘에는 검은 모자를 쓰는 것이 유행인 듯합니다. 그러나 인도 사람들은 이미 검은 것들과 함께 살고 있습니다. 검은 피부, 아주 새까만 눈동자와 머리카락이 있지 않습니까! 아름다움은 일정한 색깔의 대비에서 비롯됩니다. 게다가 모든 색깔은 특정한 기질 혹은 성향과 관련이 있습니다. 순백색은 순결과 신성함의 상징입니다. 장미의 붉은색은 사랑의 징표입니다. 장밋빛 여명은 신의 사랑으로 이글거립니다. 여명의 신성한 기운이 사려 깊고 자애로운 어머니처럼 자식들을 깨우러 옵니다. 여명의 아름다움을 보지 않고서는 어떤 시인이나 예술가도 자신의 일을 잘해낼 수 없습니다.

저녁 하늘의 아름다운 광경은 또 어떻습니까? 예술의 관점에서 보면 어떻게 그것을 무시할 수 있겠습니까? 어둠 속에서 목성과 금성은 얼마나 찬란히 빛나는지! 그것들을 관조하는 마음은 얼마나 정순해지는지! 슈크라Shukra, 금성라는 이름은 슈키Shuchi, 즉 순수함과 어원이 같습니다. 이것들과 비교해보면 사람들이 바닷속 깊이 잠수해 들어가 찾는 진주는 얼마나 보잘것없습니까. 툴시다스Tulsidas는 람Ram왕국의 완전함을 묘사하기 위해서 "그 옛날 바다는 진주를 해안으로 밀어냈다."고 쓰고 있습니다. 저는 그에게 아이들이 놀이를 하려고 바닷가에서 진주를 주워 모았다가 놀이가 끝나면 다시 바다로 던져버리는 모습을 그리는 또 다른 연구聯句를 덧붙이게 하고 싶습니다. 그렇게 했다면 진주를 진주의 가치대로 보여주었을 것입니다. 오늘날 우리는 바다가 준 이 아름다운 선물을 돈으로 평가합니다. 그러나 아름다움을 돈과 동일시하는 것은 순전한 어리석음입니다.

이처럼 대자연이라는 영상은 예술에 필수입니다. 《마누법전》에는 아침에 깨어나면 하늘의 별들을 보기 전에 반드시 얼굴과 눈을 씻어야 한다고 천명하고 있습니다. 어떻게 부정한 눈으로 별의 순수한 아름다움을 볼 수 있겠습니까? 사람들은 틀림없이 별이 빛나는 광경을 보고 영감을 받아 '랑골리rangoli, 색돌 가루로 땅에 그리는 그림' 기술을 창안해냈을 것입니다. 랑골리를 보면 먼저 점으로 문양을 만든 다음 그것들을 서로 이어서 원하는 형태를 만들어냅니다. 이 기술은 하늘의 별을 보고 영감을 받은 것이 틀림없습니다. 상상력으로 별들 가운데서 모양과 형상을 발견한 것입니다. 그리고 디왈리의 목적은 천계의 오묘함을 지상에 재현하고자 한 것이 틀림없습니다. 디왈리는 코자가리Kojagari나 사라트 푸르니마Sharat Purnima가 첫 번째 보름이듯이, 하늘이 맑아진 뒤 처음 맞는 달 없는 밤입니다. 이 두 축제의 목적은 인간의 주의를 하늘로 향하게 하는 것입니다. 깜빡이는 디왈리 등불을 크고 작은 별무리의 사랑스러운 모습에 따라 배열하지 않을 까닭이 어디 있겠습니까?

회화는 대상의 일반적인 특성과 고유한 특성을 드러낼 수 있어야 합니다. 주요 특질과 부차적인 특질의 차이는 공통성과 고유함이라는 문제에 속합니다. 화가가 어떤 사람의 얼굴에 나타난 몇 가지 고유한 특징만 선택해서 그린다면, 우리는 그것만 가지고도 그 사람을 알아볼 수 있습니다. 마치 긴 코만으로 코끼리를 알아볼 수 있는 것과 같지요. 이것을 '구분 도해' 기술이라고 할 수 있을 겁니다. 구분 능력은 고유한 특성을 간추려내는 기술입니다. 인도소 중 황소는 '두 개의 뿔과 하나의 견봉肩峯을 가진 동물'이라고 구분되어 있습니다. 여러분이 이 세상에 있는 모든 피조물을 찾아다닌다 해도 두 개의 뿔과 하나의 견봉을 갖고 있는 다른 종은 발견하지 못할 것입니다.

미술 교육의 또 다른 측면은 기억한 것을 그린다는 것입니다. 우리는 기계 장치나 건물, 아니면 우리가 발견한 것 등을 기억해서 나중에 그릴 수 있어야 합니다.

미술 시간에 설명을 해줘야 할 몇 가지 착시 현상이 있습니다. 철로를 그릴 때 기다랗고 곧은 두 개의 평행선을 그려서는 안 됩니다. 선로가 눈에 보이는 대로, 마치 두 개의 선로가 붙어 있는 것처럼 보일 때까지 멀어질수록 조금씩 좁아지도록 그려야 합니다. 두 개의 별이 막 떠오를 때에는 우리의 머리 바로 위에 있을 때보다 두 별의 간격이 훨씬 더 넓어 보입니다. 해는 떠오를 때 굉장히 커 보이지만 시간이 지날수록 작아지는 것처럼 보입니다. 그러다가 질 때는 다시 커 보입니다. 세상의 이 모든 경이롭고 흥미로운 광경들을 미술 시간에 그려보아야 합니다.

학생들은 다른 종류의 아름다움을 제대로 보는 법 또한 배워야 합니다. 우리가 정원을 거닌다고 상상해봅시다. 나무들이 줄을 지어 서 있고, 나뭇가지들이 교차하면서 머리 위로 지붕을 만들고 있습니다. 그 광경을 보면 즐겁습니다. 이번에는 숲 속을 거닌다고 생각해봅시다. 모든 나무들은 그 모양새와 크기가 제각각입니다. 높이 자란 나무, 나지막한 나무, 큰 나무, 작은 나무가 함께 자라고 있습니다. 돌보는 이 없는 이 나무들이 품고 있는 자연스러운 아름다움에서도 우리는 즐거움을 느낍니다. 잘 다듬어진 정원의 아름다움과 마음대로 무성하게 자란 숲의 아름다움이 똑같이 우리에게 즐거움을 주는 까닭은 무엇일까요? 정원은 신의 정연함을 드러내고, 숲은 신의 정순함을 드러내기 때문입니다. 이 두 가지 특질을 예술가의 창작물에서도 찾아낼 수 있어야 합니다.

유럽에서 정의의 여신은 손에 저울을 들고 두 눈을 가린 여인으로 표현되어 있습니다. 누군가가 왜 정의의 여신은 눈을 가리고 있어야 하는지를 물어볼 수 있을 것입니다. 왜 남자가 아니라 여자입니까? 저울대가 평평하다면 정의가 왜 필요합니까? 눈을 가리고 있는 것은 공평무사함을 상징합니다. 눈 먼 사람은 크고 작음을 식별하지 못하기 때문입니다. 여자인 것은 자애로움을 상징합니다. 정의는 여성의 타고난 본성인 자애로움으로 중화되어야 합니다. 평평한 저울대는 정의는 사려 깊어야 한다는 것을 보여줍니다. 정의의 여신의 이미지는 올바른 정의의 공평무사함, 자애로움 그리고 확고부동함을 나타냅니다.

다타트레야Dattatreya, 브라흐마, 비슈누, 시바의 화신는 세 개의 얼굴을 가지고 있습니다. 이 세 얼굴은 흔히 엇비슷하게 묘사됩니다. 그러나 가운데 있는 얼굴은 '사트빅sattvik', 그러니까 숨김이 없고 맑으며 아름답고 정순해야 합니다. 두 번째 얼굴은 '타마스tamas, 어둠', 그러니까 온통 사심 없는 마음이어야 합니다. 세 번째는 힘과 활기 그리고 광휘로 가득 차야 합니다. 이것이 제왕의 면모입니다. 이러한 특질들이 명확하게 구분되어야만 다타트레야의 올바른 모습이 드러나고, 세 가지 '성격'의 상징성이 드러납니다. 힌두교의 도상들은 표상 예술의 보고입니다.

의식적인 제의를 행할 때는 언제나 물을 가득 채운 토기 항아리를 환영의 뜻으로 입구에 놓아둡니다. 이것을 '푸르나 쿰purna-kumbh'라고 부릅니다. 그런데 이것의 진짜 뜻은 무엇일까요? 바로 성심성의를 다해 환영한다는 마음의 상징입니다. 항아리는 흙이나 금으로만 만들 수 있고, 그 외에 다른 물질로 만들어서는 안 됩니다. 부자의 황금 항아리는 그가 베푸는 환영의 풍성함을 상징합니다. 이것이 푸르나 쿰의 상징입니다.

툴시다스가 람과 바라트Bharat의 상봉을 묘사하는 것을 보면, 람이 활과 다른 무기를 멀리 두고 무장하지 않은 채 자리에서 일어나 바라트를 환영합니다. 바라트를 만나고자 하는 람의 열렬한 바람이 이 장면에 잘 드러나 있습니다.

살다 보면 균형 잡힌 것들과 불규칙한 모양을 한 것들을 접하게 됩니다. 이런 것들을 정확하게 묘사하는 것도 미술의 일부입니다. 균형의 중심을 잘 드러내야만 하며, 또 그것을 늘 마음에 두고 있어야 합니다. '라페타 lapeta, 자세'의 긴 축은 대칭을 이루고 있습니다. 정사각형은 네 방향이 대칭이고 원은 어떤 방향으로든 대칭을 이룹니다. 어떤 방향으로 잘라도 잘린 양쪽은 같다는 뜻입니다. 학생들은 그림을 그리면서 대칭을 이룬 형상들을 묘사할 수 있어야 합니다. 그리고 오른손으로 그리는 법을 가르치는 것처럼 왼손으로 그리는 방법도 가르쳐야 합니다.

물레와 교육

많은 사람들이 학교에서 물레를 다루는 법을 가르쳐야 한다는 사실에 기뻐했습니다. 방적산업이 국가 차원에서 중요한 사업이라는 점에 대해 생각을 같이하기 때문입니다. 하지만 학교에서 하는 방적은 계획이 잘 짜이고 효율적이어야 합니다. 정해진 시간에 앉아서 되는대로 실을 잣는 것으로는 충분하지 않습니다. 실잣기가 실질적으로 쓸모가 있으려면 적절하게 운용되어야지 그렇지 않으면 학생들은 그 일을 하고도 아무것도 얻지 못할 것이고 일 자체도 재미없게 될 것입니다. 학교에 있는 물레는 교육의 도구가 되어야 하며, 다음 사항들이 교육 내용에 포함되어야 합니다.

1. **조면**繰綿, **소모**梳毛, **가늘게 찢기, 실잣기 과정에 대한 지식** : 이 네 가지는 방적 공예의 과정으로, 이들 과정에 대해 연구하는 목적은 일등급 품질과 빠른 작업 속도이다.

2. **특별한 실잣기 기술에 대한 지식** : 아주 가는 실을 잣거나 양손으로 타클리를 써서 실을 잣는 것, 섬유 전체가 균일하도록 빗질을 하는 것, 올이 굵지 않게 실을 잣는 것 등.
3. **보조 기술** : 수동 조면기, 소면기의 활대, 물레, 물렛가락 등을 수선하기 위한 목공일과 금속을 다루는 기술 등.
4. **기계의 작동 원리에 대한 지식** : 조면기, 소면기의 활대, 물레의 작동 원리에 대해 완전히 이해할 수 있을 정도의 지식. 마찰이 생기는 까닭과 마찰을 줄이기 위한 방법, 물레바퀴와 물렛가락의 연관성, 물렛가락이 빠져나가는 여러 가지 원인 등.
5. **물레의 경제학** : 마을 재건, 사유재산의 분배, 실업, 외국산 직물 불매 운동, 목화 생산에서 인도가 점하는 위치, 자립정신, 스와라지 등의 관점에서 본 방적산업의 유용성에 대한 탐구.
6. **방적의 역사** : 방적 기술은 어떻게 생겨났고 발전했는가? 인도에서 방적 기술이 사라지다시피 한 까닭은 무엇인가?
7. **윤리· 종교적 측면** : 힌두교, 불교, 이슬람교, 기독교와 다른 종교들의 방적에 대한 태도. 나라 사랑. 해를 끼치지 않는 간소한 삶. 가난한 사람과 노동의 존엄성에 대한 존경. 불가촉천민 계급의 폐지. 여성성에 대한 경의.

이상은 실잣기에서 다루어져야 할 내용이며, 이것들을 제대로 익혀야 합니다. 실잣기는 한편으로 농업과 자연스럽게 연결되어 있고, 다른 한편으로 베짜기와 연결되어 있습니다. 그래서 면화 재배와 같은 농사에 대한 어느 정도의 지식과 베짜기의 기본 지식에 대한 공부 또한 실잣기 과정에 포함되어야 합니다.

감각 훈련

질문자 : 오늘날 세바그람에서 행하고 있는 교육 방법은 시골 마을에 아주 적절합니다. 도시 학생들을 위해서 선생님께서 제안하고 싶은 사항들이 있다면 무엇입니까?

비노바 : 당신 생각에는 어떤 변화가 필요한가요? 도시와 시골의 차이점이 무엇입니까? 태양과 달은 두 곳 모두를 비춥니다. 두 곳 모두에서 아버지와 어머니는 거의 비슷합니다. 한쪽에서는 기름 등을 쓰는데 다른 쪽에서는 전기를 씁니다. 그것 말고 다른 것이 또 뭐가 있습니까?

질문자 : 도시에는 기계 문명이 있습니다.

비노바 : 그렇다고 해서 무엇이 달라집니까? 한쪽 학생은 버스를 타고 다른쪽 학생은 달구지를 탑니다. 한 아이는 기름과 동력기관에 관해서 배우고, 다른 아이는 정미소와 황소에 대해 배웁니다. 결국 중요한 것은 아이들이 실제로 자신이 살고 있는 환경을 이해함으로

써 지성을 계발시켜야 한다는 점입니다. 시골 마을이라고 해서 모두 다 같은 것은 아닙니다. 와르다Wardha 지방의 아이들은 밭에 둘러싸여 자랍니다. 그에 반해서 콩칸에서는 아이들이 논에 둘러싸여 삽니다. 우리는 도시와 시골의 차이점에 대해서 이러한 관점에서 접근해야 합니다.

질문자 : 시골에 사는 아이들은 자립적일 수 있지만 도시에서 사는 아이들은 그렇지 않습니다.

비노바 : 왜 아닙니까? 예를 들어 도시의 찻집에서 살아간다 해도 아이는 부엌에서 일을 하면서 공부할 수 있습니다. 우리의 원칙은 아이가 사는 환경이 교육의 매개체라는 것입니다. 그렇지 않습니까? 이 원칙은 시골과 도시에 동등하게 적용됩니다. 시골 마을에서는 연료로 나무를 쓰고, 도시에서는 석탄을 씁니다. 그러나 교육적인 관점에서 볼 때 그렇게 하는 것이 무슨 차이가 있습니까?

질문자 : 도시에서 아주 어린 학생들의 교육은 어떻게 시작해야 할까요?

비노바 : 제가 보기에 특별한 어려움은 없습니다. 도시라 할지라도 물과 공기와 빛이 있습니다. 아이들의 감각은 어느 곳에서나 똑같습니다. 아이들은 어디서나 어디든 올라가기를 좋아합니다. 한 곳에서는 산을 오르고 다른 곳에서는 여러 층짜리 빌딩을 오를 뿐입니다.

질문자 : 그렇지만 어떻게 두 지역의 아이들이 같은 기반을 갖고 있다고 할 수 있습니까?

비노바 : 당신이 두 지역의 학생들에게 진정으로 쓸모 있는 것을 가르치면 시골과 도시 아이들은 같은 기반을 갖게 되고, 둘은 하나

나 마찬가지가 될 것입니다. 두 지역의 아이들 모두 스스로의 힘으로 번 돈으로 음식을 사서 배고픔을 달래도록 교육받아야 합니다. 물론 그 아이들이 받는 교육이 시골 사람인 경우 성실하고 훌륭하게 일하게 하는 결과를 낳고, 도시 사람인 경우 게으름을 피우면서 성의 없이 일하게 하는 결과를 낳는다면, 저로서는 두 곳의 교육 방법이 달랐다고 할 수밖에 없습니다.

질문자 : 하지만 선생님께선 시골 사람들은 손으로 실을 잣는데, 도시 사람들은 그 일을 전혀 이해하지 못한다고 이야기하지 않습니까?

비노바 : 제가 그 사람들한테 무슨 말을 하겠습니까? 시골 사람들도 입을 옷이 있어야 합니다. 그래서 그 사람들한테 실을 잣게 하는 겁니다.

질문자 : 우리들도 옷이 필요하지 않습니까?

비노바 : 그렇다면 당신 또한 실을 자아야 합니다!

질문자 : 감각 훈련을 위해 세바그람에서 만든 프로그램은 우리들의 것과는 차이가 있습니다. 우리는 우리의 프로그램이 더 과학적이라고 생각합니다. 올바른 감각 계발은 맞춤한 장비를 적절하게 제공하는 데 달려 있습니다. 그렇지만 이곳에서는 그러한 과학 장비들이 외국에서 들여온 것이라는 이유로 이용하지 않습니다.

비노바 : 그런데 어린 학생들을 가르치기 위해서 외국의 장비들을 반드시 사용해야 합니까?

질문자 : 장비 자체는 외국에서 만든 것이 아닙니다. 단지 아이디어가 외국 것일 뿐이지요.

비노바 : 도대체 아이디어까지도 국가가 소유권을 갖고 있어야 하나요? 감각 훈련을 위한 재료들을 아이들이 사는 자연스런 환경 속에서 쉽게 이용할 수 있다면, '과학적'이라는 말을 빌미로 다른 인공적인 재료가 필요하다고 생각하지 말아야 합니다. 아주 가까운 곳에 강이 있다면 수영을 하면서 아이의 감각이 훈련될 수 있지 않을까요? 시골의 자연 환경이 감각 발달에 이바지하지 않습니까? 소똥을 줍고 '베르 ber' 열매를 따는 것을 감각 계발 훈련으로 여길 수는 없습니까? 이런 종류의 일들이 교육에 이롭지 않은가요?

질문자 : 우리도 그것에 반대하지는 않습니다. 그러나 우리는 어떤 특별한 장비를 이용한다면 학생들이 살아가는 데 필요한 준비를 훨씬 더 잘할 수 있으리라고 생각합니다.

비노바 : 한 가지 묻겠습니다. 만약 당신이 아무런 장비도 없이 시골 마을로 보내진다면 당신이 해야 할 일을 할 수 있을까요, 없을까요?

질문자 : 물론 할 수 있습니다.

비노바 : 그렇다면 더는 드릴 말이 없습니다. 그렇지만 하루도 지체하지 않고 가능한 모든 종류의 지식을 제공해야 한다고 생각할 필요도 없습니다. 서두를 필요가 없습니다. 우리는 학생들에게 무언가를 가르쳐야 합니다. 우리가 그것을 가르치고 싶어서가 아니라, 바로 그 순간에 아이들이 그것을 배워야 할 필요가 있기 때문입니다. 아이들은 눈에는 빛이, 혀에는 맛이, 귀에는 소리가 필요합니다. 그리고 우리는 이에 맞추어 아이들을 가르쳐야 합니다.

질문자 : 그래도 아주 섬세한 구분능력을 가르치기 위해서 과학 장비를 만든 것 아닙니까.

비노바: 물론 그렇습니다. 그러나 우리는 과학의 이름으로 인공물을 끌어들이지 않도록 유의해야 합니다. 누구도 풍금이 소리를 아주 섬세하게 구별해 듣는 것을 도와준다고 주장할 수는 없습니다. 그러나 풍금은 이용되고 있습니다. 설탕을 넣지 않으면 절대로 우유를 마시지 않는 사람이 우유의 진짜 맛을 어떻게 알겠습니까? 우리가 어떤 음식의 진짜 맛을 음미하고자 한다면 그것을 자연 상태로 먹어야 합니다. 이런 식으로 생각해보면 방법을 찾는 것은 어렵지 않습니다.

몬테소리 교수법의 도움 없이도 동물의 감각은 발달합니다. 호랑이는 다른 동물들보다 감각기관이 훨씬 더 잘 발달되어 있으며, 지극히 예민한 후각을 갖고 있습니다. 환경이 위험하고 험난할수록 감각기관은 더 예민하게 발달하는 것 같습니다. 감각 훈련에 있어서 이 문제는 정말로 중요한 것은 아닙니다. 자연스러운 삶을 영위하면 감각은 스스로 발달합니다. 교육에서 훨씬 더 중요한 문제는 순수한 것에 대한 감식력을 기르기 위한 감각 훈련을 하는 것입니다. 삶을 인위적으로 세련되게 한다고 해서 이 순수함에 대한 감식력이 강화되는 것은 아닙니다. 그렇게 하면 오히려 퇴화하고 맙니다. 시골과 도시에서 똑같이 이러한 감식력의 퇴화가 진행되고 있습니다. 양쪽 모두 똑같이 양념으로 음식 맛을 내고 있습니다. 이것 말고도 더 많은 사례를 들 수 있을 것입니다.

질문자: 그렇지만 양념도 신이 창조한 것 아닌가요?

비노바: 신은 소똥을 창조했습니다. 그러나 그 누구도 소똥을 먹지는 않습니다. 그리고 처음부터 고추를 좋아하는 아이는 없습니다.

그렇지만 달콤한 과일은 좋아하지요. 감각능력을 계발하는 것과 맛을 구별하는 기준을 만들어내는 것은 다른 것이 아닙니다. 이 둘은 똑같은 것의 두 가지 양상일 뿐입니다.

아이들을 위한 종교 교육

압테 구루지Apte Guruji께서 편지를 보내셨는데, 그 글에서 다음과 같은 문제를 거론하셨습니다. "사람들이 학교에서 어린아이들을 위한 종교 교육에 대해 거듭 자문을 구해옵니다. 많은 사람들이 이 문제를 어떻게 해야 할지 모릅니다. 어린이들이 성인聖人들의 말씀을 외워야 한다는 것에는 모든 사람들이 동의했습니다. 이 점은 확실합니다. 그렇지만 초등학교와 중학교에서의 종교 교육을 위한 형식을 명확하게 할 필요가 있습니다."

종교 교육이 대단히 흥미롭고 중요한 과목이라는 점에는 의심의 여지가 없습니다. 그러나 불행히도 '다르마Dharma, 우주의 질서, 종교적인 법칙'라는 단어는 아주 협소하고 공적인 의미로만 이해되고 있으며, 그러한 까닭에 많은 사려 깊은 사람들이 학교에서 어떠한 종류의 '다르마'를 가르치는 것도 거부하고 있습니다. 진정한 종교 교육은 문헌 문제가 아니라는 것이 저의 관점입니다. 이는 종교의 본질이 건강한 성품, 신에 대한 신념, 그리고 영혼은 육체와는 다른 어떤 것이라는 점에 대한 확신입니다. 이와 같은 핵심적인 가르침은 오로지 훌륭한 스승들에게서만 배울 수 있습니다. 그렇기 때문에 종교 교육을 위해 제가 세울 수 있는 유일한 계획은 바로 훌륭한 분들을 스승으로 모시는 것입니다.

성인들의 말씀을 외우는 것은 말할 것도 없이 가장 유익한 훈련입니다. 그러나 저는 그것을 종교 교육이라고 부르지 않겠습니다. 그보다는 가장 정순한 문학 공부라고 하겠습니다. 배워야 할 문장들을 뽑는 일은 늘 확연히 깨어 있고 지극히 섬세한 정신으로 임해야 합니다.

모든 종교 전통들에 대한 경의를 갖게 하려면 아이들에게 각 종교 성인들의 일대기를 알려주고, 각 종교가 준수하는 삶의 규칙과 축제 그리고 마음을 정화하기 위한 수련들에 대해서도 알려줘야 할 것입니다. 그러나 이러한 것들은 종교 교육이라기보다는 역사 혹은 사회학 공부로 간주되어야 합니다.

모든 종교에서, 순수한 마음을 갖는 것에는 아무런 관심도 두지 않은 채 어떤 의례적인 형식이나 겉으로 드러나는 행위들을 해야만 덕을 쌓을 수 있다는 믿음이 유행하고 있습니다. 이러한 미신은 사라져야 합니다. 아이들은 모든 것을 경험을 통해서 검증하는 습관을 가져야 합니다. 만약 그러한 태도가 확실하게 자리 잡았다면, 저는 그 아이들의 종교 교육은 완성되었다고 생각합니다.

05

스승과 제자

스승과 제자, 창조적인 관계

스승은 제자에게 신입니다. 제자는 스승에게 신입니다. 제자가 스승에게서 얻는 지식이 원만하고 완전한 것이라면, 제자가 스승을 섬김에 있어서도 또한 원만하고 완전할 것입니다. 스승은 제자를 돌보고 가르치는 것이 그 자체로 충분히 만족스러운 일이라는 것을 알게 될 것입니다. 가르치는 일이 어떤 다른 목적을 이루기 위한 수단으로 인식되어서는 안 될 것입니다. 마찬가지로 제자들 또한 스승을 정성을 다해 모셔야 합니다. 꿍꿍이속을 가지고 모셔서는 안 됩니다. 제자의 입장에서 스승을 섬기는 일과 스승의 입장에서 제자를 섬기는 일이 유일한 목표이자 자신의 충족을 위한 목적이 되어야 합니다. 그리고 스승과 제자 모두 이 섬김을 신에 대한 섬김과 마찬가지로 여기며 실아야 합니다.

이러한 관계를 이루는 데 아주 특별한 가치가 있는 활동이 몇 가지 있습니다. 교사와 학생이 작물을 가꾸고, 옷을 만들고, 청소하는 것과 같은 생산적인 일을 함께 하는 것과, 한 가족을 이루어서 함께 사는 것이 대단히 중요합니다. 공부하고 가르치기 위해서 모였을 때는 그것이 사회에 대한 봉사의 하나로 행해지고 있다는 사실을 실감해야 합니다. 이것이 우리 '구루쿨gurukul. 스승과 제자가 함께 살며 공부하는 공동체'에서 공부하고 일하는 본보기가 된다면 적절한 교과서를 찾거나 만들어야 할 문제는 없을 것입니다. 필요한 책은 이와 같은 하나 된 삶을 경험한 열매로 그 자리에서 만들어질 것입니다.

이 나라에 전해져오는 경전과 주해서들은 이러한 실제적인 교육 경험에 기초하고 있습니다. 샹카라차리야는 《브라마수트라*Brahma sutras*》에 대해 더할 나위 없이 뛰어난 해설서를 썼습니다. 그것은 지금도 아주 높이 평가받고 있으며 우리가 갖고 있는 가장 심오한 철학 저술일 것입니다. 그런데 이 책은 아주 재미있고 쉬운 문체로 쓰여서 마치 일반 대중들을 위해 쓴 것 같습니다. 정말 쉬워서 저도 아이들에게 산스크리트어를 가르치면서 이 책을 썼고, 아이들도 산스크리트어가 마치 모국어라도 되는 것처럼 이 책을 대단히 즐겼습니다. 이처럼 쉽게 이끌리는 까닭은 이 책이 샹카라차리야가 《브라마수트라》를 학생들과 함께 읽었던 경험의 소산이라는 사실로 설명됩니다. 그는 학생들을 가르치면서 각각의 경전들에 대해서 상세한 해설을 달았을 것이고, 그렇게 한 뒤에 책에다 자신이 가르친 내용을 요약해 적어두었음이 틀림없습니다. 그래서 해설의 문체 자체가 강연을 듣고 있는 것처럼 느껴지는 겁니다. 이 책을 읽고 있노라면 어떤 작가가 써놓은 글을 읽는다기보다는 스승이 강연하는 자리에 앉아 있는 것 같은 느낌이 듭니다.

가르치는 일과 공부가 하나로 통합되고 그것이 사회에 대한 봉사로서 행해지면 그 경험을 토대로 책이 만들어질 것입니다. 제 자신도 저의 실제 경험에 기반을 두어서 실잣기에 대한 책을 한 권 썼습니다. 그 책은 제가 학생들을 가르치고, 또 제가 그 기술을 배우고 일한 경험에서 만들어진 것입니다. 《기타 프라바찬*Gita-Pravachan*, 《기타》 강설》은 제가 감옥에 있을 때 동료 수감자들한테 직접 했던 강연으로 이루어져 있습니다. 그 당시 무언가 기여를 하고 싶다는 바람과 때마침 자연스럽게 생긴 기회가 아니었다면 저는 절대로 책을 쓰지 않았을 것입니다.

한번은 제가 감옥에 있을 때, 우리가 저녁 기도 시간에 늘 암송하던 《바가바드기타》 2권의 마지막 18개의 연구聯句에 대해 강연을 해 달라는 부탁을 받았습니다. 제 동료들이 그것의 본질을 이해할 수 있게 도와주기 위한 것이었습니다. 저는 몇몇 형제들에게 그 연구를 설명해주었습니다. 그리고 그것에서 《스티타프라즈나 다르샨*Sthitaprajna Darshan*, 완전한 지혜에 이르는 철학》이라는 책이 나왔습니다. 《스와라지아 샤스트라*Swarajya-Shastra*, 스와라지의 원리》 또한 같은 방식으로 감옥에서 쓴 것입니다. 한 형제가 저에게 몇 가지 질문을 했는데, 그 질문들에 대해 제가 했던 대답이 책이 되었습니다.

어디에서든 선생과 학생이 사회에 봉사하기 위해서 함께 가르치고 배우고 일하면 그들의 경험은 그들이 살고 있는 곳에만 한정되지 않고 온 세상을 위해서 유익하게 쓰입니다. 그 경험을 바탕으로 쓴 책들은 사상의 한 조류를 형성하고, 그것을 공부하는 전통이 계승됩니다.

우리가 나이탈림 센터들에 기대하는 것은 이념이 철저하게 연구·검토되고 실제로 시도되는 것입니다. 교사와 학생이 함께 계획을 세우고, 자신들의 이론에 대해 논의해서 그것을 시험해보는 것입니다. 그래서 그 결과 세상이 삶과 하나 된 지식으로 풍부해지는 것이지요. 왕성한 창의적인 생각들이 실용성 있는 실험 작업과 어우러진 곳에 우리의 나이탈림, 즉 새로운 교육이 있습니다. 실제적인 기반이 없이 단지 의견만 내놓는 곳에는 지금 세상에서 아주 흔히 볼 수 있는 낡은 유형의 교육이 있을 뿐입니다. 실용적인 일과 경험은 있으나 토론하고 생각하지 않으면 수많은 농부들과 다를 바 없는 육체노동을 하는 셈입니다. 나이탈림의 교사와 학생은 자신 속에서 농부와 철학자를 하나로 아울러야 합니다.

이런 관점에서 보면 스리 크리슈나를 우리의 모범으로 삼을 만합니다. 왜냐하면 그는 앞선 사람들의 철학 사상을 계승하면서도 그것을 발전시켰기 때문입니다. 그가 오기 전에 이미 지식의 길, 행위의 길, 헌신의 길은 잘 알려져 있었습니다. 명상의 길 또한 알려져 있었고, '삼키아 학파 the Samkhyas, 인도의 정통 육파철학六派哲學, shad darshana 가운데 하나. 두 가지 근본원리인 정신과 물질이 본질적으로 서로 다르다는 이원론을 내세우며 존재의 범주를 25원리로 설명하는 철학파다.'는 수행을 위해서 그들만의 방법을 따르고 있었습니다. 스리 크리슈나는 이러한 여러 가지 전통들을 하나의 통합된 전체로 융합시켰고, 세상에 새로운 것을 내놓았습니다. 그렇게 새로운 사유의 단계에 이르렀기 때문에 그는 훌륭한 지도자의 반열에 드는 겁니다. 그는 노동의 길을 따랐습니다. 그러나 그의 노동은 아주 창조적이었습니다. 그가 행한 노동은 그보다 앞서 살았던 농부나 기능공들의 작업을 단순히 반복하는 것이 아니었습니다.

스리 크리슈나는 거룩한 소 '성우聖牛'에 대한 우리의 경외심을 증대시켰고, 오늘날까지도 그의 이름은 소를 돌보는 일과 연계되어 있습니다. 시인 에크나트Eknath는 스리 라마찬드라의 화신에는 없는 한 가지가 스리 크리슈나의 화신에는 있다고 자랑스럽게 선언했습니다. 라마찬드라가 하는 일에는 소를 돌보는 일이 포함되지 않았습니다. 이 영역에서 사회적 의무를 부여하는 일은 스리 크리슈나의 손에 넘겨졌습니다.

스리 크리슈나는 철학과 사회의식 그리고 장인 정신을 관할했습니다. 그는 인간에게 새로운 철학과 새로운 유형의 일을 주었습니다. 그의 철학이 유구한 전통에 기반을 두지 않았다거나, 지금까지는 없던 어떤 새로운 것이었다는 뜻은 아닙니다. 그는 과거 학문의 원리들을 선별해서 새로운 것으로 융화시켜 냈습니다. 버터와 설탕, 밀가루는 별개의 실체들입니다. 그렇지만 이것들을 섞어서 만드는 과자, '라두'는 새로운 창조물입니다. 스리 크리슈나는 그의 시대 이전의 다양한 근본적인 사상에서 버터와 설탕, 밀가루를 골라내 새로운 어떤 것, 철학의 '라두'를 만들어냈습니다. 이는 소를 돌보는 분야에서도 마찬가지입니다. 그 이전에 아무도 소를 돌보는 일에 대해서 알지 못했다는 것은 아닙니다. 기본 지식은 있었습니다. 그러나 스리 크리슈나는 성우를 돌보는 일에 특별한 지위를 부여해서 그것을 종교의식 수준으로 끌어올렸습니다. 이것은 그가 인도 사회에 한 새로운 공헌입니다. 그렇기 때문에 스리 크리슈나는, 정신적인 통찰로 사회적 의무 전반에 영향을 끼치고 삶 속에서 지식과 노동의 두 흐름을 하나로 통합한 개인의 좋은 예입니다.

기초교육 담당 교사는 이 이상을 늘 마음속에 담고 있어야 합니다. 기능인으로서 여느 농부, 목수, 직조공에 못지않은 기술을 지니고 있어야 합니다. 사실 이들보다 훨씬 더 숙련된 기술을 지니고 있어야 합니다. 교사는 이들이 모르는 것에 대해 도움되는 말을 해줄 수 있어야 합니다. 교사는 농사일과 목공일 등에 대해서 일반적인 기능인의 수준을 넘어서는 자세한 사항들까지 아주 잘 알고 있어야 합니다. 그리고 도구들을 수리하는 일에 자신의 갈고닦은 능력을 발휘함으로써 이들을 도와주어야 합니다.

예를 들어, 농부가 자신의 생계를 위해서 여덟 시간을 일해야 한다고 가정해봅시다. 교사는 네 시간만 노동하고도 같은 양을 생산해내는 것이 가능하다는 점을 증명할 수 있어야 합니다. 그러나 기초교육 센터에서 일하는 교사들은 기술에 능통한 전문가가 되지 못하고 지극히 피상적으로만 알고 있는 것 같습니다. 기술에 능통한 전문가가 되어야 함에도 해당 기술을 물속에 있는 물고기처럼 자유자재로 다루지 못합니다. 스리 크리슈나는 군인으로서 기예에 완전히 정통해 있었습니다. 또한 전문적이고 과학적으로 '성우'를 돌보았습니다. 바로 이것이 우리의 학교에서 이루어내야 하는 장인 정신의 기준입니다.

이와 마찬가지로 우리 학교에서 진행되고 있는 삶의 원칙들에 대한 토론 또한 진정한 깨우침을 주어야 하며, 새로운 이상들을 끊임없이 만들어내야 합니다. 사회 철학의 개혁에 대해 사유해야 합니다. 오늘날 공산주의는 활발한 토론 주제입니다. 여러 유형의 사회주의가 시험되고 있으며, 우리 정부도 '사회주의 경향'의 사회를 준비하고 있습니다. 또한 사르보다야가 있고, 우리의 선조들이 만들어 놓은 사회 질서가 있습니다. 우리의 학교에서는 인간의 삶에 질서를 부여하는 고금의 모든 삶의 원칙들이 연구되어야 합니다.

어떤 사람들은 나이탈림이 일에 비해 지식에 관심을 덜 쏟는다고 생각합니다. 그러나 이것은 잘못 알고 있는 것입니다. 그 사람들은 나이탈림과 일반 학교의 커다란 차이점이, 우리의 지식이 견고하고 옹골지고 탄탄한 데 반해 저들의 것은 극히 피상적이라는 점에 있다는 것을 깨닫지 못하고 있습니다. 일반 학교의 교육이 이론적인 경향으로 흐르는 반면에 나이탈림의 교육은 삶에서 솟아납니다. 그러한 만큼 나이탈림에는 저들의 교육에는 없는 확신이 있습니다. 나이탈림이 옛날 교육 방식에 비해서 더 교양 없는 학생들을 배출한다는 가정은 전혀 근거가 없습니다.

지식과 일 사이의 장벽이 없어진 곳이면 어디서나 나이탈림이 번성하고 있습니다. 우리의 아쉬람 수행자들의 공동체에서는 음식을 앞에 두고 앉으면 적정한 영양 공급에 필요한 것들을 생각하곤 합니다. 요리를 하면 만든 요리에 대해서 꼼꼼하게 기록합니다. 식사를 마치면 앉아서 설거지를 합니다. 우리는 이것을 식후의 휴식으로 여기곤 했습니다. 그 일을 속도에 구애받지 않고 서로 담소를 나누면서 아주 천천히 했습니다. 이것을 우리는 토론 동아리라고 불렀고, 대화 주제는 세상사에 대한 것으로 그 폭이 넓어지곤 했습니다. 하지만 우리는 이것을 공부라고 하지는 않았습니다. 그렇게 함으로써 공부를 한 것은 틀림없지만 그렇다고 이것을 교육이라고 부르지는 않았습니다. 그 모두는 아주 자연스런 일상이었습니다.

비스바미트라가 다사라트에게 람과 락시만을 보내달라고 요청했을 때, 이는 그들로 하여금 자기의 제물들을 지키도록 시키기 위해서였습니다. 람과 락시만은 자신들이 위대한 스승에게 가르침을 받는다는 생각은 전혀 하지 않고 그를 따라갔습니다. 순전히 봉사하기 위해서 그를 따라갔을 뿐이고, 그것은 아주 잘한 행동입니다. 제가 처음에 말했듯이 스승에 대한 봉사는 전적으로 학생들에게 만족스러운 것이 되어야 하고, 그 자체가 목적이 되어야 합니다. 학생들 자신을 위한 지식을 습득하는 수단으로 삼아서는 안 됩니다. 지식에 대한 탐욕은 행위의 열매를 만끽하려는 욕망의 한 형태입니다.

저녁이 되자 비스바미트라가 말했습니다. "이제 산드야 경배 시간이니 준비를 하자꾸나." 기도를 마친 뒤 그들은 진지한 대화를 나누었습니다. 그런 다음 비스바미트라는 나뭇잎과 풀로 푹신한 잠자리를 만들어주었고, 람과 락시만은 거기서 잠을 잤습니다. 이 두 소년이 그들의 아버지가 애지중지하는 왕자들이었다는 점을 기억하십시오. 그들이 집에서 썼을 침대가 어떤 것이었겠습니까! 그들의 수업은 풀잎 침대에서 자는 것과 함께 시작되었습니다.

비스바미트라는 이튿날 아침 해가 뜨기 한참 전인 새벽 4시에 람과 락시만을 깨웠습니다. 풀로 만든 잠자리에서 이불도 덮지 않고 별들 아래에서 잠을 잤는데, 또 이렇게 일찍 잠을 깬 것입니다. 궁에서라면 당연히 궁정 가수와 시인들이 "태양이 떠오르고 있고 별들이 웅성댑니다. 오, 람 왕자님, 일어나세요!"라고 노래를 부르며 잠을 깨웠겠지요. 그러나 날도 밝지 않고 온 세상이 아직 잠들어 있는 때에 비스바미트라는 아주 차분한 말로 그들을 깨웁니다. 비스바미트라는 두 아이에게 진짜 감로수를 마시게 해야 하며, 만약 아이들이 감로가 맺히는 시간 내내 잠을 자버리면 그렇게 할 수 없다는 것을 알고 있었습니다.

나중에 여행을 하면서 두 아이는 폐허를 봅니다. 이때 비스바미트라는 이전에 그곳에 있던 위대한 왕국이 어떠했으며, 어떻게 해서 폐허가 되는 상황을 맞이했는지 설명해줍니다. 그렇게 그들은 역사를 배웠습니다. 그 후에 비스바미트라는 둘에게 활 쏘는 기술도 가르쳤고, 그것을 익혀 자신의 제물들을 지키게 했습니다.

람과 락시만은 자신들이 교육을 받으러 대학에 들어갔다고 생각하지는 않았습니다. 그들은 봉사를 하기 위해 비스바미트라에게 왔습니다. 그렇지만 일을 하면서 그들은 최상의 교육을 받았습니다. 스승 또한 자신이 가르침을 베풀고 있다고 생각하지 않았고, 배우는 이들 또한 자기들이 배우고 있다고 생각하지 않았습니다. 그런데도 그들은 최상의 지식을 주고받은 것입니다. 이것이 바로 나이탈림의 귀감입니다.

가르치는 일 말고는
할 줄 아는 게 없는데요?

어떤 젊은이가 자기는 나라의 기둥이 되고 싶다고 말했습니다. 그 말을 듣고 있던 사람이 말했습니다. "자네가 무슨 일을 잘할 수 있는지 말해주게나." 그 젊은이가 대답했습니다. "가르치는 일입니다. 그것이 제가 관심을 갖고 있는 일이기도 하고요."

"물론 자네의 타고난 취향이 가르치는 것이라면 그렇겠지. 그 밖에 할 수 있는 일이 있는가?"

"아니요, 선생님. 그것 말고는 아무것도 할 수 없습니다. 저는 단지 가르치는 일만 할 수 있습니다. 그리고 그 일은 아주 잘해낼 것 같은 생각이 듭니다."

"그럼, 그럼. 나도 그러리라고 믿네. 그런데 자네가 잘 가르칠 수 있는 것이 무엇인가? 실잣기인가? 소면인가? 베짜기인가? 이것들 가운데 하나라도 가르칠 수 있겠는가?"

"아니요, 그런 것들은 가르칠 수 없습니다."

"그렇다면 재단은? 아니면 염색이나 목공일은 어떤가?"

"아니요. 그런 것들은 하나도 모릅니다."

"그러면 요리, 곡식빻기, 그리고 그 밖의 집안일을 하는 방법은 가르칠 수 있겠지?"

"못합니다. 저는 그런 일들을 지금껏 한 번도 해보지 않았습니다. 저는 단지 가르칠 수 있을 뿐……."

"이보게 젊은이, 자네는 내가 묻는 것마다 '아니요.'라고 하면서도 가르치는 일만은 할 수 있다고 말하고 있네. 자네 말이 도대체 무슨 뜻인가? 텃밭가꾸기는 가르칠 수 있는가?"

장차 나라의 기둥이 되겠노라 하던 젊은이가 조금 화가 나서 말했습니다.

"도대체 그런 것들을 왜 물으시는 겁니까? 제가 처음부터 가르치는 것 말고는 아무것도 할 수 없다고 말씀드렸지 않습니까? 저는 문학을 가르칠 수 있습니다."

"훌륭하군, 훌륭해." 상대가 그 젊은이를 놀리는 조로 크게 말했습니다. "이제야 알아듣겠네. 자네 말은 그러니까 《라마차리타마나스 *Ramachairta-manas*》'라마의 생애를 비추는 성스러운 호수'라는 뜻. 툴시다스가 쓴 라마에 대한 헌신적인 사랑 이야기다. 같은 책을 쓰는 방법을 가르칠 수 있다는 말이지?"

이 말에 그 젊은이는 화가 난 나머지 흥분해서 말을 하기 시작합니다. 그러자 상대가 웃으면서 말했지요. "자, 진정하게! 실례지만 자네, 인내는 가르칠 수 있는가?"

이 말은 너무 심했습니다. 마치 불길에 기름을 붓는 꼴이 되어서 불꽃이 치솟아 오르기 시작했습니다. 상대는 서둘러 그 불길을 누그러뜨렸습니다. "보게나, 젊은 친구, 자네가 무얼 말하려고 하는지 나도 알고 있네. 자네는 읽기와 쓰기 등을 가르칠 수 있지. 그런 것들이 전혀 쓸모없는 것은 아냐. 살다 보면 그런 것들이 필요할 때도 있지. 그렇다면 지금부터라도 베짜기를 기꺼이 배우겠는가?"

"지금 와서 무언가 새로이 배우고 싶은 생각은 없습니다. 게다가 저는 베짜기를 배울 수 없습니다. 지금껏 손으로 하는 일은 하나도 해보지 않았습니다."

"사정이 그렇다면 자네가 일을 배우는 데 시간이 더 오래 걸리겠군. 그러나 그렇다고 해서 자네가 일을 배우지 못할 것은 아니지."

"제가 그것을 배울 수 있다고 생각하지는 않습니다. 설사 그럴 수 있다고 해도 굉장히 힘든 일과 크나큰 고통을 감내해야만 합니다. 그러니 제가 그것을 할 수 없는 사정을 이해해주십시오."

"좋네. 자네는 글쓰기는 기꺼이 가르치고 싶다고 했네. 자네는 자신에 대해 쓰는 일은 할 수 있는가?"

"물론입니다. 그 일이라면 할 수 있습니다. 물론 그저 들어앉아서 글을 쓴다는 것이 힘은 들겠지요. 그렇긴 해도 그 일이라면 특별히 거부하지 않겠습니다."

이야기는 이렇게 끝납니다. 이 이야기의 결과가 우리에게 중요한 것은 아닙니다. 이 대화는 우리네 '교사들'의 정신 상태와 속성을 이해하도록 하는 데 충분합니다.

'단지 가르치는 일밖에 모른다'는 것은 다음과 같은 것을 뜻합니다.

첫째, 실생활에 아주 쓸모 있는 실용적인 기능에 대해 전혀 모른다.

둘째, 새로운 것을 배울 역량이 없고, 어떤 종류의 기능에 대해서도 무관심하다.

셋째, 자만심이 가득 차 있다.

넷째, 책에만 파묻혀 지낸다.

다섯째, 게을러진다.

"단지 가르치는 일만 할 줄 안다."는 말은 생명이 다한 시체가 된다는 것을 뜻합니다. 이 말은 산송장한테서 산송장 같은 교육을 받는다는 것을 뜻합니다.

어떤 사람들은 이 살아 있는 송장을 '지식 노동자'라고 부릅니다. 그러나 이것은 언어의 타락입니다. 누가 진정으로 지성을 위해 노력했던 사람들인가요? 고타마 붓다, 소크라테스, 샹카라차리야, 나네스와르 같은 분들입니다. 이분들이야말로 이지적인 삶의 등불을 높이 치켜들었던 분들입니다. 지혜를 터득한 삶은 통상적인 감각 너머의 삶이라는 말이 《기타》에 나와 있습니다. 감각의 노예가 된 사람들, 육체에 대한 탐닉이라는 짐을 진 사람들은 삶의 지혜를 갖춘 담지자들이 아닙니다. 지성을 가꾸는 것은 영혼입니다. 그리고 지성이 영혼을 버리고 육체의 집에서 노예가 되면 지성은 부정을 행합니다. 이러한 부정한 지성이 들어찬 삶은 죽음입니다. 그리고 그렇게 죽음 속에서 사는 사람들을 '산송장'이라고 합니다. '단지 가르치는 것'만으로 살아가는 사람들은 죽은 것이나 다름없습니다. 마누는 이런 사람들을 '단순한 교사, 죽음의 교사, 고용인'이라 불렀고, 그런 사람들이 제사에 참여하는 것을 금했습니다. 아주 잘한 겁니다! 제사의 목적은 조상들을 생생하게 기억하는 것입니다. 그런 자리에 삶을 죽음으로 해석하고 있는 사람들이 낄 자리가 어디 있겠습니까?

예전에는 선생님을 '아차리야acharya'라고 부르곤 했습니다. 아차리야는 '아차르achar', 즉 율법에 정통한 사람입니다. 스스로가 좋은 삶의 본보기가 되면서, 자신의 민족도 그 본에 따라 가르치는 사람만이 아차리야였습니다. 그러한 아차리야들의 노력으로 국가의 기틀이 잡힌 겁니다. 오늘날 인도에서 우리가 할 일은 국가의 건설입니다. 새로운 시대의 기초가 놓여야 합니다. 진정한 아차리야라고 할 만한 선생님들이 없다면 그 일은 가능하지 않을 것입니다.

그렇다면 국민 교육 문제는 지극히 중요한 문제라는 결론이 나옵니다. 우리는 국민 교육이 무엇인지, 또 어떤 방법으로 확산되어야 할지에 대해 명확하게 알아야 합니다. 지식인 계층은 글에만 열중하여 정신적으로나 신체적으로 계속해서 나약해지고 또 비효율적으로 되어가는 중입니다. 이에 대한 유일한 해결책은 국민을 위한 진정한 교육의 불꽃을 지피는 것입니다.

그러나 이 불꽃은 '아그니Agni, 고대 인도신화에 나오는 불의 신'의 성스러운 불꽃이어야 합니다. 아그니는 '스와하swaha'와 '스와다swadha'라는 두 가지의 힘을 갖고 있다고 알려져 있습니다. 이 두 가지 힘이 있는 곳에 아그니가 있습니다. 스와하의 뜻은 자신을 포기하는 것, 즉 자기 희생입니다. 스와다의 뜻은 '스스로를 제어하는 힘'입니다. 국민 교육이라고 할 때, 그 안에 이 두 가지 힘이 왕성하게 작용하고 있는 한에서 그 이름에 값한다고 할 수 있습니다. 이러한 힘이 없다면 국민 교육은 생기 없는 공허한 교육이 되고 말 것입니다.

겉보기에는 우리 선생님들도 크나큰 자기 희생을 하는 것 같습니다. 하지만 진실로 그런 것은 아닙니다. 자신이 누릴 수 있는 다양한 이익과 편안함을 희생하는 것이 자신을 희생하는 것과 같은 것은 아닙니다. 그것을 가르는 시금석은 이것입니다. 자신을 포기하는 힘이 있다면 반드시 자신을 제어하는 힘 또한 있습니다. 자기 자신을 제어할 능력조차 없는 사람이 어떻게 자기를 포기할 수 있겠습니까? 스스로의 영혼을 똑바로 세울 만큼도 강하지 못하다면 무슨 수로 도약을 할 수 있겠습니까? 달리 말하자면, 자신을 제어하는 힘은 자기 희생 능력의 가장 중요한 구성 요소입니다. 지금까지 우리 선생님들은 이 '스와다', 그러니까 자기 제어 능력을 갖추지 못했고, 그렇기 때문에 겉으로 드러나는 자기 희생은 단지 겉모습에 지나지 않는 것이었습니다. 먼저 스와다, 그 다음에 스와하입니다. 이제 이 나라의 교사들은 자기 제어 능력을 키우는 일에 힘을 쏟아야 할 것입니다.

교사들은 '오직 수업'이라는 그릇된 생각을 버리고, 농부들이 그러한 것처럼 스스로를 돌보는 책임을 끌어안아야 합니다. 가르치는 학생들에게도 전적으로 이 책임을 지게 하고, 그들의 환경 전체를 교육의 수단으로 만들어야 합니다. 말하자면 삶에서 저절로 우러나는 교육이 되게 해야 한다는 말입니다. 책에는 "스승의 일을 마치면 《베다》를 읽어야 한다."고 나와 있습니다. 만약 우리가 '스승의 일'을 그 스승을 모시는 것으로만 이해한다면, 얼마나 많은 봉사를 해야 할까요? 또 몇 명의 학생이 그 일을 해야 할까요? 이 말의 뜻은 그것이 아닙니다. 책임감을 갖고 스승의 삶에 필요한 일들을 한다는 뜻입니다. 이러한 일들을 수행하면서 어떤 질문이나 문제가 생겨나면, 학생들은 그것을 스승에게 가져갈 것입니다. 스승은 질문과 문제에 대해 최선을 다해서 대답하고, 또 이 일을 자신의 삶과 책임의 일부로 여겨야 합니다. 간단히 말하자면, 그렇게 하는 것이 올바른 교육입니다.

기도를 위해서 그러는 것처럼 《베다》를 읽을 시간을 특별히 따로 배정해둬야 합니다. 우리가 하는 모든 일은 신에 대한 공양으로서 행해져야 합니다. 사실이 그렇습니다. 그렇다 하더라도 아침저녁으로 짧은 경배의 시간을 가져야 합니다. 같은 원칙이 교육 혹은 《베다》 독송에도 적용됩니다. 정리하자면, 우리는 낮 시간은 주로 생계를 위해 일해야 하며 이 모든 것을 교육 활동으로 여겨야 합니다. 또 특별히 교육을 위해서 하루 한두 시간 정도를 배정해두어야 합니다.

국민 교육을 위해 일하는 일꾼들로서 우리의 의무는 우리 자신의 삶이 이 나라의 국민이 마땅히 지향해야 하는 삶의 모범이 되게 하는 것입니다. 한 인간이 살아가면서 자신의 의무를 진정으로 다할 수 있다면, 교육의 광채는 저절로 그를 둘러싸고 있는 모든 사람들에게 퍼져나갈 것이고, 이웃의 분위기에서도 그 영향력을 느낄 수 있을 것입니다. 이렇게 하는 교사는 자기 자신이 하나의 학교이며, 그런 사람과 함께 사는 것 자체가 교양 교육입니다.

마을 교사

나이탈림은 대단히 폭넓고 원대한 이상이기 때문에 인도에 대한 모든 형태의 봉사가 그 안에 포함되어 있습니다. 이것을 실천하는 사람들은 스스로가 보았던 만큼의 이상을 다른 사람들에게 줄 수 있습니다. 여러분은 다른 사람을 인도하는 것에 지나친 중요성을 부여하지 말고, 각자의 정신을 활용해야 합니다. 결국 이 계획을 세운 우리들도 미숙한 아이들일 뿐입니다. 우리가 새로운 출발점에, 새로운 관점에 도달했다는 것은 사실입니다. 하지만 우리 스스로가 받은 교육은 낡은 교육이었습니다. 그래서 우리는 완전한 짐승도 아니고 완전한 인간도 아닌 '나라심하' 같은 일종의 괴물인 셈입니다. 나라심하의 전생前生의 화신은 '바라하Varaha'였는데 완전한 짐승이었습니다. 그 다음 생의 화신은 '바만Vaman'으로, 완전한 인간이었습니다. 짐승도 인간도 아닌 나라심하는 가장 무서운 화신입니다. 우리도 그처럼 괴상한 동물입니다. 우리가 받은 교육은 낡은 것이었는데 우리의 사고는 새로운 것이기 때문입니다.

제가 보기에 우리가 하려는 교육에는 단돈 1원도 들일 필요가 없는 것 같습니다. "모든 탐심을 버려라." "양손을 써서 일하라!" 《기타》에서는 이렇게 노래합니다. 제가 어느 마을에서 나이탈림을 시작할 결심을 했다고 가정해봅시다. 저는 그 지역의 노동자들과 함께 들판에 나가 일하고, 땅주인이 주는 급료로 살아갈 것입니다. 이런 식으로 살아감으로써 저는 훌륭한 나이탈림 교사가 될 수 있습니다. 그것은 우리가 위대한 스승으로 알고 있는 분들이 옛날에 살던 방식이었습니다. 위대한 교사였던 카비르Kabir가 그중 한 분입니다. 인도는 아직도 그분의 가르침을 잊지 않았습니다. 타밀나두에서 경이로운 가르침을 베푸신 발루반Valluvan도 그러합니다. 남데브Namdev는 재단사로, 카비르와 발루반은 직조공으로 일했습니다. 그들처럼 기능인의 길을 걸은 다른 성자들도 있었습니다. "입으로 신의 이름을 찬양하는 동안 양손은 신에게 봉사할 만한 일을 한다." 이것이 그분들이 우리에게 보여준 삶의 귀감입니다. 그렇다면 제가 시골 마을 들판에서 일하게 된다면 저의 양손 말고 또 무엇이 필요하겠습니까?

사람들은 시골에서 사는 것을 두려워합니다. 그렇지만 도회지 사람들이 자신들의 삶을 시골 마을의 정감 어린 분위기와 비교해본다면, 도회지의 생활이 얼마나 쓸쓸한 것인지 알 수 있을 것입니다. 시골에서는 서로 도우며 살아갑니다. 반면에 도시에서는 각자 고립되어 살아갑니다. 사람들은 자기만의 이익을 찾아서 도시로 갑니다. 그래서 시인은 "신은 전원田園을 만들고 인간은 도시를 만들었다."고 노래한 것입니다.

교사에 적합한 사람이 시골에 가서 농장의 일꾼들과 함께 일한다면 그는 새삼 자기가 배우면서 가르친다는 사실을 깨닫게 될 것입니다. 우리는 기회가 생기는 대로 저녁이나 한낮에 마을 아이들을 가르칠 수 있을 것입니다. 만약 물레가 필요하다면 15일이면 그 값을 치르고도 남을 것입니다. 만약 타클리를 원한다면 딱 하루만 일하면 그 값은 빠집니다. 이것이 바로 이 작고 단순한 도구들의 미덕입니다. 만약 필요한 연장을 직접 만들 수 있고 또 만든다면, 그것이 얼마나 귀중한 교육이 될지 이내 알 수 있을 것입니다. 그러니 시골로 가서 육체노동에 대한 신념, 마을 사람들에 대한 여러분의 사랑, 일에 대한 기술, 과학적인 안목, 그리고 자립심을 갖고서 스스로 나서서 일을 시작하십시오.

앞에서 저는 논밭에서 일하는 노동자로서 시골에서 일을 시작하고 싶다고 말했습니다. 그러나 현재 우리의 학교에서는 논밭에서 할 일이 없을 때에는 방학을 합니다. 영국인들은 우리에게 날이 더우면 방학을 하게 했고, 우리는 아직도 그 습관에 젖어 있습니다. 영국인들은 우리에게 열기가 힘을 감소시키고 일의 효율을 떨어뜨린다고 가르쳤습니다. 그런데 우리는 가장 강한 나무는 지구상에서 가장 뜨거운 지역에서 자라는 것을 보았습니다. 굳이 방학을 해야 한다면 우기에 해야 합니다. 그러나 저는 이날들을 방학이라고 부르지 않을 것입니다. 제가 방학을 이해한 것은 감옥에서였습니다. 낡은 관습에 젖은 학교들은 감옥이나 다름없기 때문에 방학이 필요합니다. 그러나 우리는 방학이 단 하루도 필요치 않습니다. 배우는 일이 즐거운데 방학이 다 무엇입니까?

한때 저는 폐품을 줍기 위해 날마다 파우나에서 3마일 떨어진 수르가온Surgaon까지 가곤 했습니다. 저는 비가 오는 날에도 이 발걸음을 멈추지 않았습니다. 사람들은 저에게 왜 비가 이렇게 심하게 내리는데도 오느냐고 물었습니다. 저는 이렇게 말했습니다. "친구 여러분, 다른 사람은 일을 쉴지 모르지만, 나 같은 넝마주이가 언감생심 어떻게 쉴 수 있겠습니까? 나의 귀감은 수르야나라얀Suryanarayan, 즉 생명을 주는 태양입니다. 태양은 이 세상 모든 것들 중에 최고의 넝마주이입니다. 우리가 먼지를 너무나 많이 일으키고 있어서 인도가 강렬한 빛의 축복을 받지 않았더라면, 우리 모두는 벌써 멸망했을 것입니다." 유감스럽게도 저는 제 자신이 태양신의 본보기를 그대로 따르지는 못하며, 또 한 번도 쉬지 않고 일 년 내내 일하지는 못한다는 말씀을 드려야겠습니다. 몸이 아팠던 탓에 저는 9일을 쉬어야 했습니다. 그러나 마을 사람들이 넝마주이 일을 특별히 성스러운 일로 우러러보기 시작하면서 저의 노고는 보상을 받았습니다.

어느 가나파티Ganapati 축일에 제가 갔을 때 마을 전체가 깨끗하게 청소가 되어 있었습니다. 그곳에 아침 7시에 도착했는데, 마을 구석구석이 깨끗하게 청소가 되어 있는 것을 보고는 누가 청소를 했는지 물었습니다. 마을 사람들이 대답했습니다. "오늘은 가나파티 축일입니다. 그래서 저희도 성스러운 일을 조금이라도 해야겠다고 생각했습니다. 그렇게 마을의 젊은이들이 함께 모여서 청소를 했습니다."

저는 그 일을 혁명이라고 불렀습니다. 그 어떤 정치권력도 그러한 혁명을 일으키지는 못했을 것입니다. 그래서 어떤 분이 무력을 쓰지 않고는 사회 혁명을 이룰 수 없다는 말을 했을 때 저는 동의할 수 없었습니다. 저의 견해는 정반대입니다. 어떤 정부조직도 혁명을 일으킬 수 없습니다. 정부는 혁명을 일으키지 못합니다. 탈리미 상그Talimi Sangh, 간디가 세바그람에 세운 교육센터도 다른 어떤 단체도 이러한 혁명을 일으키지 못합니다. 여러 가지 혁명은 개인들의 성취입니다. 혁명은 신이 여러분에게 주신 지혜로 이뤄집니다. 조직이나 단체라고 하는 것에는 정신이 부재합니다. 정신은 영혼 속에, 개인 속에 머무릅니다.

우리 학교에서 일하는 교사들 또한 마을의 일꾼이 돼야 합니다. 마을에 약이 필요하다면 학교에서 공급해야 하며 이 일에 학생들이 도움을 줄 것입니다. 마을을 청소할 일이 있다면 학교가 그 시작점이 되어야 하며, 학생과 교사가 사람들이 그 일을 하도록 도울 것입니다. 사람들은 분쟁을 해결하기 위해서 선생님들에게 도움을 요청할 것입니다. 학교는 축일 봉행 계획을 세울 것입니다. 이런 식으로 학교는 마을공동체의 중심이 될 것입니다. 마을에 가치 있는 일이라면 무엇이든 도모할 것이고, 부족한 것들을 도입할 것입니다. 얼마 전 우리는 농사일과 베짜기에 대해서 이야기했습니다. 농업은 모든 곳에서 행해지는 까닭에 매우 중요합니다. 베짜기는 모든 곳에서 이뤄지지 않고 있으며, 그래서 모든 곳에서 이뤄지도록 해야 하기 때문에 중요합니다. 학교는 농업을 개선해야 하고, 베짜기를 소개하고 또 뿌리내리게 해야 합니다.

누군가 농사일이나 베짜기, 목공일을 해서 얼마나 많은 돈을 벌 수 있는지를 묻는다면, 그 사람은 질문을 잘못하는 셈입니다. 베짜기에서 우리가 얻는 것은 돈이 아니라 옷이며, 농사일에서 생겨나는 것은 돈이 아니라 음식이며, 목공일에서 얻는 것은 돈이 아니라 집이라는 점을 잘 알아야 합니다. 이러한 일들의 가치를 돈으로 측정할 수는 없습니다. 사람들은 우유는 비싸고 물은 싸다고 말합니다. 그러나 목이 마를 때 우유가 그 갈증을 풀어줄까요? 신이 창조하신 이 세상에서 진정으로 가장 귀한 것들은 그만큼 아주 쉽게 손에 넣을 수 있습니다. 우리는 돈과 결부시켜서 생각하기를 멈추고 삶 전체를 들여다보아야 합니다.

우리가 하는 이 모든 일이 교사에게 달려 있습니다. 그래서 우리의 교사들은 인도와 이 세계에 무슨 일이 일어나는지에 대해서 잘 알고 있어야 합니다. 교사들은 또한 나라가 맞닥뜨린 어려움에 대한 해결책을 제시할 준비가 되어 있어야 합니다. 우리는 인도에 필요한 모든 작물을 인도에서 재배할 수는 없는가에 대해서 논의했습니다. 그때 한 분이 심지어 농업식품부 장관도 그 문제에는 답변을 할 수 없는데, 어떻게 교사들이 그에 대한 답을 내오리라는 기대를 할 수 있겠느냐고 말했습니다. 저의 대답은 이렇습니다. 비록 농업식품부 장관이 그 문제에 대한 해답을 제시할 능력이 없을지라도, 우리 시골 교사들은 해결책을 알고 있어야 합니다. 이유는 이렇습니다. 농업식품부 장관은 그 문제를 전체, 그러니까 세계적인 범위에서 파악

해야 합니다. 그리고 여러분도 알다시피 전체를 아우르는 안목은 아르주나조차도 감당하지 못한 일입니다. 그러나 우리 교사들은 한 마을을 중심에 놓고 세계를 바라봅니다. 만일 어떤 교사가 한 마을의 문제를 해결할 수 있다면 그는 세계 어디에서든 그것을 풀어낼 수 있는 실마리를 갖고 있는 것입니다. 그는 농업식품부 장관을 마을에 초청해서, 자기 마을에서 음식 문제가 어떻게 해결되었는지 보여줄 수 있습니다. 우리가 하는 모든 실험 작업에서 우리는 이와 같은 폭넓은 전망을 갖고 있어야 합니다. 그러하다면 나이탈림을 수단으로 해서 이 나라의 산적해 있는 난제들을 풀어갈 수 있을 겁니다.

교사가 되기 위해 갖추어야 할 것

기초교육이 수공 기술을 통해서 이루어져야 한다는 점은 특별히 강조되곤 합니다. 그런데 한 인간이 삶의 어느 단계에서 교사가 되어야 하는가에 대해서 생각해보았거나 아니면 생각해볼 필요를 느낀 사람은 그 누구도 없는 것 같습니다.

오늘날에는 대학 입학시험에 떨어진 사람이 기초교육을 어느 정도 받고 나서 교사로서의 이력을 시작하는 상황이 벌어지고 있습니다. 그 사람은 또한 집안의 가장 역할도 시작합니다. 그러나 이 두 가지 일은 둘 다 대단히 중요하며 아주 막중한 책임을 수반하기 때문에, 이 문제에 대해서 아주 심각하게 고려해봐야 합니다. 이 두 가지 일이 같은 성격의 것이므로 한꺼번에 맡는 것이 가능한지, 각각이 일정한 한계를 벗어나지 않게 하면서 두 가지 일을 한꺼번에 해내는 것이 가능한지를 생각해봐야 합니다.

저는 이 문제를 여러 해 동안 생각해왔고, 가르치는 일을 하기에 적절한 때는 '바나프라스트아쉬람Vanaprsthashram, 힌두교 인생 주기의 세 번째 단계인 임주기林住期. 여기 쓰인 '아쉬람'은 은둔처나 공동체의 뜻이 아니라, 단계와 시기를 나타내는 단어임.'이라는 결론을 내렸습니다. '산야시sanyasi, 힌두교에서 말하는 삶의 네 가지 단계 가운데 마지막 단계에 해당하는 유행기遊行期를 받아들인 사람. 모든 세속적인 것을 포기하고 금욕과 무소유의 삶을 살며 영적 탐구에만 헌신한다.'는 교사가 될 수 없습니다. 그런 사람의 삶이 전적으로 학생들에게만 바쳐질 수는 없습니다. '브라마차리brahmachari, 학생기'를 보내는 사람은 스스로가 학생입니다. 그러면 '그리하스타gribastha, 가주기家住期'와 '바나프라스타vānaprastha, 임주기林住期'가 남습니다. 이 두 시기 모두가 가르치는 일에 적합한 것은 아닙니다.힌두교에서는 사람의 생애를 브라마차리(학생기)·그리하스타(가주기)·바나프라스타(은둔기 또는 임주기)·산야사(유행기)의 네 단계로 나눈다. '브라마차리'는 그 첫 번째 단계로 공부하는 학생기이며, 이후 두 번째 단계인 '그리하스타'가 되어 결혼을 하고 가족을 부양하는 경제 활동을 한다. '바나프라스타'는 세 번째 단계로, 가정을 떠나 종교 활동에 전념하고 영적 삶을 추구하는 은퇴기를 말한다.

한 인간은 가주기, 그러니까 세대주 노릇을 하는 동안에는 경험을 쌓아갑니다. 임주기가 되면 그 사람은 집안일에서 놓여나야 합니다. 그렇다고 해서 몸과 마음, 그리고 사고와 표현 능력이 알차게 되기 시작할 때에만 임주생활자가 되어야 하는 것은 아닙니다. 도리어 스스로가 어느 정도 인생에 대해 경험이 쌓였고 이제 그것을 다른 사람들에게 전수해줄 수 있다고 느꼈을 때 임주생활 단계에 진입해야 합니다. 그는 자신의 몸과 마음, 오감과 이성이 여전히 최상의 능력을 발휘하는 지점에 있는 상태이면서도, 감각 대상물들의 세계를 명징하고 냉철하게 바라봅니다. 그러한 임주생활자야말로 교사가 될 수 있습니다. 그러한 사람이야말로 진리를 설교하고 천명하는 사람이 될 역량을 갖춘 사람입니다.

한 집안의 가장이 할 수 있는 교육이 한 가지 있긴 합니다. 그것은 가정에서 할 수 있고 모든 아버지와 어머니가 자기 자식들에게 할 수 있는 그런 종류의 것입니다. 현재의 사회 현실에서는 그와 같은 교육 과정을 대규모로 조직할 필요가 있습니다. 아이들을 각기 친엄마가 돌보는 대신에 30명에서 40명 단위로 여러 가정의 아이들을 한데 모아 한 명의 어머니가 맡음으로써, 다른 어머니들이 자기 일을 할 수 있는 여지를 만들어주는 것입니다. 그런 식으로 일을 꾸리는 것은 충분히 가능합니다. 그러나 이런 교육이 사회의 형태를 바꾸는 것은 아닙니다. 그것은 현 사회에 의존하고 있으며, 단지 약간의 변화만을 시도하는 것입니다. 저는 그것을 나이탈림, 그러니까 새로운 교육이라고 부르지는 않을 것입니다. 그것은 그저 낡은 교육일 뿐입니다.

나이탈림의 의미 가운데 하나는 그것이 새로운 사회를 만들어낼 것이라는 데 있습니다. 우리는 또한 새로운 사회를 만드는 일은 결코 끝이 없는 일이라는 점도 잘 알아야 합니다. 우리가 새로운 사회를 하나 만들고 나면 그 이후에는 아무런 할 일이 없을 것이라는 식으로 생각하지 말아야 합니다. 우리가 만든 그 사회도 낡아질 것이고, 그렇게 되면 또다시 새로운 사회를 만드는 과업을 수행해야 합니다. 나이탈림의 의미는 늘 새로운 사회를 건설하는 데 기여하는 교육이라는 것입니다. 그러한 교육은 오로지 경험이 풍부하고, 자신의 경험을 나누는 데 익숙하며, 개인의 삶에서 정화를 이뤄낸 사람들만이 할 수 있습니다. 오직 이들만이 혁명의 기치를 높이 세울 수 있습니다.

만약 나폴레옹 같은 이라면, 그는 사람들에게 자신의 영웅적인 위업을 이야기해주고 자신의 경험을 그들 앞에 내놓을 것입니다. 전쟁 경험이 전혀 없는 사람이 아이들에게 영웅들의 상을 그려 보일 수 있을까요? 수천만 루피를 가지고 아주 충실하고 진실하게 자신의 일을 해온 상인이 교사가 되면, 사업에 대한 실질적인 지식이 가져다주는 혜택에 대해서 아이들에게 가르쳐줄 수 있습니다. 장사를 한 번도 해보지 않고 단지 상경대 졸업장만 있는 사람이 어떻게 학생들에게 상업에 대해 가르칠 수 있겠습니까? 이와 마찬가지로 다양한 영광스러운 직업에 종사하는 과정에서 충분한 경험을 얻은 사람들만이 학생들에게 교육을 베풀 수 있는 자격을 갖고 있습니다.

이것이 바로 제가 가르치는 일은 임주생활을 하는 사람의 손에 맡겨져야 한다고 말하는 까닭입니다. 우리가 원하는 나이탈림은, 오로지 우리가 임주생활을 기획하고 우리 생애의 한 시기를 그 목적을 이루기 위해 안배해놓는 용기와 진취적인 정신을 갖고 있는 경우에만 이룰 수 있습니다. 그렇게 하지 않으면 우리에겐 아무런 희망도 없습니다.

가장 중요하게 고려해야 할 사항은 우리가 학생들의 교육을 어떤 방향으로 전화시키기 원하는가 하는 것입니다. 우리는 현 사회를 개선하길 원합니까, 아니면 새로운 사회를 만들길 원합니까? 우리가 만약 현 사회 구조를 좀 더 편안하게 만들려고 하는 데 그친다면, 제가 방금 이야기한 것 같은 임주생활의 필요성이 그리 절실하게 느껴지지는 않을 것입니다. 그러나 만약 우리의 목표가 새로운 사회를 건설하는 것이라고 생각한다면, 교육은 살면서 가치 있는 일을 했고, 실질적인 경험을 갖추었으며, 순수하고 자유로운, 그러면서도 깊은 연민의 정으로 세상 만물을 대할 수 있고, 일을 함에 있어서는 몸과 마음이 균형을 이루고 자신의 능력을 최선을 다해 발휘할 수 있는 교사들의 손에 맡겨야 합니다. 오직 임주생활을 통해서만 그러한 역량이 있는 교사를 배출할 수 있습니다.

스리 라자고팔라차리야 Shri C. Rajagopalacharya, 인도 마드라스 지방 출신의 정치가 어르신도 언젠가 나이탈림의 중요성에 대한 토론을 하던 중에, 이러한 성격의 교육을 하려면 그 무엇보다도 경험이 풍부한 교사들을 투입하는 것이 중요하다고 했습니다. 그리고 마드라스에서도 나이탈림을 시작하는 게 어떤가라는 질문을 받고는, 만약 당신이 공직자 신분만 아니라면 나이탈림 교사가 되고 싶다고 대답했습니다.

라자 어르신의 말씀은 전적으로 옳습니다. 모든 사람은 살면서 가르침을 베풀어야 하는 시기가 있게 마련입니다. 네루 Jawaharlal Nehru 도 나이탈림 교사가 될 시기가 있을 것입니다. 마찬가지로 라다크리슈난 Radhakrishnan 박사와 간샴 다스 비를라 Ghanshyam Das Birla 도 나이탈림 교사가 될 기회를 갖게 될 것입니다. 만약 여러분이 교사가 될 계획을 갖고 있다면 그것은 새로운 삶의 원천이 될 것입니다.

가정 학교

사유와 현실적인 삶의 연결고리가 끊겨버린 까닭에, 사고는 활기를 잃었고 삶은 생각 없는 것이 되어버렸습니다. 사람들이 생활은 집에서 하고 사고하는 법은 학교에서 배우는 까닭에 사고와 삶이 함께하지 않습니다. 이 상황을 치유하는 길은 학교가 가정 속으로 파고들고, 가정이 또한 학교에 스며들게 하는 수밖에 없습니다. 사회학은 가정이 학교가 될 것을 요구하고 있으며, 교육학은 학교가 가정 학교가 될 것을 요구하고 있습니다. 이러한 이야기를 하는 이유는 학생과 교사가 함께 작은 가정을 이루어 진행되는, 가정 학교the family-school라는 개념에 대한 윤곽을 잡아보기 위해서입니다.

가정 학교는 학생과 교사가 함께 사는 가정이 교육의 근본이라는 것을 받아들이고, 가정에 바탕을 두고 교육 체계를 세워나가는 학교입니다. 그러한 가정 학교에서의 생활을 어떻게 마련해나갈 것인가에 대한 몇 가지 안을 제시하겠습니다. 그렇다고 여기에 공식적인 학습 프로그램이 들어 있는 것은 아닙니다.

1. 신에 대한 믿음은 삶의 근간입니다. 따라서 매일 아침저녁으로 행하는 가족 명상이나 기도가 일상적인 프로그램이 되어야 합니다. 성현들의 언행록은 기도를 하는 중에 신을 떠올리는 데 힘이 될 것입니다. 좋은 시구들을 적당한 분량만큼 암송하는 시간을 마련해두면 좋을 것입니다. 잠자리에 들기 전, 그리고 일어난 직후에 기도 시간이 따로 있어야 합니다.

2. 정갈한 음식과 정순한 생각은 아주 긴밀하게 연관되어 있습니다. 그렇기 때문에 음식은 몸에 좋고 소박해야 합니다. 매운 양념, 고추, 튀긴 음식, 설탕 그리고 사치스러운 요리를 주어서는 안 됩니다. 그리고 우유와 우유가 들어간 음식은 적절히 써야 합니다.

3. 요리는 전문 요리사가 해서는 안 됩니다. 요리 기술은 교육의 중요한 일부분이고 공익을 위해서 일하는 사람이라면 누구나 요리 지식을 갖고 있어야 합니다. 이것이 자립의 의미 가운데 하나입니다. 군인, 여행자, 금욕 수행자 모두 요리하는 법을 알고 있어야 합니다.

4. 가정 학교의 구성원이라면 자신이 쓰는 화장실은 자기 스스로 청결하게 유지해야 합니다. 불가촉천민 제도의 철폐를 주장하는 것은 어떤 사람을 불가촉천민으로 여기는 것을 거부하는 것뿐만 아니라, 사회에 쓸모 있는 일은 그것이 어떤 일이든 기꺼이 맡겠다는 의지를 갖는 것을 뜻합니다. 화장실 청소를 하면 체면을 잃는다는 생

각은 하지 말아야 합니다. 이는 높은 수준의 공중위생을 유지하게 하는 훈련이기도 합니다.

5. 학교는 불가촉천민을 포함해서 모든 계급에게 열려 있어야 합니다. 오늘날에는 대부분의 학교들이 그들을 입학시킵니다. 그러나 명색이 가정 학교라면 밥을 따로 먹도록 해서는 안 됩니다. 음식은 정결해야 한다는 원칙을 지키는 것이면 충분합니다.

6. 학교의 아침 일과에는 목욕 시간이 있어야 합니다. 물론 이 원칙은 건강 상태에 따라서 변경할 수 있지만 기본적으로는 냉수욕이어야 합니다.

7. 학교에는 아침 일과뿐만 아니라 저녁 일과도 있어야 하며, 잠자리에 들기 전에는 몸을 깨끗하게 씻어야 합니다. 이렇게 하면 원기 회복에 좋은 깊은 잠을 자는 데 아주 큰 도움이 되며, 몸과 마음을 정숙하게 하는 데 크게 도움이 됩니다. 학생들은 환기가 잘되는 방에서 각자의 침대에 누워 잠을 자야 합니다.

8. 학교는 책의 내용을 배우는 것보다는 육체노동을 더 강조해야 하며, 적어도 하루에 세 시간 정도는 일을 하는 데 할당해야 합니다. 일을 하지 않으면 공부 자체가 역동적이지도 활기차지도 않을 것입니다. 《베다》 공부는 일을 하고 난 뒤 생기는 틈을 이용해야 한다는 것이 경전 공부의 원칙입니다.

9. 학생들이 어떤 실용적인 일을 하는 데 세 시간을 일하고 또한 개인적으로 해야 할 집안일도 한다면, 특별히 따로 신체단련을 할 필요가 없습니다. 그래도 할 수만 있다면 놀거나, 산책을 하거나, 아니면 야외에서 몸과 마음을 수련하는 기술을 익히는 시간을 갖는 것

이 좋습니다.

10. 실 잣는 일을 국민의 의무로 여겨야 하며 기도와 마찬가지로 규칙적으로 해야 합니다. 그 기술을 배우는 시간을 제외하고, 적어도 하루에 30분은 실 잣는 일에 할애되어야 합니다. 이렇게 30분 동안 타클리를 써서 실잣기를 해도 무리가 없습니다. 사실상 우리가 계속해서 실잣기를 규칙적으로 할 수 있다면, 심지어는 여행을 하거나 어느 곳에 있든 타클리는 가장 적절한 도구이며, 누구나 그것을 쓰는 법을 익혀야 합니다.

11. 학교 구성원들은 언제나 카디를 입어야 하며, 가능하면 스스로 생산한 국산품을 써야 합니다.

12. 다른 사람들에게 봉사하기 위해 어쩔 수 없는 경우를 제외하고는 누구라도 밤늦게까지 깨어 있어서는 안 됩니다. 예를 들어, 환자를 돌보는 사람은 늦게까지 잠을 자지 않을 수도 있습니다. 그러나 놀이나 공부를 한다고 늦게까지 깨어 있어서는 안 됩니다. 모두가 일곱 시간 반 정도의 잠을 잘 수 있게 해야 합니다.

13. 건강과 편리함, 그리고 '아힘사'를 모두 고려해서 저녁식사는 어두워지기 전에 해야 합니다.

14. 어떤 일과를 행하든 온전하게 또 온 마음과 힘을 다해서 해야 합니다. 그렇게 해서 안정적인 분위기를 만들어야 합니다.

가정 학교를 위한 이들 열네 가지의 제안은 실제 경험에 기반을 둔 것들입니다. 여기에서 교과 공부나 기술 과목 공부 계획과 관련한 문제는 다루지 않았습니다. 그것은 따로 고려되어야 합니다.

학생의 도리

흔히 학생과 시민을 구분하고, 또 학생에게는 그들만의 의무가 있다는 말을 합니다. 하지만 학생은 미래의 시민이며, 그런 까닭에 이 두 부류는 서로 합쳐집니다. 오늘의 학생은 내일의 건실한 시민이며, 오늘의 시민 또한 학생으로 여겨져야 합니다. 사람들은 일반적으로 한 인간이 선거권을 갖게 되면 한 사람의 시민이 된다고 생각합니다. 그러나 이러한 구분은 단지 편의적인 발상일 뿐입니다. 어린이와 청년들이 한 민족을 이끌었던 예만 해도 수백 가지입니다. 샹카라차리야는 그분의 유명한 주해서를 열여섯 살 때 썼고, 다른 분들도 비슷합니다. 그렇기 때문에 나이는 결코 중요하게 여길 필요가 없습니다. 학생은 시민으로 여겨져야 합니다. 시민은 여전히 학생으로 여겨져야 합니다. 그렇게 보았을 때 오늘날 많은 시민들은 학식과 경험이 부족한 것 같습니다.

외국에서는 한 사람이 학창 시절을 마치고 가정생활이라는 짐을 떠안게 되면 그의 공부도 끝나는 것이라는 개념이 있습니다. 이것은 전적으로 틀린 생각이며 인도의 문화 전통에도 반하는 것입니다. 인도의 문화 전통은, 사람은 죽는 날까지 공부하고 배우기를 계속해 나가야 한다고 가르치고 있습니다. 가장이 지켜야 할 생활 규칙들에도 공부를 계속해야 한다는 사항이 들어 있습니다. 《타이티리아 우파니샤드*Taittiriya Upanishad*》샹카라차리야가 주해한 《무키아 우파니샤드》 10권 중 하나 또한 인간의 모든 의무가 공부와 연계되어야 한다고 말하고 있습니다. 시민들이 공부하지 않는다면 우리가 얻어낸 독립도 커다란 위험에 맞닥뜨릴 것입니다.

학생 단계는 대개 삶의 시작으로 여겨집니다. 어쨌든 일정한 수학능력을 갖게 되는 경우, 우리는 당사자의 의사와 상관없이 그 사람을 한 사람의 시민으로 여깁니다. 만약 그 시민이 학생 단계를 벗어나 수학능력을 갖게 되자마자 공부를 그만둔다면, 이는 마치 인간이 돈 벌 능력을 갖게 되자마자 돈 버는 일을 그만두는 것이나 마찬가지입니다. 사람이 걷는 방법을 배우자마자 걷지 않는다면 무슨 일이 일어나겠습니까? 그리고 공부하는 법을 배우자마자 공부를 그만두는 사람을 뭐라고 불러야 합니까?

그렇기 때문에 우리는 학생과 시민을 따로 떼어놓으려 하지 않는 것입니다. 하지만 학생 단계에 해당하는 몇 가지 특별한 의무와, 시민으로서의 특별한 책임과 관련한 몇 가지 의무가 있다는 점은 말해야 하겠습니다. 이 두 가지의 의무 조항들은 상호보완적입니다. 그러나 여기에서는 학생으로서의 의무만 이야기하겠습니다.

저는 인도의 학생들에게 크나큰 애정을 갖고 있습니다. 그리고 그들과 함께 있을 때면 그들과 같은 학생 자격으로 그들에게 말을 건넵니다. 제가 그 무엇이 된다 할지라도 저는 처음부터 끝까지 학생입니다. 저는 지금도 배우고 공부하고 있습니다. 사람이 나이가 들면 기억력이 쇠퇴한다는 것도 저의 경험에 비추어보면 사실이 아닙니다. 제가 경험한 바는 그 반대로, 육체의 힘이 쇠퇴하면 기억력이 더욱 좋아진다는 것입니다. 어린아이였을 적에 저는 시 한 구절을 외우려면 열 번을 반복해야 했습니다. 그러나 이제는 두 번만 반복하면 됩니다. 제가 공부하는 습관을 계속 유지해왔기 때문입니다. 부처님께서도 우리가 몸을 청결하게 유지하기 위해 날마다 목욕을 하듯, 집안을 깨끗하게 하기 위해서 날마다 청소를 하듯, 그렇게 우리의 정신을 맑게 하기 위해서 날마다 공부해야 한다고 말씀하셨습니다. 이 말씀을 좇아서 저도 쉬지 않고 공부해왔습니다. 그리고 신께서 저를 데려가시는 그날까지 제가 공부를 계속할 수 있기를 바랍니다. 이렇게 공부에 대해 애정을 갖고 있는 까닭에 저는 제가 자연스럽게 학생들과 진정으로 하나 되는 것을 느낍니다.

학생의 첫째 의무는 자기 지성의 완전한 독립을 이루는 것입니다. 누군가가 완전한 자유를 누릴 권리가 있다면, 그것은 학생입니다. 지식은 믿음이 없으면 가질 수 없습니다. 그렇기 때문에 학생은 믿음을 가져야 하며, 믿음과 함께 지적인 자유를 가지는 것 또한 마찬가지로 중요합니다. 많은 사람들이 믿음과 지성은 양립할 수 없는 것이라고 생각하는데, 그것은 잘못입니다. 눈과 귀는 서로 다른 감각기관입니다. 그렇다고 해서 이 두 기관이 서로를 배척하는 것은 아닙니다. 믿음과 지성도 이와 똑같습니다. 믿음이 없이 어떤 것을 배우는 것은 불가능합니다. 엄마가 달을 가리키며 말합니다. "저것 보렴, 아가야. 저것이 달이란다." 만약 그 아이가 자기 어머니를 믿지 않고 속으로 '엄마가 나한테 보여준 것이 달인지 아닌지 어떻게 알아?'라고 생각한다면 아무것도 배우지 못할 것입니다. 그래서 배움의 기반은 신념과 신뢰입니다. 지식은 믿음에서 비롯합니다. 그러나 지식의 완성은 이성으로 이뤄집니다. 지식은 믿음에서 비롯하지만 자유로운 사유 속에서 완성되고 완전해집니다. 그러므로 학생은 사고의 자유라는 권리를 절대로 내버려서는 안 됩니다.

억지로 학생들의 동의를 이끌어내는 교사는 더 이상 교사가 아닙니다. 진정한 교사는 이렇게 말합니다. "너는 내가 한 말을 자세히 검토해보고 너에게 유용한 경우에만 그것을 받아들여야 한다." 진정한 교사는 자신의 학생들에게 이러한 정신의 자유를 줍니다. 단 하나의 진정한 자유는 정신의 자유입니다. 우리 모두 최선을 다해 위대한 사람들을 존경하고 경배합시다. 그러나 어떤 사람이 위대하다고 해서 그가 한 말이 무조건 존중되어야 한다고 하는 것은 잘못입니다. 저는 확신하지 못해서 제 생각을 받아들이기를 거부하는 사람을 만나면 굉장히 기쁩니다. 자연스럽게, 자신이 진정으로 믿는 바가 있어서 제 생각을 받아들이는 사람들을 만나도 마찬가지로 기쁩니다. 그러나 사람들이 확신도 없이 제가 한 말을 받아들이는 경우를 보면 슬퍼집니다. 다시 말하지만 정신의 자유는 반드시 이루어져야 합니다. '사고의 독립'이라는 표현이 더 적합할 것입니다. 사고의 독립이 방해받아서는 안 됩니다. 우리는 당연히 자유라는 특권을 지켜야 합니다.

저는 현대 사회에서 학생들이 이러한 학생의 권리를 잃어버릴 위험에 처해 있다는 점을 경고해주고 싶습니다. '훈련'이라는 이름으로 모든 학생들의 지성을 똑같은 형상으로 주조해내려는 시도가 행해지고 있습니다. 저도 훈련의 힘을 믿는 사람입니다. 그것 없이 어떤 공부도 할 수 없다는 것을 저도 압니다. 집에 불이 났을 경우 그에 대비하는 훈련을 받은 적이 없다면 혼란에 빠질 것입니다. 훈련받은 방법대로 불을 끄는 소수의 사람들이 훈련되지 않은 다수의 사람들보다 훨씬 더 빠르고 효과적으로 불을 끌 수 있습니다. 그러나 훈련이라는 이름을 빌미로 우리는 기계적인 통일성을 강요하고 있으며, 이는 학생들의 지성에 해를 끼칩니다.

전 세계에서 교육은 정부의 규제를 받고 있습니다. 저는 이런 상황이 지극히 위험하다고 생각합니다. 정부 당국은 교육에 대해서 어떤 권위도 갖지 말아야 합니다. 교육 활동은 봉사에 대한 신념에서 샘솟아야 하고, 지혜로운 사람들에 의해서 이뤄져야 합니다. 그러나 현실을 보면 이 세상의 모든 정부는 교육을 손아귀에 쥐고 있으며, 그 나라에 있는 모든 학생들은 반드시 교육부가 정해놓은 책으로 공부해야 합니다. 우타르프라데시Uttar Pradesh 주의 51개 구역에 살고 있는 6천만 명의 사람들 모두가 천편일률적인 내용의 국정 교과서로 공부해야 합니다. 이보다 더 큰 안드라 주의 경우 더 큰 규모의 획일성을 의미합니다. 11개 지방에서 쓰려고 정해놓은 교과서들은 어느 순간 20개의 지역에도 지정될 수 있기 때문입니다. 만약 정부가 파시스트 정부라면 학생들은 파시즘을 배울 것입니다. 공산주의 정부라면 공산주의를 선전할 것이고, 자본주의 정부라면 자본주의의 위대함을 천명할 것입니다. 만약 정부가 계획하는 일을 신봉하고 있다면 학생들은 온통 정부가 계획하는 것만을 배울 것입니다. 이것은 지극히 위험한 상황입니다. 교육부는 독립적이어야 합니다. 가장 시급하고 무엇보다 필요한 사항은 자유입니다. 저는 학생 여러분에게 사람들은 여러분 모두를 하나의 틀 안에 집어넣으려고 애쓴다는 사실을 알려주고 싶습니다. 그러니 여러분은 정신의 자유와 사고의 독립성을 잘 지켜내려는 노력을 게을리해서는 안 됩니다.

안타깝게도 학생들은 이 점을 이해하지 못합니다. 뿐만 아니라 자기들 스스로 여러 가지 '학생회'를 만듭니다. 모임이라고 하는 것은 양들에게나 맞지 사자들에게는 어울리지 않습니다. 학생은 사자가 되어야지 양이 되어서는 안 됩니다. 학생들이 어떤 것이 진실이라고 확신하고 있다면 그것을 널리 알리게 하십시오. 그렇지 않다면 잠시 동의하는 것을 유보하게 하십시오. 제 생각에는 우리 학생들의 정신은 정부 당국의 정책에 의해서 마비되어버렸고, 그래서 학생회 조직이나 만드느라 바쁜 것으로 보입니다. 나라 안에 무수한 학교와 대학이 있을지언정 단 한 명의 학생도 학생회에 가입하지 말아야 합니다. 학생들의 태도는, '내가 장성한 시민이 되면 나의 자유에 대한 제약을 받아들일 것이다. 그때가 되면 어쩌면 조직에 가입할지도 모르겠다. 그러나 오늘날 나는 학생이고, 완전한 자유를 누리는 것은 나의 특권이다. 물론 나는 정치에 대해서 생각할 것이고, 여러 가지 사상에 마음을 열 것이다. 그러나 최종 결정을 내리지는 않을 것이다.

나는 내 마음을 바꿀 권리를 끝까지 지니고 있을 것이다. 그런데 학생회 조직에 가입하면 그 권리를 잃어버린다.'는 것이어야 합니다. 봉사에 있어서는 협동이 필수입니다. 그러나 모든 사람을 똑같이 찍어내는 조직들은 이 나라의 자유에 위험 요인입니다.

학생의 둘째 의무는 자기 조절입니다. 자신을 조절할 수 있는 사람만이 자유의 권한을 갖습니다. 학생은 스스로의 결단을 실행할 수 있다는 확신을 가져야 하며, 올바른 결단을 내린 다음에는 세상의 그 어떤 힘도 그 결심을 무너뜨릴 수 없어야 합니다. 이 말은 그 학생이 자신의 몸과, 충동과 정신을 통제할 수 있어야 함을 뜻합니다. 제가 새벽 4시 반에 일어날 결심을 했다면 저의 감각기관들조차도 그 결심에 아무런 영향을 미칠 수 없어야 합니다. 자신을 조절하지 못한다면 학생들은 이 세상에서 자신의 정당한 지위를 차지할 수 없으며, 그렇기 때문에 모든 학생들은 공부와 더불어 자신을 조절하는 훈련도 할 것을 엄숙히 선서해야 합니다. 자기 조절이 없는 배움은 무기력한 것입니다. 자기 자신을 통제하는 힘이야말로 진정한 힘이기 때문입니다. 여러분 모두 《바가바드기타》에서 지혜로운 자에 대해 말하는 대목을 알고 있을 것입니다. 누구를 지혜로운 자라 합니까? 바로 '결단력 있는 정신을 지닌 사람'입니다.

오늘날 세상에는 엄청나게 큰 문제들이 숱하게 있습니다. 사소한 문제들은 더 이상 없습니다. 세상이 하나가 되어버렸기 때문입니다. 이제는 생각도 큰 틀에서 해야 하고 결정을 내리는 일도 폭넓은 사고에 기반을 두어야 합니다. 예전에 사람들이 바깥세상이라는 것을 모르고 지낼 때는 그렇게 큰 문제들은 생기지도 않았습니다. 인도의 파니파트Panipat에서 엄청난 규모로 중대한 전투가 벌어져도 중국과 일본은 아무것도 알지 못했습니다. 이제는 이 모든 것이 변해버렸습니다. 아주 멀리 떨어져 있는 작은 오지에서 벌어진 아주 사소한 일도 이 세상 전체에 그림자를 드리웁니다. 유럽과 아메리카 대륙에서 일어난 사건이 곧바로 인도 시장에 영향을 미칩니다. 그래서 오늘날 생겨나는 문제들은 그 규모가 클 뿐만 아니라, 또한 즉각 해결되어야 할 것들입니다. 인간은 예전보다 훨씬 더 큰 결단력이 필요해졌습니다. 오늘날은 땅 위를 걸을 수 있는 기회조차도 거의 없어진 것 같습니다. 사람들은 열차로 비행기로 마치 호랑이가 자기들을 쫓아오기라도 하는 것처럼 쏘다닙니다. 가끔 사람들이 저한테 왜 비행기를 타지 않느냐고 물으면 이렇게 대답합니다. "비행기를 타면 높이 오를 수 있겠지만, 내가 원하는 것은 땅입니다. 그러니 땅 위를 걸어 다닐 밖에요."

정리해 말하자면, 우리 시대는 재빠르고 근거가 명확한 판단을 내려야만 하게 되어 있습니다. 그래서 결단력이 가장 중요합니다. '프라즈나prajna'라고 하는 것이 바로 이 결단력입니다. 흔들림 없는 결단력을 지닌 사람을 '지혜로운 자'라고 합니다. 학생들은 반드시 이런 흔들림 없는 결단력을 지녀야 하고, 그렇게 되기 위해서 자신의 충동과 감각, 그리고 마음을 잘 조절해야 하며 결단력을 키워가야 합니다. 만약 어떤 결심을 했다가 스스로 깨버린다면 우리가 가진 힘 전체가 약해집니다. 그렇기 때문에 일단 한 가지 결심을 했다면 목숨을 걸고라도 그것을 고수해야 합니다. 이러한 결단력을 키우는 일에서는 감각의 통제가 관건입니다.

학생의 세 번째 의무는 헌신하여 섬기는 것입니다. 헌신하여 섬기지 않고는 배웠다고 할 수 없습니다. 《마하바라타》에 아르주나와 스리 크리슈나, 그리고 다르마라지Dharmaraj가 한자리에 모여 있는 대목이 나옵니다. 아르주나는 자기의 명궁 간디바Gandiva를 욕보이는 자는 그 누구든 죽이겠다고 맹세했습니다. 다르마라지는 아르주나를 분발하게 하려고 이렇게 말합니다. "너와 너의 활 간디바가 강력한 것은 사실이다. 그런데 우리의 처지를 봐라. 우리의 적들은 아직도 살아 있다!" 아르주나는 신심이 깊었고 자기 형을 사랑했습니다. 하지만 간디바가 능멸당하는 일은 참을 수 없었습니다. 그래서 크리슈나가 보는 앞에서 다르마라지에게 활을 겨눕니다. 그러자 크리슈나가 말립니다. "참 어리석구나! 네가 정신이 있는 게냐? 어른을 섬길 줄도 모르는 네가 무슨 변변한 공부를 했겠느냐?"

다른 대목에서는 야크샤Yaksa가 질문을 하는 이야기가 나옵니다. 질문 중 하나는 지식을 어떻게 얻는가 하는 것입니다. 대답은 바로 '어른들을 섬기는 것을 통해서'입니다. 어른들은 경험이 많습니다. 그리고 자신을 공경하는 사람들에게 마음을 열고 갖고 있는 모든 것을 전해줍니다. 그렇다면 학생들은 자신이 속한 사회의 어른과 부모, 가난한 사람들과 슬픔에 빠진 사람들에게 봉사해야 합니다. 이렇게 봉사를 하면 공부할 시간이 나지 않을 것이라고 생각할 것입니다. 그러나 오직 봉사함으로써만 지식을 얻을 수 있다는 신념을 가져야 합니다.

비스바미트라가 자신의 희생 제물들을 지키게 하려고 람과 락시만을 데려가게 해달라고 다사라트에게 요청했을 때, 애정에 눈이 멀었던 다사라트는 "람은 이제 겨우 열여섯인데 제가 어떻게 그 아이를 당신께 딸려 보낼 수 있겠습니까?"라고 말합니다. 그러자 위대한 현자 비스바미트라는 이렇게 말합니다. "좋습니다. 그럼 저는 이만 떠나겠습니다." 시인 발미키는 그 말에 온 천지가 진동하였다고 전합니다. 왜냐하면 비록 왕이라 할지라도 현자의 요구를 거부해서는 안 되기 때문입니다. 바시스타가 다사라트에게 이렇게 말합니다. "당신은 왜 그리도 어리석습니까? 비스바미트라는 당신의 아들들을 위해서 그런 요구를 하는 겁니다. 당신의 아들들은 그를 섬길 것입니다. 그리고 그러면서 공부를 할 것입니다. 그 어떤 공부도 봉사하는 것에 미치지 못합니다." 다사라트는 그제야 람과 락시만을 비스바미트라에게 보냅니다. 그리고 발미키는 그 둘이 어떤 식으로 비스바미트라에게 봉사하면서 배웠는지를 말해줍니다.

학생이 지켜야 할 네 번째 의무는 자기 주변에서 일어나는 일을 눈여겨보는 것입니다. 학생은 현대 사회의 모든 움직임과 통용되고 있는 이념들을 열린 마음으로 탐구해야 합니다. 학생은 폭넓은 안목을 지녀야 하며, 편협한 틀 속에 갇혀 생각하지 않도록 해야 합니다. 학생이라면 모름지기 자신을 텔루구어나 하는 사람, 혹은 인도인으로만 생각하지 말아야 합니다. 자신을 인간 활동의 파노라마를 바라보는, 그러나 한 발짝 떨어진 채 그것에 휩쓸리지는 않는, 그러한 관찰자라고 생각해야 합니다. 종교나 언어적인 분파와는 거리를 유지한 채 열린 마음으로 그것들을 공부해야 합니다. 학생은 이렇게 폭넓은 안목을 갖추기 위해서 끊임없이 노력해야 합니다.

그러나 오늘날 보게 되는 것은 정반대의 경향입니다. 언어에 따라서 주 경계를 재조정하려는 법안을 놓고 벌어진 논쟁에서 그 편협한 마음이 드러납니다. 그러한 편협함은 극복되어야 합니다. 지금 장년이 된 시민들은 인도의 시민이겠지만, 학생들은 그런 식으로 생각해서는 안 됩니다. 학생들은 오히려 이렇게 말해야 합니다. "우리 학생들은 인도 국민보다도 오히려 더 높은 위치에 이르렀다. 우리는 어엿한 한 인간이다. 우리는 배움에 헌신한다. 우리는 열린 마음을 지닌 사상가들이다. 우리는 편협한 분파주의자가 될 수 없다."

교사의 역할과 사명

"오, 권능 있는 분이시여!
오, 우리의 길잡이시여!
저희에게 최고의 가르침을 베푸소서.
우리 앞에 당신이 가진 많은 권능을 보여주소서.
당신의 예지를 드러내 보이소서.
구원하고 생산하는 당신의 힘을 보여주소서.
온갖 악마들이 저희들을 괴롭히나이다.
당신 말고 그 누가 그 악마들을 몰아낼 수 있겠습니까?"

여기 모인 분들은 모두 기초학교 교사들입니다. 그것은 여러분이 국가라는 구성체의 기초가 되어야 한다는 말입니다. 그 기초를 확립하는 것이 우리의 일이며, 여러분은 전 국민을 가르치는 기초교육 교사가 되어야 합니다. 만약 제가 말한 바가 여러분에게도 옳다고 여겨진다면 여러분이 이를 온 나라에 확산시켜야 합니다.

《베다》에서는 교사를 '가투비트gatuvit' 라고 부릅니다. 이는 '길잡이'라는 뜻입니다. '가투'는 가야 할 길입니다. '가투비트'은 그 길을 찾아내는 사람입니다. 《베다》에서는 이렇게 교사에게 특별한 명칭을 붙이고 있습니다. 《베다》는 구루guru, 스승. 자아를 터득한 신성한 교육자를 일컫는다.들을 아주 유능한 길잡이, 혹은 안내자로 여깁니다. 제가 앞에서 인용한 구절에는 이런 내용이 있습니다. "오, 위대한 스승이시여, 길을 개척하는 이시여! 부디 저희들에게 가르침을 주소서." 이처럼 교사를 아주 큰 능력을 지닌 사람이라고 부르고 있습니다. 그렇다면 교사는 결코 정신이 유약해서는 안 됩니다. 교사는 최고의 권위를 부여받고 대단한 지위를 차지하고 있습니다. 교사는 자신의 지혜를 가르침으로써 미래로 나아가는 길을 개척하는 선구자요 안내자가 됩니다. 그보다 더 큰 권능은 있을 수 없습니다. 그런데 만약 교사가 유약하다면 그의 인도 또한 유약한 것이 될 것이요, 미래에 대한 계획도 오류를 빚을 것입니다. 그렇게 되면 전 국민의 삶이 무기력해질 것입니다.

그러나 오늘날 교사들의 위상은 교사들 스스로 아무런 권위도 없다고 느낄 정도로 추락했습니다. 교사들은 그저 노예에 지나지 않는 지경이 된 것입니다! 교사들은 정부가 가리키는 길이라면 그 어디라도 따라가야 합니다. 교육 계획은 정부가 고용한 학자들이 마련합니다. 그러나 이 학자들도 최종적으로 정부의 지도를 따르고 있는 실정이며, 그 내용에는 힘을 쥐고 있는 정부 당국의 의도가 반영

되어 있습니다. 이 학자들은 노예보다도 못하며, 독립심도 없는 존재들입니다. 그들은 명령을 따르고 있으며 정부 당국의 종일 뿐입니다. 이런 학자들이 구상한 계획안을 기초로 교사들이 자신이 할 일을 덧붙여 넣습니다. 교사들은 이미 짜여 있는 계획안 여기저기에 쉼표나 세미콜론을 찍어서 변화를 줄 수 있을 것입니다. 그러나 그게 전부입니다. 누구나 교사의 지위가 어떠한지 압니다. 학생들 또한 그것을 알고 있습니다. 그래서 결과적으로 이후 살아가면서 선생님들과 관계를 지속하려 하지 않습니다. 이렇게 교사들은 자신이 가르친 학생들의 삶 속으로 들어설 여지가 없습니다.

요즈음 교육을 확장하려는 노력을 하고들 있습니다. 그리고 학교와 교사의 숫자가 늘어났습니다. 그러나 그곳에 참 스승의 기백은 없습니다. 좋은 교사란 그저 일 잘하는 하인이란 뜻입니다. 나쁜 교사란 못된 하인이란 뜻이지요. 일을 잘하든 못하든 교사는 하인으로 남습니다. 어머니는 자신이 사는 집의 하인은 아닙니다. 아버지도, 형제도, 친구도 하인이 아닙니다. 그러나 교사는 하인입니다. 학생들은 자신의 삶에서 중대한 위기에 맞닥뜨렸을 때 어머니와 아버지, 친구 같은 이들에게 조언을 구합니다. 때로는 위대한 지도자에게 조언을 구하기도 합니다. 그런데 정작 자기를 가르쳐준 선생님한테는 조언을 구하려 하지 않습니다.

이 모든 결과는 교육부가 독립적이지 못하고 정부의 한 부서일 뿐이라는 사실에서 비롯되었습니다. 대법원 판사들 또한 정부의 임명을 받으며, 그래서 정부가 만드는 법률에 매여 있습니다. 그래도 그들은 어느 정도 독립적입니다. 그들 또한 하인이며 법률을 바꿀 수 없다는 사실은 인정해야 하지만, 그래도 법의 한도 내에서 정부의 지침에 반하는 판결을 내릴 수 있는 자유와 힘이 있습니다. 교사라면 이들 판사들보다 훨씬 큰 힘을 가지고 있어야 합니다. 교사라면 전체 국민의 지성과 정신의 안내자로서 행동해야 하지 않겠습니까? 그렇기 때문에 교사는 큰 힘을 갖고 있어야 합니다. 그래서 《베다》에서는 교사를 가장 큰 권능을 가진 자, '가장 뛰어나고 강력한 자'란 뜻에서 '샤치시트Shachishth'라고 부르거나 가투비트, 즉 인도자라고 부르는 것입니다. 이 말의 뜻은, 교사의 자유로운 사고, 영예와 힘은 절대적으로 구속당하지 않는다는 것입니다. 교사는 탁 트인 하늘을 나는 야생 기러기처럼 재빠르고 힘차게 비상해야 합니다. 교사는 독수리나 매의 용맹함으로 힘차게 자신의 길을 걸어 나가야 합니다.

《베다》에는 또한 우리가 교사의 인도 속에서 어떤 가르침을 받아야 하는지에 대해서도 나와 있습니다. 그것은 우리가 오늘날에도 여전히 바라고 있는 것과 같은 것입니다. 그 바람은 "우리 자신의 무지와 배고픔, 우리가 앓고 있는 질병들을 없애는 방도를 가르쳐주십시오."입니다.

교사의 역할과 관련해 무지와 배고픔 그리고 질병, 이렇게 세 가지를 이야기하고 있습니다. 이것들에서 해방될 수 있는 방도를 제시하는 것이 교사의 사명입니다. 그리고 이 일을 하기 위해서 교사는 '샤치시트'가 되어야 합니다. 교사는 해박한 지식을 지녀야 하며 생산적인 일을 잘해내야 합니다. 그렇게 하지 않으면 어떻게 다른 사람들의 배고픔을 가시게 할 수 있겠습니까? 교사는 또한 다양한 갈

래의 보건과학에도 정통해야 합니다. 그렇지 않으면 인간이 앓고 있는 수많은 질병들을 치유할 수 없을 것이기 때문입니다. 이렇게 교사는 자연과학 지식으로는 병을 치료할 것이고, 실용적이고 풍부한 삶의 기술로 배고픔을 가시게 할 것이며, 지혜로써 무지를 몰아낼 것입니다.

06

교육과 마을

교육의 근본 목적

교육에 대해 생각할 때면 저는 우리가 쓸데없이 복잡한 문제에 휘말려 있다는 생각이 듭니다. 우리가 문제의 근본을 확실하게 파악하고 있다면 어렵지 않게 방향을 잡아나갈 수 있습니다. 그런데도 우리는 지엽적인 문제들을 고민하느라 힘을 허비하고 있습니다.

모든 교육의 단 한 가지 목표는 전 국민이 뛰어난 기술자이자 명철한 사색인이 되도록 하는 것입니다. 그러나 우리는 이 한 가지 목표를 도시 교육, 농촌 교육, 성인 교육, 어린이 교육, 유아 교육, 기초 소양 교육, 여성 교육, 남성 교육, 기술 교육, 지식 교육 등 지나치게 많은 세목으로 나눕니다. 그리고 이 모든 것 앞에 문맹퇴치 운동이 등장합니다.

만약 우리가 이 모든 면면들을 따로따로 고려하기 시작하면 아무런 진척도 없을 것입니다. 이것 조금, 저것 조금 하는 식으로 초점이

분산되면 그 어느 것에서도 우리는 진정한 만족을 찾지 못할 것입니다. 우리는 문제의 근본을 틀어잡고 있어야 하며, 그 근본을 뿌리부터 살펴보는 자세로 대하고 있는가를 눈여겨보아야 합니다. 제 생각에 교육의 근본은 기초교육입니다. 우리의 교육 전문가들에 따르면 기초교육은 7세부터 14세까지의 어린이 교육을 말합니다. 필요한 경우 그 기간은 늘어날 수도 있습니다. 예를 들어 6세부터 시작해서 15세까지 계속할 수도 있고, 실제로 이 시기의 교육을 완결된 하나의 과정으로 만들기 위해 필요하다면 어떠한 일이라도 할 수 있습니다. 우리는 이 한 가지 일만을 해야 하고, 이 일을 정말로 잘, 그리고 철저하게 해내야 합니다. 그리고 이러한 유형의 교육을 온 나라에 의무적으로 적용시켜야 합니다. 이 교육에는 기능 익히기, 지능 계발, 그리고 문해文解 교육이 포함되어야 합니다. 이와 같은 교육에서는 배운 것을 어떻게 기억하는가 하는 문제가 생겨나지 않습니다. 왜냐하면 지식이 삶의 경험과 아주 밀접하게 통합되어 있어서 잊어버릴 여지가 없기 때문입니다. 게다가 이러한 교육은 저절로 확산될 것입니다. 우리는 씨앗 한 톨을 뿌려서 많은 곡식을 거둡니다. 마찬가지로 이러한 원칙들에 기반을 둔 교육을 받은 학생들은 자신의 지식을 100배로 증대시켜 나갈 것입니다.

교육의 문제를 세분하여 각각의 분야를 따로 고민하면 더 빠르게 진전을 이룰 것이라는 생각은 순전히 환상입니다. 우리가 진정 훌륭한 기초교육을 제공하는 데 집중한다면, 그 교육을 받은 학생들은 교양 있고 성숙한 시민으로 자라날 것이며, 자신들이 알아서 각자의 가정에서 기초교육 이전 단계의 유아 교육을 위한 계획을 세울 것입니다. 그렇게 되면 성인 교육이나 유아 교육 프로그램에 대한 고민을 할 필요도 없을 것입니다.

오늘날 추진되고 있는 것과 같은 방식의 성인 문해 운동은 그 누구한테도 특별한 혜택을 주지 못합니다. 성인 교육은 기능 교육을 통해서 이뤄져야 하며, 그렇게 해서 실업자들이 유용한 노동을 하면서 동시에 자신의 지성을 계발할 수 있게 해야 합니다.

인구가 2천 명가량 되는 마을을 예로 들어봅시다. 만약 8년 혹은 9년 과정으로 하나의 완전한 기초교육 학교가 마을에 세워진다면, 그 학교에는 약 300명 정도의 학생들이 다니게 될 것입니다. 그 아이들과 공부하기 위해서 약 10명의 교사들이 필요할 것이고, 두세 명의 보조 교사를 고용할 수 있겠지요. 우리는 이 팀에 속한 구성원들이 각기 다른 기능을 갖도록 할 것입니다. 그리고 그들 모두 기초교육 학교가 하는 일에 협력하도록 할 것입니다. 동시에 어른들에게도 실제로 삶에 유용한 것들을 가르칠 수 있을 겁니다. 이들 교사들은 이러한 실용 지식과 더불어 바깥세상에서 일어나는 여러 가지 일과 지리, 위생, 과학, 그 밖에 다른 많은 것들도 마을 사람들에게 소개할 수 있습니다.

하지만 정부가 돈이 없어서 완전한 기초교육 학교를 시작할 수 없다는 말이 나올 수도 있습니다. 그에 대해서는, 가용할 수 있는 돈은 모두 전 과정을 갖춘 학교를 만드는 데 써야 한다는 게 저의 대답입니다. 기초교육 학교를 단지 4년만 운영하는 것이야말로 극단적인 자원 낭비입니다. 만약 모든 과정을 갖춘다면 학생들은 각자가 공부해야 할 것에 대해 잘 알게 될 것이고 그에 따른 약간의 수입도 생길 것입니다. 그러나 우리의 부주의와 태만 때문에 우리는 기초교육 학교 교사들을 너무나 부족하게 임명해놓고는 성인 교육 지도자들한테 별도의 돈을 지불합니다. 기초교육 학교에 필요한 만큼 교사들을 다 임명하고, 그 교사들이 성인들을 교육하게 하는 것이 훨씬 나을 것입니다.

기초교육은 많은 사유의 흐름들이 모여들어 섞이는 바다입니다. 남성 교육과 여성 교육, 도시 교육과 농촌 교육의 차이점들은 극복됩니다. 어떠한 교육이라 할지라도 교육의 근본 문제는 똑같기 때문입니다. 그 뒤에 이어지는 단계에 가면 다른 가지들이 어쩌면 또 갈라질 수 있겠지요. 그러나 이러한 가지치기는 결코 기본 원칙들에 위배되지 않을 것입니다.

한 시간 학교

요즘 저는 '한 시간 학교'에 대한 생각을 아주 많이 합니다. 이 학교는 정부가 세운 학교가 아니라 마을 학교이며, 매일 아침에 한 시간만 공부를 할 것입니다. 저는 실질적으로 나이탈림을 바로 이 한 시간 학교와 동일하게 생각합니다. 처음에는 저도 사람들이 그런 이상한 생각을 받아들이리라고 기대하지 않았습니다. 그런데 사람들이 그 생각을 받아들일 뿐만 아니라, 진정으로 반기는 것을 보고 놀랐습니다. 이 학교는 호응을 얻었고, '아침 기초학교'는 실천 가능한 좋은 기획입니다.

밤에는 마찬가지로 '한 시간 대학' 모임을 가져야 합니다. 15세 이하의 아이들은 아침 학교에 다닐 것입니다. 16세 이상이 되면 학교에서 공부를 했든 안 했든 대학에 갈 권리가 있습니다. 아침 학교에서는 읽기, 쓰기, 수학 등을 가르쳐야 합니다. 대학에서는 대화와 토론, 음악과 기도를 담은 노래를 통해서 공부를 해야 합니다.

남녀 학생들 모두가 주간에는 부모님을 도울 수 있게 해야 합니다. 그리고 교사 또한 자신의 일을 할 수 있어야 합니다. 교사는 급여를 받지 않고 그 대신에 수확기가 되면 각각의 학부모에게서 3 내지 4리터의 곡식을 받게 됩니다.

학교에서 가르치는 모든 것들은 마을에서 쓸모 있는 기술과 일상적인 활동과 연계될 것입니다. 이러한 활동으로는 요리와 집안일, 쓰레기 줍기, 하례 축제, 놀이, 마을 사람들의 생일과 기일, 질병 등을 고려해볼 수 있습니다.

'그람 판차야트 gram-panchayat, 마을 자치기구'는 현전하는 기술을 개발하고 새로운 기술들을 소개하는 일을 맡을 것입니다. 교사는 마을 원로회의 회원이 될 것입니다. 만약 자치기구가 시범 농장이나 작업장을 운영하는 경우, 교사와 학생들이 그곳에서 일을 할 수 있을 것입니다. 그러나 그럴 경우 하루에 3시간 이상은 일하지 않아야 합니다. 그들이 버는 것은 돈이 아니라 현물로 계산되어야 할 것입니다. 학교 단위에서 마을 자치기구가 원하지 않는 수공 기술을 도입할 책임은 없습니다. 그러나 대학은 이러한 기술을 도입할 필요성을 일깨우기 위해서 최선을 다해야 할 것입니다. 그래서 마을공동체 전체가 새로운 기술이 필요하다고 느낀다면 자치기구는 해당 기술을 도입할 계획을 세울 것이고, 그 다음에 그 기술을 학교에 도입하면 될 것입니다.

교육에 돈은 필요하지 않습니다. 교육은 돈으로부터 자유로워야 합니다.

하루에 한 시간씩만 하는 교육

오늘날 다섯 살짜리 어린이들을 위해 운영되고 있는 학교에서는 시간을 엄청나게 낭비하고 있습니다. 만약 그 아이들이 진짜로 다섯 시간 동안 읽고 쓰고 한다면 아이들에겐 너무나 벅찰 것입니다. 게다가 정말 가난한 아이들은 학교에 다닐 수 없고, 아이들이 받은 교육도 실제로 아무런 가치가 없을 것입니다.

그래서 저는 우리가 '한 시간 학교'를 만들어야 한다는 것을 제안합니다. 이 학교는 이른 아침 해 뜰 무렵에 열면 좋을 것입니다. 그러면 학생들이 낮 시간 동안에는 일을 할 수 있을 것이고, 가장 가난한 아이를 비롯해 마을에 있는 모든 아이들이 학교에 다닐 수 있게 될 것입니다. 아침 수업 시간에는 읽기, 수학, 쓰기를 공부하면 될 것입니다.

저녁에는 어른들을 위한 한 시간 수업을 합니다. 이 수업은 '듣기 수업'이라고 할 수 있을 것입니다. 이 수업 시간에는 읽기와 쓰기는 가르치지 않을 것이기 때문입니다. 읽을 자료는《라마야나》나《바가바트 *Bhagvat*》같은 책들에서 뽑으면 될 것입니다. 또한 성현들의 이야기나 찬가도 좋겠지요. 이 자리에서는 마을의 문제들, 농업에 관한 새로운 생각이나 제안들을 토론할 것입니다. 노래와 '찬미가 bhajans'도 함께 부를 것입니다. 이 수업에서는 실생활에서 필요한 모든 유형의 지식을 다룰 것입니다. 아이들은 모두 아침 수업 시간에 읽기를 배우지만, 다른 일반적인 지식을 배우기 위해서 저녁 수업에 참석할 것입니다.

두 수업 모두 방학은 필요 없습니다. 일반 학교는 하루 다섯 시간을 공부하는 반면에 6개월 동안 방학을 합니다. 그래서 실제로는 두 시간 반짜리 학교일 뿐입니다. 우리의 '매일 학교'에서는 배운 것을 잊어버릴 까닭이 없습니다. 우리는 육체가 매일 먹은 음식으로 튼튼하게 자라고 또 매일 목욕을 함으로써 깨끗하게 유지되듯이, 정신 또한 날마다 조금씩 하는 공부를 통해서 채워지고 충족된다는 사실을 배웁니다. 우리에게는 날마다 먹는 음식을 먹지 않고 끊을 욕구가 없는 것만큼이나 이러한 지적인 토양에서 벗어나 방학을 할 까닭이 없습니다. 하지만 매일 다섯 시간을 공부하는 학교들의 경우 상황은 전혀 다릅니다. 일 년 안에 한 시간 학교나 이와 비슷한 학교들을 아주 적은 경비로 인도 전역에 세울 수 있을 것입니다.

이러한 한 시간 학교들에서 일하는 교사들 또한 낮에는 자신의 일에 종사할 것입니다. 그렇게 하면 많은 액수의 급여가 필요 없을 것입니다. 마을 사람들은 교사들이 한 시간씩 봉사한 것에 대한 답례로 일 년치 수확량의 일부를 교사들에게 나눠줄 것입니다. 그러한 학교는 실제로 돈을 한 푼도 들이지 않고 운영할 수 있습니다. 마을 사람들은 농사일과 농촌산업, 그리고 마을 생활과 관계된 것들을 배울 수 있을 겁니다. 요리하고 먹는 일은 어느 가정에서나 하고 있는 일이며, 이 또한 교육 수단이 될 수 있습니다. 몇 가지 영양학 원칙들은 이런 연관 속에서 배울 수 있을 것입니다. 마을을 청결하게 관리하는 일은 기본적인 공부입니다. 지역에서 발생하는 전염병을 막기 위한 조치들을 하는 과정에서 배우고 연구할 기회가 생깁니다. 마을에서 사람이 죽는 것 또한 공부의 계기입니다. 비가 너무 많이 내려서 결과적으로 수확이 보잘것없는 경우, 그것에서도 배울 것이 있습니다. 모든 축제와 결혼식도 마찬가지로 공부의 계기입니다. 싸움도 그렇고 미친개한테 물리는 일에서도 배웁니다. 우리는 일상에서 생겨나는 일 모두에서 무언가를 배웁니다.

이 모든 것을 하루 한 시간 하는 공부에서 전부 배우는 것이 불가능하다고 생각하지 마십시오. 매일 아침과 저녁에 한 시간씩, 그러니까 '읽기'와 '듣기' 수업을 하는 두 시간 안에 아주 많은 지식을 습득할 수 있습니다. 이 사실을 저는 실제 경험에 의거해서 말하고 있습니다. 저는 몇 년 동안 학생 몇 명을 가르쳤습니다. 그들 대부분이 하루에 한 시간 이상 공부하지 않았지만, 아주 많은 것을 배웠고 지금은 사회의 훌륭한 일꾼 노릇을 하고 있습니다.

어른들을 위해 개설한 저녁 '듣기 수업'에 아이들이 참석하지 못하게 해서는 안 됩니다. 도리어 참석해서 아침 독서와 저녁 토론 두 수업의 혜택을 모두 누리게 해야 합니다. 하루 두 시간 동안 아이들은 읽고 쓰고 경청할 것입니다. 만약 마을 평의회에서 농촌산업을 효과적으로 기획한다면, 아이들은 나머지 시간 동안 그 산업에 대해서 배울 수 있을 것이고, 자신의 전문 분야나 다른 분야에 일자리를 잡을 수 있을 것입니다. 학교가 그러한 산업을 조성할 의무는 없습니다. 그런 일은 그람 판차야트나 마을 평의회가 할 일입니다. 혹시 발생할 수도 있는 경비는 학교가 아니라 판차야트가 떠맡아야 합니다. 학교는 경비를 거의 들이지 않을 것이고, 학생들은 전문 기능인이 될 것입니다.

정신은 이른 아침 시간에 의욕적이고 활발하게 작동하므로 아이들은 자신이 배우는 것을 쉽게 파악할 것입니다. 저녁에는 옛이야기와 《바가바드기타》에 나오는 이야기들, 음악 등 즐거움을 주는 내용들로 채워질 것입니다. 별 피로감 없이도 지식을 얻게 될 것입니다. 이야기가 끝나면 저녁 수업은 언제나 아름다운 찬미가로 끝을 맺을 것입니다. 사람들과 함께 찬미가를 부르면서 그 의미를 설명해줍니다. 젊은이도 노인들도 이 찬미가가 마음속에서 울리는 가운데 집으로 돌아가 잠자리에 들 것입니다.

성현들이 말하길, 임종의 수난에 이르러 마음이 헌신의 일념으로 가득 차 있는 사람은 완벽한 평화 속에 죽을 수 있다고 했습니다. 삶을 마감하는 순간은 아주 엄숙한 시간입니다. 이 시간은 경솔하지 않고 신에 대한 사랑이 넘치는 정신에서만 생겨나는 마음의 평화 속에서 보내야 합니다. 그러면 영혼은 행복으로 가득 차 성스러운 평화를 보게 될 것입니다. 생을 마감하는 순간에 적용되는 이 원리가 하루를 마감하는 순간에도 적용됩니다. 하루를 마감하고 잠자리에 들 때 우리는 나날이 죽음을 맞는 경험을 합니다. 신이 우리를 깨워주신다면 우리는 이튿날 아침에 깨어날 것입니다. 그렇지 않다면 우리는 죽은 것이지요. 그렇다면 잠은 날마다 맞는 죽음이며, 어떤 사람이 신에 대한 헌신으로 가득 찬 마음을 지닌 채 잠자리에 든다면, 그 마음 상태가 그 사람에게 깊은 영향을 미칠 것입니다. 그는 꿈도 꾸지 않고, 힘이 다시금 솟아나게 해줄 잠을 평화롭게 잘 것입니다. 그렇기 때문에 잠자리에 들기 바로 직전, 하루의 마지막인 이 시간은 아주 중요합니다. 그러니 저녁 수업을 마칠 무렵에는 아름다운 찬미가를 불러서, 남녀노소 모두가 귓가에 아직 그 곡조가 울리고 있는 동안 집으로 돌아가서 신의 품 안에 잠들게 하십시오.

이런 식의 교육개혁은 경비가 아주 적게 들 것이고, 어떤 마을에서나 광범위하게 채택되고 신속하게 이뤄질 수 있을 것입니다. 아침과 저녁 수업 시간에 한 시간을 할애하는 교사들과 기획자는 마을 사람들한테서 한 해 단위로 양식을 받으면 됩니다. 하지만 이조차도 필요하지 않을지도 모릅니다. 우리는 한 사람이 가진 재산의 일부를 사회에 선물로 내놓으라는 요청을 하곤 합니다. 같은 식으로 한 개인이 하루에 한 시간 동안 다른 사람들을 무료로 가르침으로써 자신의 지혜와 지식을 선물로 나누면 됩니다. 그러한 교사라면 아무것도 요구하지 않을 것입니다. 그럼에도 필요한 것을 마을 사람들이 주면 신의 은총으로 알고 받으면 됩니다. 만약 정부가 책과 학교에 필요한 여러 설비를 제공하는 경우, 그렇게 하도록 하십시오. 결국 그것은 정부가 해야 할 일입니다. 글을 익힌 마을 사람들도 다 읽은 책은 학교에 넘겨줄 것입니다. 마을 사람들도 너나 할 것 없이 자기 마을에서 하는 읽기와 토론 수업이 잘 이루어지도록 도와주는 것을 특별히 귀하게 여길 것입니다.

질문과 답변

질문 : 아이들이 한 시간만 공부를 하는 것으로 적절한 교육을 받는 것이 가능할까요? 이미 농촌 사람들은 충분히 먹지 못해서 몸도 부실한데, 이 계획이 정신마저 빈약하게 할 우려는 없습니까?

비노바 : 아이들을 교육시키기 위해서는 매일 일정한 시간 동안 지식 공부를 하는 것으로도 충분합니다. 교사는 다른 마을 사람들과 마찬가지로 자신의 기술로 스스로의 생계를 꾸려갈 것입니다. 그렇게 되면 교사는 낮 시간 동안에는 마을 사람들과 자연스럽고 활발한 접촉을 할 것이고, 아이들은 교사한테 비공식적이지만 계속해서 이것저것을 배울 수 있습니다. 그러나 이런 것들을 논외로 치더라도, 아이들은 한 시간씩 규칙적인 '수업'을 받으면 충분할 것입니다. 제 생각에 몸을 튼튼히 하기 위해 먹는 데 쓰는 것과 같은 양의 시간을 정신과 지성을 살찌우기 위해 교육에 쓰도록 하는 것은 참 좋은 원칙인 것 같습니다. 나머지 시간은 이러한 영양분을 소화시키는 데 쓰도록 배려해야 합니다. 우리가 하루에 세 끼를 먹는다 해도 모두 합쳐서 하루에 한 시간 반 이상을 쓰지는 않을 것입니다. 지식을 습

득하는 데 그 이상의 시간을 들여서는 안 됩니다. 우리가 진정 적절하게 가르치고 있다고 전제할 때, 아이들이 한 시간에 걸쳐서 배운 지식을 제대로 소화하려면, 그러니까 학생들이 그 지식에 완전히 동화되기 위해서는 아주 긴 시간이 필요합니다. 교육은 사람들이 흔히 생각하는 것처럼 단지 정보를 전달해주는 것이 아닙니다. 교육은 아이들에게 자기 스스로 지식을 습득할 수 있는 힘을 주는 것입니다. 일단 이 일이 이뤄지면 지식에 대한 갈망이 깨어나고, 그러고 나면 쉽습니다. 학생들 스스로 공부를 해나갈 수 있습니다. 이 일을 하는 데는 하루 한 시간이면 충분합니다.

질문: 선생님의 말씀은 일반 초등학교에는 잘 들어맞습니다. 그런데 그렇게 해도 학생들이 고등 교육을 받기에 충분한 준비를 할 수 있을까요?

비노바: 틀림없이 그렇습니다. 매일 규칙적인 수업을 하면서 아주 수준 높은 공부를 할 수 있습니다. 저는 학생들에게 이런 식으로 《우파니샤드》를 가르쳤습니다. 그러나 제가 여러분에게 제시하는 한 시간 학교 계획은 기초 혹은 초등 교육을 목표로 세운 것입니다. 과연 실제로 한 시간 학교에서 배운 학생들이 일반 학교에서 배운 학생들만큼이나 기초가 잘 잡혀 있는지의 여부는 실제 경험 속에서 확인해봐야 할 것입니다. 이것 말고도 제가 이미 말한 것처럼 모든 농촌 마을마다 대학이 있어야 합니다. 한 시간 학교는 일반 교육을 위한 것이지만, 저는 그것만 가지고는 만족할 수 없습니다. 사람들은 태어나서 죽을 때까지 자기가 태어난 마을에서 전 생애를 보내고

또 해야 할 모든 일도 합니다. 그래서 이 마을에서 완전한 교육을 받을 기회를 가져야 하는 것입니다. 제가 보기에 초등 교육 계획은 농촌 마을을 염두에 두고 세우고, 다음으로 높은 단계의 교육 계획은 지역의 소읍을 염두에 두고 세우고, 다음으로 높은 단계는 대도시를 염두에 두고 세우고, 그리고 더 높은 단계는 또 다른 곳을 염두에 두고 세우는 방식은 아주 잘못된 것입니다. 교육을 위한 모든 수단은 우리가 일을 하면서 전 생애를 보내는 곳인 바로 그 마을에서 이용할 수 있는 것이어야 합니다. 저는 지금 모든 마을이 가장 수준 높은 '대학' 교육을 하기 위한 준비를 할 수 있고 또 해야 한다는 말을 하고 있으며, 그렇게 되리라고 믿습니다.

질문 : 모든 마을에서 철학이나 사회, 과학 같은 고등 학문을 교육할 수는 있습니다. 하지만 물리학이나 첨단기술을 교육하거나 연구하는 것이 실제로 가능할까요? 어디서 장비를 구할 수 있을까요?

비노바 : 제가 모든 마을마다 대학이 있어야 한다고 했을 때, 모든 마을에서 모든 종류의 교육을 할 수 있는 기반을 마련해야 한다는 뜻으로 한 말은 아닙니다. 그것은 현재 우리 대학에서도 하지 못하는 일입니다. 대학이라고 해서 모든 학부, 혹은 모든 종류의 연구, 조사를 할 수 있는 준비가 되어 있는 것은 아닙니다. 다른 조건이 같은 경우 학생들은 자신이 원하는 과목을 가장 잘 가르치는 대학을 택합니다. 이런 일은 마을 대학에서도 일어날 것입니다. 전반적으로 모든 곳에서 고등 학문 연구를 할 수 있는 여건을 조성할 것입니다. 그러나 숲이 있는 대학이라면 산림자원학부, 목공예부 그리고 약학

부를 발전시킬 수 있는 기회가 있습니다. 이런 것은 다른 곳에서는 할 수 없지요. 우리는 또한 고등 학문 가운데는 장비에만 전적으로 의존하지 않는 것들이 아주 많다는 점을 알아야 합니다. 천문학을 배우기 위해서 날마다 망원경을 써야 할 필요는 없습니다. 망원경은 가끔 이용하면 되지요. 그런 까닭에 비록 마을마다 망원경을 갖추지 않아도 천문학을 공부할 수는 있는 것입니다. 망원경은 접근이 쉬운 특정 센터에 설치하고, 필요한 경우 찾아가서 쓰도록 하면 됩니다.

학문 연구에 필요한 것이 세 가지 있습니다. 개념적 사유능력, 능숙한 손놀림, 그리고 물리적인 장비가 그것입니다. 제가 아는 한, 농촌 마을 생활이 학문적인 개념을 발전시키는 데 장애가 되지는 않습니다. 사람들 모두 자신의 손발을 써서 온갖 종류의 일을 하는 까닭에, 몸을 원활하게 쓰는 능력을 습득할 수 있는 기회가 무척 많습니다. 물리적인 장비 또한 대부분 이용 가능합니다. 피조물의 세계 전체가 우리에게 열려 있기 때문입니다. 망원경처럼 모든 곳에서 갖출 수는 없는 장비 문제에 대해서는 이미 논의를 했습니다.

이런 관점에서 보면 모든 농촌 마을이 고등 교육과 연구를 위한 기회를 제공하고, 또 그것을 위한 준비를 해야 합니다. 그 일의 기초는 한 시간 학교를 만드는 데 있습니다. 오늘날 공부는 협소한 권역에 한정되어 있습니다. 만약 공부가 보편적인 것이 되게 하려면 모든 이들에게 문호를 개방해야 하며, 제가 이야기한 방식으로 해야 합니다. 그래야 그 일을 이뤄낼 수 있습니다.

농촌 교육과 도시 교육

오늘날 사람들은 교육에 대해 많은 생각을 하고 있으며, 사려 깊은 사람들은 걱정스러워합니다. 우리 국민의 대부분은 농촌에 살고 있으며, 그렇기 때문에 국민 교육은 농촌을 중심에 두어서 농촌이 그 혜택을 입도록 해야 합니다. 도시에 사는 사람들에게는 그들의 관심을 농촌에 두도록 교육을 해서 농촌과 도시 사이에 건강한 협동이 이루어지게 해야 합니다. 만약 농촌과 도시가 서로 양립할 수 없는 별개의 교육을 받는다면 이 나라는 엄청난 고통을 당할 것입니다.

삶 속에는 도시인과 농촌 사람을 불문하고 인류에게 공통적으로 해당하는 것들이 많이 있습니다. 5대 원소는 농촌과 도시 사람에게 똑같이 영향을 끼칩니다. 도시 사람이나 시골 사람 모두 신선한 공기가 필요합니다. 양자 모두에게 자연을 가까이 접하는 삶이 좋습니다. 이것은 도시에서는 이루기 어려울 것입니다. 그렇다 해도 이것을 제공하려는 노력은 해야 합니다. 건강 원리에 대한 지식도 양쪽 모두에게 똑같이 필요합니다. 공중 보건을 위한 준비를 하는 경우 농촌과 도시가 각기 달리 진행되어야 하는 것은 맞지만, 기본적으로 필요한 사항은 둘 다 같습니다. 한 가지 진정한 차이가 있다면, 농촌 마을은 삶에 필요한 기본 필수품을 자체로 생산하기 때문에 농촌 어린이 교육은 건강한 자연 기반을 갖고 있는 데 반해, 도시에서는 부차적인 중요성을 갖는 것들만을 생산하기 때문에 교육 수단으로서 도회지의 삶은 어느 정도는 낮은 등급이라 할 수 있습니다. 이러한 도시 교육의 열등성은 도시 생활의 본성에 내재하는 것으로, 도시가 농촌과 비슷하게 되기 전에는 치유될 수 없습니다.

우리는 도시 교육이 몇몇 측면에서 결핍이 있을 수밖에 없다는 사실을 받아들여야 합니다. 하지만 이 결핍은 두 가지 조건만 갖춰진다면 채워질 수 있습니다. 하나는 도회지의 눈이 농촌으로 향해야 한다는 것입니다. 또 하나는 도회지가 다른 나라들과 긴밀한 접촉을 해야 한다는 것입니다. 물론 저는 도시 사람들이 외국어를 배워서 다른 나라 말로 기술되어 있는 새로운 발견들을 능수능란하게 이용할 수 있기를 기대합니다. 만약 그들의 시선이 진실로 농촌으로 향해 있다면, 농촌을 위해 일하는 것을 자신의 의무로 여길 것입니다. "농촌 사람들의 의무는 신의 창조물로서 신을 섬기는 것이고, 도회지의 의무는 농촌을 섬기는 것"이라는 경구를 만들어낼 수도 있겠지요. 우리가 이러한 이상을 간직하고 산다면 도시와 농촌 모두 완전한 인류의 진보를 선사할 수 있고, 서로 온전한 삶을 살도록 도와

줄 것입니다.

제 생각은 마을마다 교육을 할 수 있는 모든 준비가 되어 있어야 한다는 것입니다. 각 마을마다 저마다의 대학, 혹은 '비드야피트Vidyapith,학당'가 있어야 합니다. 왜냐하면 아무리 작은 마을일지라도 모든 마을은 하나의 소우주이기 때문입니다. 작으면 작은 대로 그 마을은 전 우주를 축약해서 담고 있습니다. 그렇기 때문에 마을에서 완전한 교육을 할 수 있는 것입니다. 농촌 마을은 자연세계와 아주 긴밀하게 접해 있으며, 물리학이나 자연과학을 공부할 수 있는 재료들을 손쉽게 구할 수 있습니다. 농촌은 또한 생물학을 공부하기에 더할 나위 없이 좋은 곳입니다. 농촌은 온갖 짐승과 새, 그리고 다른 생물체들로 넘쳐나기 때문입니다. 농촌에서는 농업, 방직, 도로 만들기를 비롯해 다른 많은 산업이 시행되고 있습니다. 이러한 일들과 관련된 기술들에 혜택을 줄 수 있는 고등 교육은 마을 안에서 행해질 수 있고, 행해져야 합니다.

인간 사회는 아주 오랜 옛날부터 농촌 마을에서 형성되어 왔습니다. 그래서 역사와 사회 공부도 마을에서 할 수 있습니다. 게다가 농촌 마을의 아주 친밀한 분위기는 윤리와 종교의 발전으로 이어질 것입니다. 폭넓은 안목, 기꺼이 다른 사람들과 함께 일할 수 있는 마음, 진리에 대한 경배 등 윤리적인 삶을 이루는 요소들은 농촌 환경에서 쉽고 자연스럽게 드러납니다. 행성이나 별자리도 도시에 사는 사람들보다는 농촌 사람들에게 훨씬 선명하게 보입니다. 자, 저절로 시흥이 돋워지지 않을까요? 시인의 상상력은 도회지보다는 농촌에서 더 쉽게 피어나기 때문입니다.

우리는 브야사나 발미키 같은 시인이 현대적인 도회지에서 살 것이라는 생각은 하지 않을 것입니다. 그들은 농촌 마을이나 농촌에서 가까운 곳에서 살 것입니다. 야생동물들과 싸울 수 있는 대범하고 용감한 사람들은 농촌에서 찾을 수 있습니다. 그러니 영웅을 찾으려거든 농촌에서 찾아야 합니다. 국민들은 옛날부터 농부들이 언제나 용감한 군인이었다는 것을 알고 있습니다. 농촌 마을에서 누릴 수 있는 이 모든 풍요를 우리가 교육의 도구로 삼을 수는 없는 걸까요? 해답은 '틀림없이 그렇게 할 수 있다'는 것입니다. 그러나 우리에게는 그렇게 많은 도구가 필요하지는 않습니다. 그보다 훨씬 더 중요한 것은 열의와 실험 정신입니다. 농촌의 학생들은 때때로 도시에 있는 대학을 방문하고 도시 학생들은 농촌을 방문해서, 서로가 서로에게 배워야 합니다. 그러나 농촌 대학에 다른 무엇보다 필요한 것은 유능한 교사들입니다. 진정 어린 생각을 할 수 있고 아이디어를 개발할 수 있는 사람들 말입니다. 그렇게 할 수 있는 이가 단 한 사람이라도 마을에 머물러 살 수 있다면 그곳에서 교육을 위한 준비를 하는 것은 전혀 어렵지 않을 것입니다.

또한 우리 선조들은 농촌에서 그 마을 사람들 중에서는 아무도 알지 못하는 지식을 배울 기회를 갖도록 배려해두었습니다. 이는 계속해서 실천되어야 합니다. 그것은 다름 아닌 방랑생활을 하는 '산야시 sanyasi, 수행자' 전통입니다. 산야시는 생애의 대부분을 쉼 없이 이 마을에서 저 마을로 여행하면서 지내고, 우기에 한해서 한 장소에 4개월간 머무릅니다. 마을 사람들은 산야시를 통해서 그가 한 공부의 혜택을 온전하게 누립니다. 마을 사람들은 세상에 대한 공부와 자신에 대한 공부 모두를 그 사람에게 배울 수 있습니다. 한 사람의 산야시는 걸어 다니는 대학이며, 마음 내키는 대로 이 마을 저 마을을 방랑하는 학당입니다. 그는 스스로 학생들을 구하고 대가 없이 가르침을 베풀 것입니다. 마을 사람들은 그에게 정갈하고 깨끗한 음식을 제공할 것이고, 그에게 그 밖의 다른 것은 필요하지 않을 것입니다. 사람들은 그에게서 각자가 얻을 수 있는 것을 배울 것입니다. 공부에 대한 대가가 돈으로 지불되는 사태보다 더 비극적인 일은 없습니다. 공부를 한 사람은 자신이 배운 것을 다른 사람들에게 전수해서 그들이 그것을 향유하는 것을 보기를 갈망합니다. 아이는 어머니의 젖을 빨아야 만족하는 한편, 어머니 또한 젖을 물리는 데서 기쁨을 누립니다. 신이 젖을 나게 해주었기 때문입니다. 만약 엄마들이 자기 자식을 먹여 살리는 대가를 요구하기 시작한다면 세상이 어찌 되겠습니까?

오늘날, 특히 도시에 있는 대학에서는 돈이 많지 않으면 아무것도 배울 수 없습니다. 그러나 돈을 주고 산 '지식'은 산지식이라고 할 수 없습니다. 돈을 주고 산 지식은 무지일 뿐입니다. 진리의 지식은 오직 사랑과 봉사를 통해서 얻을 수 있으며 돈을 주고 살 수 있는 것이 아닙니다. 그러니 이곳저곳을 여행하는 현자가 마을에 도착하면, 마을 사람들 모두가 성심을 다해 그분에게 마을에 며칠 머물러주길 청하고 공경으로 대접하여 그가 베푸는 지식을 전해 받도록 하십시오.

이것은 얼마든지 실현 가능한 계획입니다. 강물이 이 마을 저 마을로 흘러들며 사람들을 살리듯이, 암소들이 숲에서 풀을 뜯어먹고 새끼들에게 먹일 젖을 가득 채워 오듯이, 그렇게 현자들도 이곳저곳을 여행할 것입니다. 우리는 바로 방랑하는 교사라는 이 제도를 다시 정립해야 합니다. 그러면 모든 마을이 저마다의 대학을 세울 수 있고, 세상의 모든 지식이 마을마다 소개될 수 있을 것입니다.

우리는 또한 임주생활 전통을 다시금 되살려서 모든 마을이 막대한 비용을 들이지 않고도 각 마을에 상주하는 교사 한 사람씩을 두도록 해야 합니다. 모든 집은 학교가 되고 논밭은 실험실이 되어야 합니다. 모든 바나프라스티가 교사가 되어야 하고, 모든 방랑하는 산야시는 대학이 되어야 합니다. 배우기를 원하는 어린이들과 청년들이 학생이 될 것입니다. 어느 마을이고 하루에 한두 시간을 배우는 데 할애하고 나머지 시간에는 일을 하는 것에 뜻을 같이하는 사람들이 있을 것입니다. 제 생각에는 이것이면 태어나서 죽는 날까지 평생 교육의 뼈대가 완성되는 것 같습니다.

사르보다야의 목표는 각각의 마을 단위가 자체에서 생겨나는 문제들을 스스로의 힘으로 해결하도록 하는 것입니다. 그렇기 때문에 그 마을의 부와 자원은 몇몇 개인의 소유가 아닌 마을의 소유가 되어야 합니다. 그렇게 되어야만 모든 아이들이 균등한 교육 기회를 갖도록 하는 계획을 마련할 수 있습니다. 우리가 아이들 모두에게 그들 몫의 정갈하고 영양가 있는 음식조차 주지 못하는 상황이라면 어떻게 균등한 교육을 베풀 수 있겠습니까?

수다마Sudama는 가난한 브라만의 아들이었고, 스리 크리슈나는 왕자였습니다. 두 사람은 함께 스승의 집에서 기거하면서 똑같은 음식을 먹고 일도 같이 했으며 공부도 같이 했습니다. 한 아이는 다 해진 옷을 입고 학교에 오는데 다른 아이는 아주 좋은 옷을 입고 학교에 온다면, 한 아이는 굶으면서 학교에 다니는데 다른 아이는 물릴 정도로 음식으로 배를 채우면서 학교에 다닌다면, 어떻게 그런 마을에 진정한 학교가 있겠습니까? 모두가 적절한 교육을 받기를 바란다면 마을 사람들 모두가 한 가족처럼 살고, 마을이 갖고 있는 모든 부와 지혜, 그리고 힘이 마을 사람 전체를 위해서 사용되도록 해야 합니다.

나이탈림의 핵심은 부단이나 농촌산업육성 운동을 관통하고 있는 비폭력 정신입니다. 부디 인도에 있는 모든 마을이 현명하고 온화하며 정이 넘치는 진정한 스승을 찾을 수 있도록 신의 보우가 있기를 바랍니다.

교육 공동체

몇 년을 관찰해봤는데, 100명 혹은 150명의 노동자들이 한곳에서 함께 사는 경우, 공동체가 해결해야 할 문제들에 너무나 많은 시간을 할애하는 탓에 다른 일을 할 시간이 없는 것 같습니다. 게다가 그렇게 큰 공동체는 돈이 없으면 운영할 수도 없습니다. 하지만 일단 돈이 중심이 되는 상황에서 벗어나면 그 집단은 이웃과의 관계에 주목하게 되는데, 돈만 개입되지 않는다면 이웃과의 관계가 잘못될 위험도 없어질 것 같습니다.

잘못된 관계라는 것은 사상도 일도 지식도 아닌 돈에 기초하고 있는 관계입니다. 돈이 개입된 조건 속에서는 무엇을 하든지 고작 허장성세일 뿐 마음을 움직이지 못합니다. 이것은 연극과 마찬가지고 연극으로서의 효과가 있을 뿐입니다. 진실로 우애롭게 함께 살아가면서 생겨나는 영향력은 이런 식의 연극 행위에서는 끌어낼 수 없습니다. 자, 그러니 우리 모두 공동체의 규모를 15명에서 20명의 노동자들로 제한하는 것에 대해서 생각해봅시다. 하지만 저로서는 더 큰 공동체라고 할지라도 금전 관계를 맺지 않는다면 아무런 반대도 하지 않을 것입니다. 사실 저는 금전 관계를 없앤 공동체야말로 실제로 혁명을 일으킬 수 있다고 믿습니다.

규모가 큰 공동체는 또 다른 취약점이 있습니다. 큰 공동체는 합의 과정이 아주 정교해야 하고 잘 계획되어야 합니다. 기초교육 학교 학생들도 이러한 편리함의 혜택을 누릴 수 있습니다. 그러나 학생들은 이렇게 편안한 환경에서 공부를 마친 뒤에는 그러한 편의라고는 전혀 없는 세상으로 나아가게 되고, 그 와중에서 혼란과 방향 상실, 결핍을 느끼게 됩니다. 나이탈림 학교는 학생들이 불편함과 어려움을 딛고 일어설 수 있고, 그러한 경험들을 자기의 삶을 일구어나가는 데 활용할 수 있도록 운영되어야 합니다.

나이탈림 학교에서 우리가 고안한 공부법들이 많은 장점이 있기는 하지만, 제 생각에 우리는 삶의 기준이라는 문제에 대해서 더 많이 생각해야 합니다. 우리 나이탈림 학교들이 오히려 더 귀족학교 같습니다. 물론 이러한 비교가 정확한 것은 아니며, 우리 수준이 그런 학교들처럼 사치스럽지도 않습니다. 그런데 두 학교 모두 주변의 민중들과 어떠한 실질적인 관계가 없다는 점 한 가지는 비슷합니다. 우리의 조직은 유연해야 하며, 우리는 여러 곳에서 다양한 실험들을 많이 행해야 합니다. 우리는 우리가 논의했던 '한 시간 학교' 계획을 실제로 실행에 옮겨야 합니다.

어떤 사람들은 나이탈림 학교는 교육비가 너무 많이 들어서 다닐 수 없을 정도이고, 정부가 그렇게 비싼 학교들을 운영할 상황도 아니라고 말합니다. 이러한 비판은 대체로 나이탈림에 반대하는 사람들이 하고 있습니다. 사실을 말하자면 우리 나이탈림 학교는 돈이 많이 들지 않을 뿐만 아니라, 더 나아가서 돈을 들이지 않게 하려고 애쓰는 중입니다. 지금 당장은 몇 가지 돈 들일 일이 있습니다. 그러나 그것은 이 일이 아직 완결되지 않은 탓입니다.

한 마을은 자급자족이 가능하며 외부의 원조에 의존하지 않습니다. 필요한 모든 것은 그 지역 안에서 충족됩니다. 사람들은 스스로 일을 해 물건을 만들어내고, 모든 가정에 얼마간의 양식이 있습니다. 그러한 마을에서 영위되는 삶은 완전하고 독립적이며 지극히 자연스럽습니다. 사람들은 배가 고프기 때문에 일합니다. 그리고 지성이 있기 때문에 일에 필요한 도구들을 고안해냅니다. 이러한 곳이야말로 나이탈림을 실험하기 위한 최적의 장소이며, 실제로 마을 사람들은 그들만의 방식으로 이미 나이탈림을 실천하고 있습니다. 더 필요한 것이라고 해봐야 청결과 문화의 수준을 좀 더 끌어올리는 정도입니다. 그러니 우리가 가지고 있는 허황된 교육상을 버립시다. 민중들은 우리가 그들을 교육시키지 않는다고 해서 계속 무지렁이로 남아 있지는 않을 테니까요! 교사들이 마을로 들어가서 그 마을에서 하고 있는 일과 기술을 학생들과 함께 배우도록 합시다. 이 일을 함으로써 교사는 어른들 또한 가르칠 수 있습니다.

문제의 핵심은 지식이 실생활에 쓰이고 있는 기술 및 직업과 연계되어야 한다는 것이며, 부적절한 정보를 주어서는 안 된다는 점입니다. 만약 물레가 실제로 쓰이지 않는다면 교사가 물레를 교육의 도구로 삼을 까닭이 어디 있겠습니까?

만약 제가 마을에 간다면 저는 단돈 한 푼도 필요하지 않을 것 같습니다. 저는 사람들한테 가서 제가 그들이 모르는 것을 조금 알고 있다고 말할 것입니다. 그것이면 충분합니다. 만약 사람들이 모두 다 똑똑하다면 이 계획은 필요가 없을 것이고, 만약 교사가 아무런 지식이 없다면 그 또한 소용이 없을 것입니다. 만약 마을 사람들이 논밭에서 일한다면 저도 거기서 일할 것입니다. 만약 그들이 소떼를 돌본다면 저도 그 일을 할 것입니다. 저는 그 사람들에게 소떼를 돌보는 법을 가르칠 것이고, 《우파니샤드》도 가르칠 것입니다. 나이탈림에 반드시 책이 필요한 것은 아닙니다. 책이 있다면 좋겠지요. 그러나 구할 수 없다 한들 문제될 게 없습니다. 일반적인 학교라면 적어도 칠판과 분필 그리고 책이 있어야 합니다. 그러나 나이탈림 학교에서는 아무것도 필요하지 않습니다. 신이 제게 혀를 주셨고, 사람들에게는 들을 수 있는 귀를 주셨습니다. 우리 모두에게 앉을 곳도 주셨습니다. 학교를 만드는 데 더 필요한 것이 있습니까? 딱 한 가지 필요한 것이 있다면 그것은 마을의 일상생활과 밀접하게 연관된 교육을 할 수 있는 뛰어난 교사입니다.

정부는 '기초교육을 실시한다.'고 결정했습니다. 정부는 명령을 내립니다. 그리고 기초 수공 기술을 교육 수단으로 삼기 위한 규정들도 마련될 것입니다. 그런데 규정들만 있으면 될까요? 아니면 우리들만의 삶의 원칙이 필요할까요? 나이탈림에 숨결을 불어넣는 내적인 원칙은 육체노동과 평등에 대한 신념입니다. 이 신념과, 교사들이 갖고 있는 '자격조건'에 따라 어떤 사람은 40루피를, 어떤 사람은 80루피를, 또 다른 사람은 100루피를 받는 식으로 급여를 다르게 받아야 한다는 원칙은 양립할 수 없습니다. 이렇게 하면 교사들 사이에 상이한 계층과 등급이 생기게 됩니다. 그리고 그런 일이 나이탈림에서 일어나서는 안 됩니다. 교사들 모두가 똑같은 근거에 따라 급여를 받아야 하는 것이 나이탈림에서는 필수입니다. 제가 지금 화폐 경제를 벗어나는 것에 관한 이야기를 하는 것은 아닙니다. 저는 지금 평등에 대해서 말하는 것입니다. 이것이 또 돈을 아끼자는 제안도 아닙니다. 정부의 입장에서는 모든 교사에게 동등한 보수를 주면 더 많은 돈이 들 것입니다. 그러나 질적인 성장이 없다면 나이탈림은 아무런 진전도 있을 수 없습니다.

나이탈림은 육체노동과 정신노동의 가치에 아무런 차이도 인정하지 않습니다. 일을 지시하고 조직하는 사람들에게 더 많은 급여를 주는 것을 정당화할 수 있는 근거는 없습니다. 한 교사의 급여와 교육부 장관이나 다른 행정관료들의 급여는 동일한 수준이어야 합니다. 이렇게 되지 않는다면 학생들이 어떻게 나이탈림에 존경심과 경외심을 가질 수 있겠습니까? 사실 교사에게 '급여'를 준다는 발상과 말 자체가 잘못된 것입니다. 그보다는 교사가 '다크시나dakshina, 성직자가 소나 다른 물건으로 받는 사례'를 받는다고 해야 옳습니다.

마을이 독립적으로 운영하는 학교

간디 어르신은 스와라지Swaraj, 자치가 단순히 외국의 지배를 끝내는 것만이 아니라고 이야기하곤 했습니다. 스와라지는 착취가 없고, 중앙집권화된 권력이 되도록 작아지고, 모든 사람이 어엿한 인간으로 성장할 기회를 온전하게 누리는, 새로운 사회를 만드는 것을 뜻합니다. 이것이 간디 어르신이 '스와라지'라고 이야기하던 그 사회 질서입니다. 간디 어르신은 그것을 '람라지Ramraj, 순수한 도덕적 권위를 가진 민중·시민 주권사회'라고 불렀습니다. 이것은 시민 모두가 나라를 진정한 의미에서 자기 것으로 느껴야 한다는 것을 뜻합니다.

독립이 이뤄지기 십 년 전인 1937년, 간디 어르신은 나이탈림이라는 이념을 국민 앞에 내놓았습니다. 이 나이탈림은 새로운 가치 기준을 제시했습니다. 옛날 교육은 훔치는 것이 나쁘다고 가르칩니다. 새로운 교육은 인간이 필요 이상의 물건을 축적하는 것 또한 똑같이 나쁘다고 가르칩니다. 옛날 교육은 육체노동과 정신노동에 서로 다른 가치를 부여합니다. 새로운 교육은 둘 다 똑같은 가치를 지닌다고 볼 뿐 아니라, 그 둘을 하나로 통합하고 둘을 하나의 단위로 활용합니다. 옛날 교육은 능력을 존중합니다. 새로운 교육은 능력을 평등의 보조자로 생각합니다. 옛날 교육은 부의 신인 락시미Lakshimi, 권력의 신인 샤크티Shakti, 그리고 학문의 신인 사라스와티Saraswati를 세 가지 별개의 신으로 여기고 받듭니다. 새로운 교육은 인간을 가장 영예로운 자리에 앉히고, 이 세 가지는 단지 인간을 섬기기 위한 도구로 여길 뿐입니다.

제가 이해하기로 스와라지는 단지 권력 이양을 뜻하는 것이 아닙니다. 그것은 권력을 철폐하고 그 대신 섬김을 확립하는 것을 뜻합니다.

지금까지 나이탈림이 너무나 단편적으로 이해되어온 까닭에 지금 현재 상태로 그것을 받아들이게 되면 매우 위험합니다. 요즘도 진행되고 있는 '기초교육'에서의 방대한 실험은 거의 대부분 주정부가 주도하고 있습니다. 지난 세월 동안의 결과들은 제게는 그저 나이탈림의 껍데기에 지나지 않습니다. 나이탈림은 생명의 철학에 바탕을 두고 있으며, 그렇기 때문에 이 철학을 받아들인 것이 아니라면 그동안 이뤄진 모든 것들은 나이탈림의 겉모습을 의미 없이 조잡하고 추하게 모방한 산물에 지나지 않습니다. 오늘날 진행되고 있는 일들을 보면 나이탈림이 오명 외에 다른 것을 얻게 되리라는 희망이 전혀 없습니다. 정부는 나이탈림을 파묻을 무덤을 파고 있습니다.

이와 같이 잘못되어온 것에 대한 책임은 나이탈림을 정부에게 내맡긴 사람들에게 있습니다. 우리는 먼저 몇 지역에서 나이탈림의 본보기를 세워야 했습니다. 실제로 교육 행정관료들은 두 가지 서로 다른 방식으로 나이탈림에 접근했습니다. 한 부류는 "나이탈림이 학비는 많이 들고 교육 내용은 형편없으며, 학부모들도 학생들도 만족하지 못한다."고 하면서 기초교육에 고의로 오명을 덮어씌우려는 시도입니다. 이것은 명백하게 부당하고 정직하지 못한 접근법이며 이 자리에서 논하지도 않을 것입니다. 다른 부류는 나이탈림을 자신들의 생각대로 받아들인 경우입니다. 말하자면 나이탈림의 몇 가지 장점들은 받아들이지만 자기들의 낡은 가치 기준을 고수하며, 정작 나이탈림의 새로운 가치는 채택하지 않습니다. 이것은 정직한 접근법이기는 하지만, 그렇게 해서는 이 나라에 나이탈림의 진정한 본질을 보여줄 수 없을 것입니다. 그런 까닭에 새로운 가치관에 입각해서 체계를 갖춘 본격적인 실험을 되도록 많이 실행하는 것이 중요합니다. 이 말은 우리가 나이탈림을 부단 운동과 사르보다야 프로그램과 통합시키는 길을 찾아야 한다는 뜻입니다.

우리 조국이 외국의 통치를 받을 때, 민중들은 민족 교육의 이상을 열정적으로 피워 올렸고 자주적인 학당이 열렸습니다. 지금 우리는 이제 독립을 이뤄냈으니까 정부가 만든 학교들이 자동으로 국민의 학교가 되어야 한다는 생각을 합니다. 그러나 그와 같은 변화가 펜대나 굴리고 있다고 일어나지는 않습니다. 학교는 진정한 국민의 학교가 되어야 하며, 저는 그렇게 되기를 희망합니다. 그리고 그렇게 된다 할지라도 여전히 정부와는 별개로 독립적인 기획이 진행되어야 합니다. 모든 마을에 마을 사람들 스스로가 그들의 환경에 알맞은 방식으로 운영하는 독립적인 학교가 있어야 합니다. 그렇지 않고 이 나라의 교육 전체를 정부가 관장하게 되는 경우, 모든 학생들의 심성이 똑같은 틀로 찍혀 나올 위험이 도사리고 있습니다. 이러한 관점에서 보더라도 우리는 정부에 의존하지 말고 다양한 나이탈림 실험을 전개해야 합니다.

07

교육과 평화

비폭력 정신

나이탈림은 하나의 신념에 기초하고 있습니다. 그것은 '아힘사', 즉 비폭력입니다. 개인이든 단체든 오늘날 세상에서 비폭력을 원하지 않는 사람은 없습니다. 비폭력은 당연한 것이면서도 아주 매력적입니다. 그러나 사람들은 마음으로는 비폭력과 사랑을 원하면서도 실제로는 신뢰하지 않습니다. 비폭력을 원하지만 실제로는 힘을 더 신뢰합니다.

부모들은 자식을 훈육하는 일에 최선을 다합니다. 아이들이 알아듣지 못하면 꾸짖고 위협하며, 그래도 알아듣지 못하면 결국 매를 듭니다. 부모들은 이 모든 것을 사랑의 이름으로 행합니다. 아이들이 잘되기를 바라기 때문입니다. 그러나 아이들이 해야 할 일을 이해하지 못할 때면 여지없이 매질을 합니다.

이렇게 폭력에 의존하는 경향은 오늘날 삶의 모든 부분에 팽배해 있습니다. 가정에는 회초리가 있습니다. 정부에는 처벌이 있습니다.

사회에는 보이콧이 있습니다. 국제적인 영역에는 군대가 있습니다. 큰 규모든 작은 규모든 도처에 폭력이 있습니다. 가정에서 국제적인 영역에 이르기까지 모든 국면에서 마지막에 호소하는 것은 폭력입니다.

하지만 비폭력을 신뢰한다는 것은, 우리가 아이들에게 뭔가를 설명하는데 아이들이 이해하지 못할 때, 다시 설명해줘야 하며 그것도 더욱 다정하게 해야 한다는 것을 뜻합니다. 만약 그렇게까지 했는데 아이들이 이해하지 못하는 경우라 할지라도 우리는 더욱 자상하게 설명해주어야 합니다. 우리가 비폭력을 신뢰하면 우리는 자애로운 방식에서 더 자애로운, 나아가 더더욱 자애로운 방법을 쓰는 식으로 일을 진행할 것입니다. 때리고 매질하는 것으로 이룰 수 없는 일은 꾸지람으로 할 수 있고, 꾸지람으로 할 수 없는 일은 틀림없이 알아듣게 설명해줌으로써 할 수 있습니다. 이성으로 이룰 수 없는 일이라 하더라도 우정 어린 마음으로 봉사하면 이룰 수 있습니다. 혹여 우정 어린 봉사로도 이룰 수 없다면 희생적인 사랑으로 이룰 수 있을 것입니다. 만약 그것이 우리의 신념이라면 그것은 마땅히 비폭력이라고 할 만합니다.

요즘 저는 이 마을 저 마을로 찾아다니면서 상냥한 사랑의 언어로 땅을 내어달라고 부탁합니다. 그러면서 사람들과 부단에 대해서 이야기합니다. 제가 바랐던 만큼의 성공을 거두지 못할 때 사람들은 좀 더 엄격한 조치가 취해져야 한다고 주장합니다. 그런데 그것마저도 아무런 효과를 내지 못하는 경우 더 강력한 수단이 강구되어야 한다고 합니다. 이런 주장을 하는 사람들도 자신들이 아힘사의 경계 안에서 움직이고 있다고 믿습니다. 자신이 실제로 누군가를 때리거나 해치지 않는 한, 일을 하면서 더 엄밀하고 강력한 수단을 쓰는 것은 비폭력에 어긋나지 않는다고 생각합니다. 그러나 제가 보기에 그것은 폭력적인 마음가짐이며, 그러한 사고방식은 비폭력에 어긋나는 것입니다.

군대를 생각해보면 그 과정을 뚜렷하게 볼 수 있습니다. 작은 무기로 자신의 목적을 이루지 못하는 군인은 더 큰 무기를 집어 듭니다. 그리고 그것들조차 충분치 않다고 판단되면 한층 더 파괴적인 무기에 의존합니다. 만약 비폭력을 추종하는 사람들이 오직 강경하고 엄혹한 수단을 강구하는 관점에서만 생각한다면, 그들의 비폭력은 단지 이름일 뿐 그 정신은 놓치고 있는 셈입니다.

진정한 비폭력을 추구한다면 우리는 자애로운 방식에서 더욱더 자애로운 방식으로, 그리고 최종으로는 가장 자애로운 방식으로 일을 진척시켜가는 방향으로 생각해야 합니다. 만약 이러한 비폭력의 기본 원칙을 마음속 깊이 새겨두기만 한다면 과정에서 생겨나는 많은 문제들은 해결할 수 있습니다.

열심히 일하는 사람들은 말을 상냥하게 하고 인내심을 갖고 설명을 해줍니다. 그러나 우리들 대부분은 상대방이 그 자리에서 이해하지 못하면 목소리를 높이거나 소리를 지르기 시작합니다. 그것은 정신의 폭력을 드러냅니다. 우리가 애정 어린 합리성으로 바라는 결과를 내지 못한다면 격한 말을 쓰더라도 원하는 바를 이루지 못할 것입니다. 그러한 행동은 우리의 사랑이 부적절하며 우리가 더 많은 사랑을 품어야 함을 뜻합니다. 이 원칙은 정부와 사회, 사회생활과 가정생활 등 사회의 모든 부분에 적용할 수 있습니다. 이것이 교육의 근본 원칙입니다. 이 원칙을 확실하게 이해한다면 나이탈림이 다양한 활동을 하는 까닭 또한 쉽게 이해할 수 있습니다.

아힘사는 단지 무장 해제나 살생을 금하는 것 이상을 뜻합니다. 그런 것들은 단지 아힘사의 소극적인 양상일 뿐입니다. 우리는 언제나 진정한 비폭력은 완전히 새로운 사고방식임을 기억하고 있어야 합니다.

이제 두 번째 논점을 이야기해야겠습니다. 우리는 흔히 '우리'라고 말합니다. 그런데 이 '우리'는 누구입니까? 우리들 각자는 사유하는 부분과 육체적인 부분이 있습니다. 만약 우리가 이 두 부분을 동시에 고려한다면 우리의 의무를 행하는 길이 명쾌하게 보일 것입니다. 우리의 눈은 먼 거리를 볼 수 있지만 한계가 있습니다. 청력이나 손발의 힘에도 한계가 있습니다. 따라서 우리가 일하는 범위는 우리의 신체적인 한계에 의해 결정됩니다. 우리의 삶의 양식은 이웃에 대한 봉사를 고려해서 정해야 합니다. 그것이 우리가 실제로 일을 해나가는 과정에서 우리의 신조가 되어야 합니다.

반면에 상상 속에서는 무한한 공간을 여행할 수 있습니다. 자리에 앉은 채로 천계를 상상할 수도 있습니다. 사고의 범위는 끝이 없습니다. 그래서 사유 속에서 우리는 보편적인 인간이 되어야 합니다. 물리적으로는 어떤 특정 장소에서 살아갈지라도 정신적으로는 세계 시민이 되어야 합니다. 옹졸하게 사고하지 말아야 합니다. 현실에서 우리는 멀리 떨어져 있는 사람들에게 해를 끼치기보다는 이익을 줄 수 있도록 힘써야 합니다. 아주 가까이 살고 있는 이웃들을 위해 봉사하면서 동시에 그 누구도 적으로 여기지 않는 보편적 시혜, 그것이 바로 잘 사는 비결입니다.

따라서 우리 교육이 이 두 가지 힘을 갖게 되면 완전해질 것입니다. 그 범위에 제한이 없고 보편적인 사고를 하게 될 것입니다. 그러나 실제 활동을 하고 일을 계획할 때에는 바로 가까이에 있는 이웃에게 집중하기 바랍니다. 예수의 마음은 모든 인류를 위한 사랑으로 가득했지만 그분이 한 일은 팔레스타인이라는 경계 안에서 이뤄졌다는 것을 생각해보십시오. 예수는 오늘날 우리 학생들이 알고 있는 지리에 대해서는 아무것도 몰랐습니다. 어쩌면 우리가 치르는 지리 시험을 통과하지 못했을 겁니다. 그분은 한 가지 언어만을 썼습니다. 그분은 언어와 지리 지식은 그렇게 제한적이었지만 온 세상을 사랑했습니다. 그분의 영혼이 위대했기 때문입니다.

붓다도 마찬가지로 온 세상에 대한 자비심을 품고 있었습니다. 그분은 당대에는 민초들의 언어였던 팔리어로 말했습니다. 그분은 비하르Bihar와 우타르프라데시 지방의 일부만을 여행했습니다. 비하르는 그분이 방문했던 지역들에 붙여진 명칭입니다. 그분의 방랑은 이렇게 좁은 지역에 한정되어 있었습니다. 그리고 어쩌면 바깥세상에 대한 지식은 조금밖에 없었을지도 모릅니다. 그분은 오로지 자신의 이웃을 돌보았습니다. 그러나 그분의 생각은 전 인류의 행복을 위한 것이었습니다. 이것이야말로 나이탈림이 따라야 할 원칙입니다.

그러면 이러한 교육 방법은 어떤가요? 정치학에서는 최소한의 통치를 받는 나라가 최선의 통치를 받는 나라라고 합니다. 정부의 권위가 적게 행사되는 나라일수록 더 좋은 국가입니다. 상상할 수 있는 최선의 왕국은 정부가 전혀 없는 듯한 왕국입니다. 신은 언제나 정말 경이로운 방식으로 세상을 다스리는 까닭에, 어느 한 구석에 잠들어 있는 것 같습니다. 아무도 그분이 어디 계신지 모르거든요! 그리고 창조물들에게 다양한 종류의 힘과 지성을 분배해놓았습니다. 완전히 탈중앙집권화된 체제를 만들었다고 말할 수도 있을 것입니다. 신은 또한 당신의 자식들 모두에게 협동심을 심어놓았습니다. 결과적으로 인간들은 과연 신이 존재하는지를 의심할 수 있을 정도가 되었습니다. 이러한 신의 기획에 있어서 가장 위대한 성취는 인간이 당돌하게도 신이 있는지 없는지에 대해서 토론을 벌일 수 있게 되었다는 사실입니다. 인간들은 단지 신의 존재를 의심할 뿐만 아니라, 무신론자가 되고 더 나아가 신은 존재하지 않는다고 공공연하게 선언할 지경이 되어버렸습니다.

인도도 델리에 정말로 훌륭한 정부를 두면 좋겠습니다. 누가 통치를 하고 있는지 보려고 누군가 그곳에 찾아간다 해도 아무도 찾을 수 없을 것입니다. 의회도 볼 수 없을 것이고 거대한 청사 건물도 없을 것입니다. 정부 관료들이 어디에 있느냐고 물으면 "그 사람들은 들에서 일하고 있다."는 대답을 들을 것입니다. "뭐라고요? 저기 들에서 일하는 사람들이 공무원들이라고요?" "그럼요. 저기 저 사람들이 틀림없는 공무원들이랍니다." 이제 공무원들이 일을 마치고 이러저러한 이야기를 나누면서 나무 그늘에 앉아 있습니다. "저기, 이

집트에서 일어난 일에 관해서 말인데, 우리가 할 수 있는 일이 있을까?" 만약 방문객이 그들에게 뭘 하고 있느냐고 물으면, 그들은 "우리는 세계의 통치자들이면서 동시에 인도 국민입니다. 그렇기 때문에 들에서 할 일을 마치고 여유가 생기면 이런 일들을 생각해야만 합니다." "그렇다면 당신들이 무엇을 하고 있다고 생각하십니까?" "우리 입장에서 조언을 하는 거죠." "그러면요?" "사람들은 우리의 제안이 좋으면 채택할 것입니다. 그렇지 않으면 채택하지 않겠지요." 만약 세상이 이런 식으로 아주 잘 굴러가게 된다면 이야말로 최상의 통치 형태라 할 만합니다.

그러나 우리의 현실 상황은 아주 다릅니다. 만약 판디트 네루 Pandit Nehru가 그의 직책에서 물러나야 한다는 언질만 비쳐도 온 나라가 뿌리부터 흔들리게 될 것이고, 누가 이 나라를 통치해야 할 것인가라는 커다란 문제가 생겨날 것입니다. 판디트 선생은 정사를 돌보느라 하루에 열여섯 시간씩 일합니다. 그런데 신께서는 이 세상을 통치하기 위해서 몇 시간이나 일하십니까? 여러분이 인도 사람들에게 이 질문을 한다면, 신은 크시르사가르 Kshirsagar, 힌두교 세계관에 따른, 7개의 대양 우주 중 가운데에서 다섯 번째 대양. 우유로 채워져 있다.에서 주무시고 계시며 아무 일도 하지 않는다고 대답할 것입니다. 이 말에 담긴 뜻은 다름이 아니라 정부의 핵심은 행위가 아니라 사고이자 사상이라는 것입니다. 세상은 사상으로 다스려져야 합니다. 행동이나 운동, 계획이 차지하고 있는 비율이 낮을수록 더 좋은 정부입니다. 정부의 통치 행위가 전혀 없고 군대도 없으며 법에 따른 처벌도 없지만, 그럼에도 국민들이 힘을 행사하고 최고의 충고를 받아들일 줄 알며, 또 도덕의 감화를 입고 있는 국가야말로 최선의 국가입니다.

이런 식의 정치 윤리가 교육의 중요한 한 부분입니다. 최고 수준의 나이탈림은 가르침과 배움의 분위기를 느낄 수 없는 그런 것일 겁니다. 우리에게 평소에 무슨 일을 하느냐고 누군가가 묻는다면 우리는 먹고, 쉬고, 놀고, 읽는 것 같은 여러 가지 활동을 한다고 할지라도, "우리는 숨을 쉬고 있습니다."라는 식의 답변은 절대로 하지 않을 것입니다. 그러나 대화하고, 일하고, 먹고, 자는 와중에도 사람들은 늘 숨을 쉽니다. 그런데도 그것은 언급하지 않고 단지 밖으로 드러나는 행위들만 말합니다. 이와 마찬가지로 여러분이 나이탈림 학교의 교사와 학생들은 무엇을 하느냐고 묻는다면, 들에서 일하고 병자를 돌보며 마을을 청소한다는 말을 들을 것입니다. 이런 일들을 하면서 한순간도 쉬지 않고 가르치고 배웁니다. 가르치는 것과 배우는 것을 서로 분리된 특별한 활동으로 의식하는 순간, 상황은 인위적인 것이 되어버립니다.

여러분이 어떤 사람한테 당신은 "무엇을 마십니까?"라고 물으면 그는 우유나 차라고 대답할 것입니다. 그 안에는 설탕이 들어가 있지만 설탕은 거의 언급하지 않습니다. 예를 들어 그 사람이 "나는 설탕 탄 우유를 마십니다."라거나, "설탕 탄 차를 마십니다."라고 하지는 않는다는 말입니다. 설탕의 달콤함은 우유와 차 속에 스며들어 있지만 우유나 차를 마시는 사람은 그에 대해서는 아무 말도 하지 않습니다. 교육은 여기 이 설탕처럼 아주 은밀하게 작용하는 것이어야 합니다.

우리는 손발과 코, 눈, 귀, 혀가 늘 작용하고 있는 것을 알지만 영혼이 무엇을 하는지 들여다볼 수는 없습니다. 그러나 귀가 듣는 작용을 하는 것처럼 보이고, 혀가 말을 하는 것처럼 보이는 것은 모두 환상입니다. 귀가 잘려나간 뒤에도 들을 수 있을까요? 제 혀가 잘려나가도 말을 할 수 있을까요? 겉으로 보이는 것이 어떠하든 간에 꼭 혀가 있어야만 말을 하는 것은 아닙니다. 그렇게 보이긴 하지만 듣는 것은 양쪽 귀가 아닙니다. 듣고 말하는 것은 우리의 정신입니다. 그리고 그 정신은 드러나 보이지 않습니다. 최고 수준의 나이탈림도 마찬가지로 눈에 드러나지 않습니다. 많이 드러날수록 그것은 더 불완전해집니다.

교육과 민주주의 그리고 평화

아름다운 찬미가를 들어보면 "당신은 나와 함께 하시며 저는 당신의 보호를 받고 있으니 제가 두렵지 않습니다."라고 노래합니다. 그러나 우리가 살고 있는 현대 세계에서는 많은 나라들이 두려움의 그늘 아래 살고 있습니다. 그 까닭은 우리 인간들이 신을 믿지 않고 힘을 믿기 때문입니다. 강대국들 모두가 군대를 늘리는 데 골몰하고 있습니다.

머리가 열 개인 용맹한 왕 라바나Ravana 또한 무기를 많이 갖고 있었는데도 두려움에서 벗어날 수 없었습니다. 《라마야나》에는 원숭이 군대가 바다에 이르렀을 때 라바나의 마음이 얼마나 두려움에 사로잡혀 있었는지 묘사되어 있습니다. 그 자신은 강력한 전사였으며, 그의 군대 또한 잘 무장되어 있었습니다. 오늘날 세계도 비슷한 상황에 놓여 있습니다. 아주 강한 군대를 갖고 있는 나라들이나 최소한의 군대밖에 없는 나라들 모두 똑같이 두려움을 갖고 있습니다.

적은 규모의 군대를 갖고 있는 나라들은 더 늘려야겠다고 생각하며, 이미 엄청난 군대를 갖고 있는 나라들도 어떻게 해야 자기 나라를 더 잘 방어할 수 있을지를 걱정합니다. 온 세상이 두려움의 손아귀에 놓여 있습니다.

이 모든 두려움은 지배자들이 만들어냅니다. 그들은 스스로를 민중의 보호자로 자청했고, 민중들도 이제 더는 자립적이지 못한 채 정부에 의존하고 정부가 자신들을 보호해주길 바랍니다. 인도에서도 이런 일이 일어나고 있고 파키스탄에서도 마찬가지입니다. 그리고 러시아와 미국도 똑같습니다. 미국은 엄청난 양의 강력한 폭탄을 제조하고 있습니다. 러시아도 마찬가집니다. 그들은 자기 나라 민중들에게 이 모든 것이 나라를 지키기 위해 반드시 필요하다고 해명합니다. 그들은 또한 자기들이 갖고 있는 두려운 무기들 때문에 세상이 평화로우며, 그러한 무기들이 없다면 평화는 없을 것이라고 가르칩니다. 평화는 보호되어야 할 어떤 것이라는 겁니다. 미국인들이 자비심도 우애도 없는 괴물들은 아닙니다. 그럼에도 미국인들은 아이들에게 세계 평화는 폭탄에 달려 있으며, 이 무기들이 자비의 역할을 하고 있다고 가르칩니다. 아이들은 가르쳐주는 대로 배웁니다.

오늘날 세계 어디에서나 교육의 방향은 정부의 손에 달려 있습니다. 학교에서 가르치는 것들은 정부에 의해 통제를 받습니다. 그 결과 어떠한 여론, 그러니까 독자적인 여론도 없게 되어버렸습니다. 민주주의라고 하는 것도 그저 이름뿐입니다. 인도, 파키스탄, 러시아, 미국, 그리고 모든 곳에서 국민들은 투표권을 갖고 있습니다. 그럼에도 진짜 권력은 소수의 손아귀에 있고, 그들이 무엇을 하든 다 옳은 것으로 여겨집니다. 그 소수가 여론을 만들어내고, 그것에 기반을 두고 자신들의 입장을 내세웁니다. 이러한 상태가 변화하지 않는다면 세계에 평화는 있을 수 없습니다. 부단 운동의 가장 근본적인 원칙이 "민중의 문제는 민중의 힘을 통해서 민중 스스로 해결해야 한다."인 것도 바로 이러한 까닭 때문입니다.

농촌에서 봉사하고 있는 우리 형제 중 한 사람이 오늘 저한테 정부에 대한 이야기를 했습니다. 정부가 이 일도 안 해주고 저 일도 못한다는 말이었습니다. 저는 그때 그 어떤 주제에 관한 것이든 신의 이름으로 하지 않으면 아무것도 말하지 못하는 신자를 떠올렸습니다. 우리 노동자들도 같은 성향을 갖고 있습니다. 그들은 정부를 내세우지 않고는 아무것도 할 수 없습니다. 그들한테 정부를 빼고 말하라고 하면 아무 말도 못할 것입니다. 결혼, 탄생, 죽음 같은 경우에조차 정부가 끼어듭니다. 혼인법, 유산상속법, 사회 개혁, 땅의 분배, 보호 등 모든 것을 정부가 주재합니다. 정부는 또 의약품을 제공합니다. 국민들은 그저 정부가 주는 것만 먹고 정부가 가르치는 것만 배워야 합니다. 정부가 말하는 것은 곧 지식이 되고, 그 자체로 이의 없이 받아들여야 합니다. 우리가 해야 할 일은 투표하는 것이 전부입니다. 나머지는 정부가 알아서 합니다. 정부 기구가 이 나라의 모든 마을을 위한 모든 계획을 세워줍니다.

이는 매우 불편한 일이며, 또 우리가 정상적인 상태라면 마땅히 근심거리로 여겨야 합니다. 오늘날 권력을 쥔 사람들이 올바른 이들이라는 것도 맞습니다. 그러나 그 사람들이 아무리 착하다 하더라도 모든 행정 업무가 소수의 손아귀에 놓이는 상황은 문제가 있습니다. 선하고 현명한 사람들은 충고만 하고 말아야지 직접 모든 일을 해버리면 안 됩니다. 전 세계의 모든 나라에서 정부는 부모의 입지를 빼앗아버렸습니다. 제 생각에 계속 이런 식이라면 평화의 꿈은 요원하기만 합니다.

심지어 저와 함께 일하는 사람들조차도 이와 같은 사고방식을 제대로 이해하지 못합니다. 그러니 보통 사람들이 이러한 생각을 받아들일 준비가 되어 있지 않을 거라는 사실에 제가 괴로울 수밖에 없지요. 그러나 제 말에 귀를 기울여주는 사람들도 있습니다. 앞으로 몇 년이 지나면 그 사람들은 제가 한 말을 기억할 것입니다.

인도는 학문과 연구 분야에서 부진했던 적이 없습니다. 학문 전통이 맨 처음 확립된 곳도 인도입니다. 그러나 지배자들, 왕들은 그것에 대해서 아무런 권위도 지니지 못했습니다. 오로지 구루만이 가르침의 내용과 방식을 결정했습니다. 왕은 구루를 섬기는 것을 특권으로 여겼습니다. 왕자들을 보내서 구루와 함께 공부하게 했으며, 구루는 왕자들을 자기 집에 있는 다른 아이들과 함께 살게 했습니다. 다른 아이들이 구걸하러 나갈 때는 왕자들도 함께 나갔습니다. 왕은 구루의 아쉬람을 후원했고 자기 아들들을 특별하게 대해달라는 요구는 하지 않았습니다. 인도에서 교육은 왕의 권력에도 구애받지 않았습니다. 산스크리트어를 아는 사람들은 힌두 전통 안에 어떠한 사상의 자유가 있는지 압니다.(다른 종교들의 경우 현실이 어떠했는지 잘 모르지만, 상호 적대감이 형성되어 있는 경우 각 파벌은 자기편을 따르는 사람들에게 교조적인 견해만을 강요하는 것 같습니다.) 카필Kapil, 카나드Kanad, 자이미니Jaimini 그리고 다른 사람들이 서로 대립되는 견해를 가지고 있었지만 아무도 그들을 힌두교의 공적公敵이라고 비난하지 않았습니다. 타밀나두 지역에는 신을 믿지 않는 사람들이 있습니다. 그렇다고 해서 이들에게 종교가 없다고 하는 것은 잘못된 생각일 수 있습니다. 이러한 사상의 자유는 교육의 자유가 있었기에 존재할 수 있었습니다. 그에 대해 지배자들은 아무런 간섭을 할 수 없었습니다. 그러나 오늘날의 교육은 마치 군대처럼 모든 것을 정부가 통제합니다. 그 결과 이제 정부의 힘이 미치지 않는 곳을 찾을 수 없게 되어버렸습니다.

정부가 폭넓고 원대하게 사고하는 것은 좋은 일입니다. 과거와 같은 편협한 전망은 나라에 해롭습니다. 그러나 정부의 사법 권력은 되도록 제한되어야 하며, 오늘날처럼 커서는 안 됩니다. 사상은 넓고 얽매임이 없어야 합니다. 그러나 권력은 일정한 한계 안에 두어야 합니다. 옛날에는 정부의 사상과 권력이 제한되어 있었습니다. 우리는 현 정부의 관심사와 통찰이 크게 확장되기를 바라지만, 그 권한은 제한되기를 바랍니다.

두려움의 극복

바이콤 Vykom, 인도 트라방코르 왕국(현 케랄라 주에 속함)의 도시. 바이콤에서는 불가촉천민이 시바 신전을 참배하는 것은 물론 신전에 가는 것도 허용되지 않을 정도로 천민에 대한 억압과 차별이 심했다. 이에 대한 반발로 시작된 저항 운동은 인도 역사상 처음으로 천민들의 시민권 문제를 제기한 것으로 그 의미가 크며, '바이콤 사티아그라하 운동'으로 불린다.은 많은 사람들이 찾는 성지가 되었으며, 그 이름은 이곳에서 일어났던 '사티아그라하' 운동 때문에 인도 전역에 알려져 있습니다. 사티아그라하는 우리가 일하는 데 있어서 가장 강력한 도구입니다. 사티아그라하의 진짜 뜻은 무엇인가요? 그것은 '진리 속에 확고히 자리하고 있다.'입니다. 사티아그라하는 '한 개인이 삶 전체를 진리에 대한 믿음에 기초를 두고 있다.'는 것을 뜻하며, 어떠한 어려움이 있더라도 우리가 진실이라고 믿는 것을 꽉 부여잡고 있으면서, 그것 때문에 생겨나는 고통도 기꺼이 감내한다는 뜻입니다. 그렇게 하면서도 진리를 얻기 위해 노력하는 과정을 인내나 고통으로 받아들이

기보다는 도리어 환희의 삶으로 받아들여야 합니다. 우리는 성스러운 순례길을 가고 있습니다. 가파른 길을 오르다 보면 발걸음이 무거워지지만 내리막길을 갈 때면 쉽습니다. 그러나 순례자는 그 길의 오르내림에 크게 신경을 쓰지 않습니다. 순례자는 오로지 자신의 목표에만 마음을 집중합니다. 진리를 평생 신념으로 삼은 사람은 가는 도중에 부딪히는 어려움에 별 신경을 쓰지 않습니다.

걷다 보면 분명히 오르막길과 내리막길이 있을 것입니다. 진리의 순례자들은 어떤 장애물이 있더라도 진리 안에 확고히 버티고 설 수 있는 힘을 지니고 있어야 합니다. 이것이야말로 이 세상을 폭력에서 구할 수 있는 단 하나의 힘입니다. 그리고 이것이야말로 모든 사회의 수많은 문제들을 해결할 수 있는 힘입니다. 우리의 교육은 학생들에게 사티아그라하 정신을 일깨워주는 것을 목표로 해야 합니다.

제가 어릴 적에 배운 시 가운데 한 번도 잊은 적이 없는 시가 있습니다. 프랄라드Prahlad가 온갖 시련이 닥쳐도 줄곧 신께 의지하고 매달리곤 하던 이야기입니다. 이러한 식의 사티아그라하를 근간으로 하는 훈련은 사회와 학교에서 하는 교육의 일부가 되어야 합니다. 오늘날 우리는 학생들에게 약간의 실용 교육을 시키면서 그것을 통해서 약간의 극기능력을 얻어내려 합니다. 단지 그것뿐이고 그 이상은 아닙니다. 극기능력이 바람직한 성정임에는 틀림없지만 그것이 다른 모든 것을 아우르는 최고의 미덕은 아닙니다. 가장 위대하고 뛰어난 덕성이 무엇인가를 말하기는 무척 어렵습니다. 그런데 《기타》에서는 '두려움 없음'이라고 합니다. 그러므로 우리의 교육은 이 두려움 없음에 기초를 두어야 하며, 이 나라의 사회·정치 구조도 이것에 기초를 두어야 합니다. 그러한 사회 구조는 지금으로서는 우리나라나 그 밖의 다른 어느 나라에서도 찾아볼 수 없습니다. 그러나 다른 나라들도 우리와 마찬가지로 뒤처져 있다는 생각에서는 아무런 위안도 얻을 수 없습니다. 그보다 오히려 우리 자신의 모자람을 절감하게 됩니다.

학생들이 두려움 없이 살게 하려면 교사들이 육체노동을 해야 합니다. 그러지 않고서는 진리에 대한 신념이 차오를 수 없고, 진리 안에 확고하게 머물 수 있는 힘도 자라나지 않을 것입니다. 그것이 우리의 옛 스승들이 했던 일입니다. 《우파니샤드》에서는 스승이 제자를 가르칠 때 이렇게 말합니다. "제자들이여, 내가 선한 행동을 하거든 무엇이든 따라 해라. 그러나 선하지 못한 행동을 한다고 판단되면 따라 하지 마라." 이것은 말하자면 스승이 제자에게 자유를 주는 것입니다. 제자들이 무엇이 옳고 그른지를 결정하기 위해서 스스로 판단하라고 말하는 것입니다. 제자들은 스승이 말하는 것은 무엇이든 전적으로 옳다고 생각하지 말아야 합니다. 스승이 진리에 의거해 살기 위해 노력하는 것은 확실합니다. 그렇게 하지 않으면 스승이 될 수 없지요. 그러나 그럼에도 자신이 한 모든 행동이 진리에 맞아떨어진다고 주장할 수는 없을 것입니다. 그래서 제자들에게 늘 눈여겨보고, 예지를 발휘하여 스승의 행동을 검토해서 그들 눈에 잘못한 것처럼 보이는 것은 무시하라고 말하는 겁니다. 《우파니샤드》에 나오는 이 현자는 참으로 겸손합니다! 이렇게 했기에 그의 제자들은 두려움 없는 사람으로 자라날 수 있었습니다. 《우파니샤드》의 이 말은 얼마나 놀라운지요! 이야말로 진정으로 현명한 분들이 말하는 방식입니다.

두려움 없음은 어떤 것을 두려워하지 않을 뿐 아니라 다른 사람에게 두려움을 주지도 않음을 뜻합니다. 이 둘 모두가 두려움 없음의 부분을 이루고 있습니다. 호랑이가 두려움이 없다고 말할 수는 없습니다. 호랑이는 다른 어떤 동물도 두려워하지 않는다고 말할 수는 있습니다. 그러나 총은 무서워하고, 다른 동물들에게 두려움을 불러일으킵니다. 두려움 없음은 이렇게 이중적인 측면을 갖고 있습니다. 그것은 한 개인의 자아라는 것이 그 사람의 신체와 동일하지는 않다는 것을 인식하는 힘입니다. 어떤 동물도 이 힘을 갖고 있지 않습니다. 육체적인 삶이 동물들이 누리는 생의 전부입니다. 나이 어린 인간의 자식들도 같은 경험 수준에 있습니다. 그리고 이런 측면에서 한평생을 어린이로 살아가고, 그래서 짐승과 같은 수준에 있는 사람들도 있습니다. 자신이 자신의 몸 이상의 어떤 것임을 인식하는 사람은 다른 사람들 또한 그 사람의 몸과 동일시되어서는 안 된다는 것을 인정합니다. 그는 절대로 다른 사람들을 노예로 만들지 않을 뿐만 아니라, 그 자신이 다른 사람에게 비굴하게 굴복하지도 않습니다. 그는 아무도 두려워하지 않으며 두려움을 끼치지도 않습니다. 이것이 진정한 두려움 없음을 검증하는 두 가지 기준입니다.

사회에서든 학교에서든 어떤 종류의 교육이든 가장 중요한 것은 우리가 우리의 몸뚱이 이상의 어떤 것이라는 인식입니다. 사티아그라하의 힘이 세워질 수 있는 바탕은 이와 같은 자신에 대한 앎입니다다. 스스로에 대한 앎의 요구는 아주 오랜 옛날부터 우리나라에서 울려 퍼져 왔습니다. 과거의 현인은 자신에 대한 올바른 앎이 없이는 진리에 대한 신념이 있을 수 없다는 것을 알고 있었습니다. 진리를 위해서 어려움을 견디고 죽음조차도 마다하지 않아야 했습니다. 이와 같은 두려움 없음 상태의 유일한 바탕은 스스로에 대한 앎이며, 모든 아이들이 이러한 자기 인식 교육을 받아야 합니다.

그러나 오늘날 아이들이 받는 교육은 이와는 정반대의 것입니다. 아이가 조금이라도 잘못을 저지르면 손찌검을 합니다. 그러면 아이는 두려움 때문에 복종합니다. 이때 우리가 몸소 행동을 통해서 가르친 진리는 아무것도 없습니다. 그릇된 언행을 했을 뿐이지요. 첫째 잘못은 우리가 손찌검을 하면서 화난 모습을 보여주었다는 점입니다. 둘째는 그 아이를 놀라게 했다는 점입니다. 셋째는 우리가 그 아이를 단지 몸뚱이로만 취급했다는 점입니다. 넷째는 아이들이 두려움 때문에 우리에게 복종하도록 강제했다는 점입니다.

우리가 한 행동은 전적으로 그릇된 것입니다. 그 안에는 어떠한 선善도 없습니다. 교육이 진정 두려움 없음에 기반을 둘 때에야 사회 개혁의 희망을 찾아볼 수 있습니다. 개혁을 원한다면 우리는 두려움 없음을 가르쳐야 합니다. 우리는 아이들에게 자기를 때리는 사람들에게는 절대로 복종하지 말라고 가르쳐야 합니다. 그러나 오늘날 아이들은 맞는 것에 대한 두려움 속에서 일상적인 교육을 받고 있습니다. 더 안타까운 점은 부모들조차도 그렇게 한다는 것입니다. 신은 부모들에게 그들이 하는 말이면 무엇이든 전적으로 믿고 따르는 아이를 선물로 주었습니다. 엄마가 "보렴, 아가야. 저것이 달이란다."

라고 말하면 아이는 그것이 진짜 달이라고 믿습니다. 아이 마음에는 티끌만큼의 의심도 없습니다. 신은 부모의 손에 그렇게 전적으로 자기들을 믿는 제자를 주었습니다. 그런데도 그 아이는 매를 맞습니다. 이런 일들은 잘 생각해봐야 합니다. 부모들이 자기 아이를 때리는 한 두려움 없는 사회는 요원할 것입니다. 우리는 가정에서부터 두려움을 극복하는 법을 가르쳐야 하고, 학교는 이것을 이어가야 합니다.

영역자 해설

이 책에 실린 대부분의 내용은 《식샨 비차르*Shikshan Vichar*》Hindi edition, 1950에서 뽑은 것입니다. 그리고 몇 개의 글은 이후 행해진 연설문에서 뽑았습니다.

영역본의 제목인 《교육에 대한 생각*Thoughts on Education*》은 이 책의 성격을 제시하기 위해 붙인 것입니다. 이 책에는 완전하게 정리된 체계도 없고 기성품으로 제시된 교육 형태도 없습니다. 오히려 비노바는 여러 가지 체계와 다양한 규제, 그리고 많은 규칙들로 위협받는 교육의 위험성에 대해 반복해서 경고의 말을 하고 있습니다. 다시 말해 여기에 실린 글들은 특정하고 특별한 상황의 요청과 요구의 소산입니다. 특정 시기 특정 장소에서 특정인들에게 했던 담화였으며, 그 사람들이 처한 어려움에 대처하고 그들의 의문사항들에 대해 해결책을 제시하기 위해 한 이야기들입니다. 그의 이야기를 듣고자 모여든 사람들의 의문과 필요에 대한 한 진정한 스승의 진심 어린 응답입니다. 다시 말하자면 이 글들 자체가 비노바 자신이 종종 되풀이해 이야기하던 교육 원칙, 즉 가르침이라는 것은 실제 상황에서 생겨난 요청이 있을 때에만 베풀어져야 하며, 또 바로 그 상황에 적절한 가르침만을 주어야 한다는 원칙의 예시라고 할 수 있습니다.

비노바는 이 책에 실려 있는 글에서도 《기타 프라바찬*Gita-Pravachan*》, 《스와라지아 샤스트라*Swarajya-Shastra*》, 《물 우드욕 카트나*Mool-Udyog-Katna*》 등 자신의 저술들이 감옥에서 함께 수감 생활을 하던 이들의 현실적인 요구에 대한 응답에서 비롯했다는 점을 밝히고 있습니다. 그 책들은 무릎을 맞대고 얼굴을 마주보면서 가르침이 이뤄졌던 상황의 기록입니다. 이 책 또한 같은 방식으로 쓰였습니다. 바로 그러한 까닭에 이 책이 전달하고자 하는 의도는 활기가 넘칠 뿐 아니라, 다른 상황에 있는 다른 사람들에게도 마찬가지로 유용한 것입니다.

이 책에서도 여러 출전에서 발췌한 글들을 비노바가 가르침을 베풀었던 정황에 어긋나지 않도록 유의하면서 주제별로 묶었습니다. 한두 곳에서는 담화가 있었던 지역이나 담화와 관련된 시사적인 정황들은 생략되어 있습니다. 또 현장에 있던 청중들에게는 분명하게 인식되었을 몸짓이나 어조 등을 정확하게 전달하는 데 필요하다고 생각되는 경우, 문장이나 문단의 순서를 약간 바꿔서 배치했습니다. 이 선집은 결코 완전하다고 할 수는 없습니다. 또한 논리적으로 일관된 체계를 원하는 엄정하고 정확한 사람들이라면 다양하게 표출되고 있는 비노바의 생각 속에서 쉽사리 '모순점'을 찾을 수도 있을 것입니다. 그러나 종교에서도 그러하듯이 교육에서도 "문자는 죽인다. 그러나 뜻은 생명을 준다."는 말이 유효할 것입니다. 이 책이 교육에 관한 통합적 접근에 영감을 불어넣고 있는바, 이 책의 밑바탕에 흐르는 일이관지一以貫之하는 정신을 꿰뚫어보는 사람은, 각자 마음속으로 이 위대한 스승의 발치에 마주 앉아 묻고 대답하면서 진정한 가르침이 불러일으키는 깊은 깨달음과 명징해지는 안목을 경험하고 있는 자신을 보게 될 것입니다. 비노바는 체계 이상의 무언가를 선사합니다. 그는 현자의 통찰력과 선구자의 기개를 갖추고 있습니다.

'선구자'. 간디 선생의 사진 중에서 우리가 가장 좋아하며 또 선생의 굽히지 않은 기개를 가장 선명하게 전해주는 것이, 선생이 지팡이를 짚고 행진하고 있는 모습일 것입니다. 비노바 또한 행진하는 순례자입니다. 동트기 전 별들이 총총할 때 길을 나서 걷거나, 논밭 한쪽에 앉아서 떠오르는 해를 바라보거나 기도하는 비노바는 자신의 이상이던 구도자와 스승이 하나 된 '산야시 구루sannyasi-guru'의 화신입니다. 1951년 그가 파우나에서 델리로 향하는 순례길에 올랐을 때, 마침 기초교육 후속 과정을 마친 젊은 학생들이 동참했습니다. 학생들이 함께 걸은 길은 살아 움직이는 대학이 되었습니다. 글을 알거나 모르거나 수백 명의 남녀노소가 그 대학에서 각자의 생애에 영향을 미치는 감명을 받았으며, 적어도 지나가는 시선으로나마 살아 있는 교육이란 어떤 것인지를 목도했습니다. 위대한 시인이자 스승이었던 타고르가 자신이 품은 순례 학교의 꿈을 이야기하고 많은 세월이 흐른 뒤, 비노바는 그 꿈을 현실로 만들었습니다.

마저리 사이크스

아이들은 무엇을 어떻게 배워야 하는가

1판1쇄 발행 2014년 9월 20일 **1판3쇄 발행** 2019년 10월 2일

지은이 비노바 바베 **옮긴이** 김성오 **펴낸이** 전광철 **펴낸곳** 협동조합 착한책가게
주소 서울시 마포구 독막로 28길 10, 109동 상가 B101-957호
등록 제2015-000038호(2015년 1월 30일)
전화 02) 322-3238 **팩스** 02) 6499-8485
이메일 bonaliber@gmail.com
ISBN 979-11-954742-0-2 03370

* 책값은 뒤표지에 있습니다.
* 잘못된 책은 구입하신 서점에서 바꾸어 드립니다.

이 도서의 국립중앙도서관 출판예정도서목록(CIP)은 서지정보유통지원시스템 홈페이지(http://seoji.nl.go.kr)와 국가자료공동목록시스템(http://www.nl.go.kr/kolisnet)에서 이용하실 수 있습니다.(CIP제어번호: CIP2014024315)